证券分析师胜任能力考试辅导教材

发布证券研究报告业务

证券分析师胜任能力考试辅导教材编写组　编

中国石化出版社

内 容 提 要

本书是证券分析师胜任能力考试的辅导教材，适用于《发布证券研究报告业务》科目。本书遵循2016年证券分析师胜任能力考试大纲的章目编排，包括4部分，共分10章，每章包括以下内容：①知识结构，清晰勾勒出每章知识脉络，使考生明确本章知识点分布，准确把握复习主线；②大纲要求，标明了考试大纲规定需要掌握的知识内容；③要点详解，根据考试相关教材及最新相关法律、法规和规范性文件对考试大纲的所有考点进行了讲解，特别是针对一些难点和重点进行了详细的分析和说明；④本章练习，根据高频考点，精选习题，选择习题难度与真题相近，便于考生检验学习效果，巩固知识点。

圣才学习网(www.100xuexi.com)提供证券分析师胜任能力考试辅导方案【视频课程、3D电子书、3D题库等】。购书享受大礼包增值服务【50元3D电子书+30元3D题库+80元手机版电子书/题库】。本书提供名师考前直播答疑，手机电脑均可观看，直播答疑在考前推出(具体时间见网站公告)。手机扫码(本书封面的二维码)，或者登录圣才学习网首页的【购书大礼包】专区(www.100xuexi.com/gift)，免费领取本书大礼包。

图书在版编目(CIP)数据

发布证券研究报告业务/证券分析师胜任能力考试辅导教材编写组编.—北京:中国石化出版社,2016.5
证券分析师胜任能力考试辅导教材
ISBN 978-7-5114-4048-8

Ⅰ.①发… Ⅱ.①证… Ⅲ.①证券投资-投资分析-资格考试-自学参考资料 Ⅳ.①F830.91

中国版本图书馆CIP数据核字(2016)第113690号

中国石化出版社出版发行
地址:北京市东城区安定门外大街58号
邮编:100011 电话:(010)84271850
读者服务部电话:(010)84289974
http://www.sinopec-press.com
E-mail:press@sinopec.com
武汉市新华印刷有限责任公司印刷
全国各地新华书店经销
*
787×1092毫米 16开本 12.25印张 310千字
2016年6月第1版 2016年6月第1次印刷
定价:52.00元

《证券分析师胜任能力考试辅导教材》
编　委　会

序　言

为了帮助考生顺利通过证券分析师胜任能力考试，我们根据2016年考试大纲和相关法律、法规和规范性文件精心编写了证券分析师胜任能力考试辅导教材。

本书是证券分析师胜任能力考试的辅导教材，适用于《发布证券研究报告业务》科目。本书遵循2016年证券分析师胜任能力考试大纲的章目编排，包括4部分，共分10章，每章包括以下内容。

【知识结构】清晰勾勒出每章知识脉络，使考生明确本章知识点分布，准确把握复习主线。

【大纲要求】标明了考试大纲规定需要掌握的知识内容。

【要点详解】根据考试相关教材及最新相关法律、法规和规范性文件对考试大纲的所有考点进行了讲解，特别是针对一些难点和重点进行了详细的分析和说明。

【本章练习】根据高频考点，精选习题，选择习题难度与真题相近，便于考生检验学习效果，巩固知识点。

购买本书享受大礼包增值服务！手机扫码(本书封面的二维码)，或者登录圣才学习网首页的【购书大礼包】专区(www.100xuexi.com/gift)，免费领取本书大礼包。具体包括：

★3D电子书【教材+过关必做习题集】(价值50元)。

本部分除提供本书3D电子书外，还提供过关必做习题集电子书，由圣才名师根据考试大纲及相关法律法规精心编写而成，其中包括历年机考真题。

★3D题库【历年真题+章节题库+考前押题】(价值30元)。

★手机版【电子书/题库】(价值80元)。

需要特别说明的是：考试大纲要求的考查范围包括中国证监会、证券交易所出台并持续有效的与证券市场和证券公司业务相关的法律、法规、规章和规范性文件等，如有修订，我们会及时根据最新版本对本教材进行修订，读者可以通过升级本书电子书进行更新。本书参考了众多的配套资料和相关参考书，书中错误、遗漏不可避免，敬请指正和提出建议。

本书提供名师考前直播答疑，手机电脑均可观看，直播答疑在考前推出(具体时间见网站公告)。

与本书相配套，圣才学习网提供证券分析师胜任能力考试视频课程、3D电子书、3D题库(免费下载，送手机版)。

圣才学习网(www.100xuexi.com)是一家为全国各类考试和专业课学习提供名师视频课程、3D电子书、3D题库(免费下载，送手机版)等全方位教育服务的综合性学习型视频学习网站，拥有近100种考试(含418个考试科目)、194种经典教材(含英语、经济、管理、证券、金融等共16大类)，合计近万小时的面授班、网授班课程。

资格考试：www.100xuexi.com(圣才学习网)
考研辅导：www.100exam.com(圣才考研网)

圣才学习网编辑部

目　录

第一部分　业务监管

第二部分　专业基础

第三部分　专业技能

第四部分　证券估值

第一部分　业务监管

第一章　发布证券研究报告业务监管

【知识结构】

- 发布证券研究报告业务监管
  - 资格管理
    - 证券分析师执业资格的取得方式
    - 证券分析师的监管、自律管理和机构管理
  - 主要职责
  - 工作规程
    - 证券投资咨询业务分类
    - 证券研究报告的分类
    - 证券研究报告的基本要素、组织结构和撰写要求
    - 证券研究报告对象覆盖的要求
    - 证券研究报告信息收集的要求
    - 对上市公司调研活动管理的规范要求
    - 证券研究报告制作的要求
    - 证券研究报告的质量控制要求
    - 证券研究报告的合规审查要求
    - 发布研究报告的业务管理制度
    - 证券研究报告的销售服务要求
    - 业务主体的主要职责、业务流程管理与合规管理
  - 执业规范
    - 发布证券研究报告业务的相关法规
    - 法律后果、监管措施及法律责任

第一节　资格管理

【大纲要求】

了解证券分析师执业资格的取得方式；熟悉证券分析师的监管、自律管理和机构管理；了解证券分析师后续职业培训的要求。

【要点详解】

一、证券分析师执业资格的取得方式

1．证券分析师

证券分析师是依法取得证券投资咨询执业资格，并在证券经营机构就业，主要就与证券市场相关的各种因素进行研究和分析，包括对证券市场、证券品种的价值及变动趋势进行研究及预测，并向投资者发布证券研究报告、投资价值报告等，以书面或者口头的方式向投资者提供上述报告及分析、预测或建议等服务的专业人员。

2．从业资格证书

2015 年证券业从业人员资格考试测试制度改革之后，以下几种情形可认定为证券分析师胜任能力考试合格。

(1)通过改革前的考试科目《证券市场基础知识》和《证券投资分析》；

（2）通过改革前的《证券市场基础知识》和改革后的《发布证券研究报告业务》；

（3）通过改革前的《证券投资分析》和改革后的《证券市场基本法律法规》和《金融市场基础知识》；

（4）同时拥有《证券市场基本法律法规》、《金融市场基础知识》和《发布证券研究报告业务》三个科目有效合格成绩。

3. 执业资格

证券分析师胜任能力考试合格，同时又具备其他相应规定条件，在合格成绩有效期内可以按规定程序申请取得相应的专业资格，在中国证券业协会注册登记成为证券分析师，即可从事相应专项业务。

二、证券分析师的监管、自律管理和机构管理

1. 证券分析师的监管

（1）根据《证券业从业人员资格管理办法》第十三条，取得执业证书的人员，连续三年不在机构从业的，由协会注销其执业证书；重新执业的，应当参加协会组织的执业培训，并重新申请执业证书。

（2）根据《证券业从业人员资格管理办法》第十四条，从业人员取得执业证书后，辞职或者不为原聘用机构所聘用的，或者其他原因与原聘用机构解除劳动合同的，原聘用机构应当在上述情形发生后十日内向协会报告，由协会变更该人员执业注册登记。

取得执业证书的从业人员变更聘用机构的，新聘用机构应当在上述情形发生后十日内向协会报告，由协会变更该人员执业注册登记。

2. 证券分析师的自律管理

（1）根据《证券业从业人员资格管理办法》第十八条，协会依据本办法及中国证监会有关规定制定的从业资格考试办法、考试大纲、执业证书管理办法以及执业行为准则等，应当报中国证监会核准。

（2）根据《证券业从业人员资格管理办法》第十九条，协会应当建立从业人员资格管理数据库，进行资格公示和执业注册登记管理。

3. 证券分析师的机构管理

（1）根据《证券业从业人员资格管理办法》第十五条，机构不得聘用未取得执业证书的人员对外开展证券业务。

（2）根据《证券业从业人员资格管理办法》第十六条，从业人员在执业过程中违反有关证券法律、行政法规以及中国证监会有关规定，受到聘用机构处分的，该机构应当在处分后十日内向协会报告。

（3）根据《证券业从业人员资格管理办法》第十七条，协会、机构应当定期组织取得执业证书的人员进行后续职业培训，提高从业人员的职业道德和专业素质。

【例 1.1】下列关于证券分析师执业纪律的说法，不正确的是（　　）。［2016 年 4 月真题］

A. 证券分析师必须以真实姓名执业

B. 证券分析师的执业活动应当接受所在执业机构的管理，在执业过程中应充分尊重和维护所在执业机构的合法利益

C. 证券分析师及其执业机构不得在公共场合及媒体对其自身能力进行过度或不实的宣传，更不得捏造事实以招揽业务

D. 证券分析师可以兼营或兼任与其执业内容有利害关系的其他业务或职务，但不得超过三家

【答案】D

【解析】D项，证券分析师不得兼营或兼任与其执业内容有利害关系的其他业务或职务，证券分析师不得以任何形式同时在两家或两家以上的机构执业。

第二节　主要职责

【大纲要求】

熟悉证券公司、证券投资咨询机构及证券分析师在发布证券研究报告中应履行的职责。

【要点详解】

根据《发布证券研究报告执业规范》，证券公司、证券投资咨询机构及证券分析师应履行的职责如下：

(1)证券公司、证券投资咨询机构发布证券研究报告，应当遵循独立、客观、公平、审慎原则，加强合规管理，提升研究质量和专业服务水平。

(2)证券公司、证券投资咨询机构发布证券研究报告，应当建立健全研究对象覆盖、信息收集、调研、证券研究报告制作、质量控制、合规审查、证券研究报告发布以及相关销售服务等关键环节的管理制度，加强流程管理和内部控制。

(3)证券公司、证券投资咨询机构应当从组织设置、人员职责上，将证券研究报告制作发布环节与销售服务环节分开管理，以维护证券研究报告制作发布的独立性。

制作发布证券研究报告的相关人员，应当独立于证券研究报告相关销售服务人员；证券研究报告相关销售服务人员不得在证券研究报告发布前干涉和影响证券研究报告的制作过程、研究观点和发布时间。

(4)证券公司、证券投资咨询机构应当建立证券研究报告的信息来源管理制度，加强信息收集环节的管理，维护信息来源的合法合规性。

第三节　工作规程

【大纲要求】

掌握证券投资咨询业务分类；掌握证券研究报告的分类；掌握证券研究报告的基本要素、组织结构和撰写要求；熟悉证券研究报告对象覆盖的要求；熟悉证券研究报告信息收集的要求；熟悉对上市公司调研活动管理的规范要求；熟悉证券研究报告制作的要求；掌握证券研究报告的质量控制要求；熟悉证券研究报告的合规审查要求；熟悉发布研究报告的业务管理制度；熟悉证券研究报告的销售服务要求；掌握业务主体的主要职责、业务流程管理与合规管理。

【要点详解】

一、证券投资咨询业务分类

证券投资咨询业务是指取得监管部门颁发的相关资格的机构及其咨询人员为证券投资者或客户提供证券投资的相关信息、分析、预测或建议，并直接或间接收取服务费用的活动。

根据服务对象的不同，证券投资咨询业务可以分为：

(1)面向公众的投资咨询业务；

(2)为签订了咨询服务合同的特定对象提供的证券投资咨询业务；

(3)为本公司投资管理部门、投资银行部门提供的投资咨询服务。

二、证券研究报告的分类

1. 定义

证券研究报告，是指证券公司、证券投资咨询公司基于独立、客观的立场，对证券及证券相关产品的价值或者影响其市场价格的因素进行分析，含有对具体证券及证券相关产品的价值分析、投资评级意见等内容的文件。

2. 分类

证券研究报告主要包括涉及证券及证券相关产品的价值分析报告、行业研究报告、投资策略报告等。

三、证券研究报告的基本要素、组织结构和撰写要求

(1)根据《发布证券研究报告暂行规定》第二条，发布证券研究报告，是证券投资咨询业务的一种基本形式，指证券公司、证券投资咨询机构对证券及证券相关产品的价值、市场走势或者相关影响因素进行分析，形成证券估值、投资评级等投资分析意见，制作证券研究报告，并向客户发布的行为。

证券研究报告可以采用书面或者电子文件形式。

(2)根据《发布证券研究报告暂行规定》第八条，证券公司、证券投资咨询机构发布的证券研究报告，应当载明下列事项：

①“证券研究报告”字样；

②证券公司、证券投资咨询机构名称；

③具备证券投资咨询业务资格的说明；

④署名人员的证券投资咨询执业资格证书编码；

⑤发布证券研究报告的时间；

⑥证券研究报告采用的信息和资料来源；

⑦使用证券研究报告的风险提示。

(3)根据《发布证券研究报告暂行规定》第九条，制作证券研究报告应当合规、客观、专业、审慎。署名的证券分析师应当对证券研究报告的内容和观点负责，保证信息来源合法合规，研究方法专业审慎，分析结论具有合理依据。

四、证券研究报告对象覆盖的要求

(1)根据《发布证券研究报告执业规范》第五条，证券公司、证券投资咨询机构发布证券研究报告，应当加强研究对象覆盖范围管理。将上市公司纳入研究对象覆盖范围并作出证券估值或投资评级，或者将该上市公司移出研究对象覆盖范围的，应当由研究部门或者研究子公司独立做出决定并履行内部审核程序。

(2)根据《发布证券研究报告暂行规定》第十一条，证券公司、证券投资咨询机构应当公平对待证券研究报告的发布对象，不得将证券研究报告的内容或者观点，优先提供给公司内部部门、人员或者特定对象。

五、证券研究报告信息收集的要求

(1)根据《发布证券研究报告执业规范》第七条，证券研究报告可以使用的信息来源包括：

①政府部门、行业协会、证券交易所等机构发布的政策、市场、行业以及企业相关信息；

②上市公司按照法定信息披露义务通过指定媒体公开披露的信息；

③上市公司及其子公司通过公司网站、新闻媒体等公开渠道发布的信息，以及上市公司通过股东大会、新闻发布会、产品推介会等非正式公告方式发布的信息；

④证券公司、证券投资咨询机构通过上市公司调研或者市场调查，从上市公司及其子公司、供应商、经销商等处获取的信息，但内幕信息和未公开重大信息除外；

⑤证券公司、证券投资咨询机构从信息服务机构等第三方合法取得的市场、行业及企业相关信息；

⑥经公众媒体报道的上市公司及其子公司的其他相关信息；

⑦其他合法合规信息来源。

(2)根据《发布证券研究报告执业规范》第八条，证券公司、证券投资咨询机构发布证券研究报告，应当审慎使用信息，不得将无法确认来源合法合规性的信息写入证券研究报告，不得将无法认定真实性的市场传言作为确定性研究结论的依据。

【例1.2】下列关于证券公司、证券投资咨询机构发布证券研究报告的说法中，不正确的是(　　)。[2016年5月真题]

A. 应当审慎使用信息

B. 不得将无法确认来源合法性的信息写入证券研究报告

C. 对于市场传言，可以根据自己的分析作为研究结论的依据

D. 不得将无法确认来源合规性的信息写入证券研究报告

【答案】C

六、对上市公司调研活动管理的规范要求

根据《发布证券研究报告执业规范》第十条，证券公司、证券投资咨询机构应当建立调研活动的管理制度，加强对调研活动的管理。发布证券研究报告相关人员进行上市公司调研活动，应当符合以下要求：

(1)事先履行所在证券公司、证券投资咨询机构的审批程序；

(2)不得向证券研究报告相关销售服务人员、特定客户和其他无关人员泄露研究部门或研究子公司未来一段时间的整体调研计划、调研底稿，以及调研后发布证券研究报告的计划、研究观点的调整信息；

(3)不得主动寻求上市公司相关内幕信息或者未公开重大信息；

(4)被动知悉上市公司内幕信息或者未公开重大信息的，应当对有关信息内容进行保密，并及时向所在机构的合规管理部门报告本人已获知有关信息的事实，在有关信息公开前不得发布涉及该上市公司的证券研究报告；

(5)在证券研究报告中使用调研信息的，应当保留必要的信息来源依据。

【例1.3】发布证券研究报告相关人员进行上市公司调研活动，应当符合的要求包括(　　)。[2016年4月真题]

Ⅰ. 在证券研究报告中使用调研信息的，应当保留必要的信息来源依据

Ⅱ. 不得主动寻求上市公司相关内幕信息或者未公开重大信息

Ⅲ. 不得向证券研究报告相关销售服务人员、特定客户和其他无关人员泄露研究部门或研究子公司未来一段时间的整体调研计划

Ⅳ. 被动知悉上市公司内幕信息或者未公开重大信息的，应当及时发布涉及该上市公司的证券研究报告

A. Ⅰ、Ⅱ、Ⅲ　　B. Ⅰ、Ⅱ、Ⅳ　　C. Ⅰ、Ⅲ、Ⅳ　　D. Ⅱ、Ⅲ、Ⅳ

【答案】A

七、证券研究报告制作的要求

(1)根据《发布证券研究报告执业规范》第十一条，证券公司、证券投资咨询机构制作证券研究报告应当秉承专业的态度，采用严谨的研究方法和分析逻辑，基于合理的数据基础和事实依据，审慎提出研究结论。

(2)根据《发布证券研究报告执业规范》第十二条，证券公司、证券投资咨询机构制作证券研究报告应当坚持客观原则，避免使用夸大、诱导性的标题或者用语，不得对证券估值、投资评级作出任何形式的保证。

证券公司、证券投资咨询机构应提示投资者自主作出投资决策并自行承担投资风险，任何形式的分享证券投资收益或者分担证券投资损失的书面或口头承诺均为无效。

(3)根据《发布证券研究报告执业规范》第十三条，证券研究报告中对证券及证券相关产品提出投资评级的，应当披露所使用的投资评级分类及其含义。

八、证券研究报告的质量控制要求

根据《发布证券研究报告执业规范》第十六条，证券公司、证券投资咨询机构应当建立健全证券研究报告发布前的质量控制机制，明确质量审核程序和审核人员职责，加强质量审核管理。

(1)证券研究报告应当由署名证券分析师之外的证券分析师或者专职质量审核人员进行质量审核。

(2)质量审核应当涵盖信息处理、分析逻辑、研究结论等内容，重点关注研究方法和研究结论的专业性和审慎性。

九、证券研究报告的合规审查要求

根据《发布证券研究报告执业规范》第十七条，证券公司、证券投资咨询机构应当建立健全证券研究报告发布前的合规审查机制，明确合规审查程序和合规审查人员职责。

(1)证券研究报告应当由公司合规部门或者研究部门、研究子公司的合规人员进行合规审查。

(2)合规审查应当涵盖人员资质、信息来源、风险提示等内容，重点关注证券研究报告可能涉及的利益冲突事项。

十、发布研究报告的业务管理制度

(1)根据《发布证券研究报告暂行规定》第十二条，证券公司、证券投资咨询机构应当建立健全与发布证券研究报告相关的利益冲突防范机制，明确管理流程、披露事项和操作要求，有效防范发布证券研究报告与其他证券业务之间的利益冲突。

发布对具体股票作出明确估值和投资评级的证券研究报告时，公司持有该股票达到相关上市公司已发行股份1%以上的，应当在证券研究报告中向客户披露本公司持有该股票的情况，并且在证券研究报告发布日及第二个交易日，不得进行与证券研究报告观点相反的交易。

(2)根据《发布证券研究报告执业规范》第十九条，证券公司、证券投资咨询机构应当通过公司规定的证券研究报告发布系统平台向发布对象统一发布证券研究报告，以保障发布证券研究报告的公平性。

在证券研究报告发布之前，制作发布证券研究报告的相关人员不得向证券研究报告相关销售服务人员、客户及其他无关人员泄露研究对象覆盖范围的调整、制作与发布研究报告的计划，证券研究报告的发布时间、观点和结论，以及涉及盈利预测、投资评级、目标价格等内容的调整计划。

(3)根据《发布证券研究报告执业规范》第二十条，证券公司、证券投资咨询机构发布证券研究报告，应当按照《发布证券研究报告暂行规定》及《证券公司信息隔离墙指引》的有关规定，建立健全信息隔离墙制度，并遵循下列静默期安排：

①担任发行人股票首次公开发行的保荐机构、主承销商或者财务顾问，自确定并公告发行价格之日起40日内，不得发布与该发行人有关的证券研究报告；

②担任上市公司股票增发、配股、发行可转换公司债券等再融资项目的保荐机构、主承销商或者财务顾问，自确定并公告公开发行价格之日起10日内，不得发布与该上市公司有关的证券研究报告；

③担任上市公司并购重组财务顾问，在证券公司、证券投资咨询机构的合规部门将该上市公司列入相关限制名单期间，按照合规管理要求限制发布与该上市公司有关的证券研究报告。

(4)根据《发布证券研究报告执业规范》第二十一条，证券公司、证券投资咨询机构应当建立合理的发布证券研究报告相关人员绩效考核和激励机制，以维护发布证券研究报告行为的独立性。

证券公司、证券投资咨询机构应当综合考虑研究质量、客户评价、工作量等多种因素，设立发布证券研究报告相关人员的考核激励标准。发布证券研究报告相关人员的薪酬标准不得与外部媒体评价单一指标直接挂钩。

与发布证券研究报告业务存在利益冲突的部门不得参与对发布证券研究报告相关人员的考核。证券分析师跨越信息隔离墙参与公司承销保荐、财务顾问业务等项目的，其个人薪酬不得与相关项目的业务收入直接挂钩。

【例1.4】发布对具体股票做出明确估值和投资评级的证券研究报告时，公司持有该股票达到相关上市公司已发行股份(　　)以上的，应当在证券研究报告中向客户披露本公司持有该股票的情况。[2016年4月真题]

A. 1%　　B. 5%　　C. 10%　　D. 3%

【答案】A

十一、证券研究报告的销售服务要求

根据《发布证券研究报告执业规范》第二十二条，证券公司、证券投资咨询机构的研究部门或者研究子公司接受特定客户委托，按照协议约定就尚未覆盖的具体股票提供含有证券估值或投资评级的研究成果或者投资分析意见的，自提供之日起6个月内不得就该股票发布证券研究报告。

证券公司、证券投资咨询机构的研究部门或者研究子公司不得就已经覆盖的具体股票接受委托提供仅供特定客户使用的、与最新已发布证券研究报告结论不一致的研究成果或者投资分析意见。

证券公司、证券投资咨询机构的研究部门或者研究子公司接受特定客户委托的，应当要求委托方同时提供对委托事项的合规意见。

十二、业务主体的主要职责、业务流程管理与合规管理

1. 业务主体的主要职责

(1)根据《发布证券研究报告暂行规定》第三条，证券公司、证券投资咨询机构发布证券研究报告，应当遵守法律、行政法规和本规定，遵循独立、客观、公平、审慎原则，有效防范利益冲突，公平对待发布对象，禁止传播虚假、不实、误导性信息，禁止从事或者参与内幕交易、操纵证券市场活动。

(2)根据《发布证券研究报告暂行规定》第四条，中国证监会及其派出机构依法对证券公司、证券投资咨询机构发布证券研究报告行为实行监督管理。中国证券业协会对证券公司、证券投资咨询机构发布证券研究报告行为实行自律管理，并依据有关法律、行政法规和本规定，制定相应的执业规范和行为准则。

【例 1.5】对证券公司、证券投资咨询机构发布证券研究报告行为实行自律管理的是(　　)。[2016 年 4 月真题]

A. 中国证券业协会　　B. 国务院院证券监督管理机构分支机构

C. 中国证监会　　D. 证券交易所

【答案】A

2. 业务流程管理

(1)根据《发布证券研究报告暂行规定》第七条，证券公司、证券投资咨询机构应当采取有效措施，保证制作发布证券研究报告不受证券发行人、上市公司、基金管理公司、资产管理公司等利益相关者的干涉和影响。

(2)根据《发布证券研究报告暂行规定》第十条，证券公司、证券投资咨询机构应当建立证券研究报告发布审阅机制，明确审阅流程，安排专门人员，做好证券研究报告发布前的质量控制和合规审查。

(3)根据《发布证券研究报告暂行规定》第十三条，证券公司、证券投资咨询机构应当采取有效管理措施，防止制作发布证券研究报告的相关人员利用发布证券研究报告为自身及其利益相关者谋取不当利益，或者在发布证券研究报告前泄露证券研究报告的内容和观点。

3. 合规管理

(1)合规审查机制

证券公司应当建立证券研究报告的审查机制，对证券研究报告的内容是否涉及观察名单和限制名单中的公司或证券等进行审查。

除下列情形外，证券公司不应允许任何人在报告发布前接触报告或对报告内容产生影响：

①公司内部有关工作人员对报告进行质量管理、合规审查和按照正常业务流程参与报告制作发布的；

②研究对象和公司投资银行部门有关工作人员为核实事实而仅接触报告草稿有关章节内容的。证券公司不应在报告发布前向研究对象和公司投资银行部门提供包括研究摘要、投资评级或目标价格等内容的章节。

(2)隔离墙制度与跨越隔离墙制度

根据《发布证券研究报告暂行规定》第十四条，证券公司、证券投资咨询机构应当严格执行发布证券研究报告与其他证券业务之间的隔离墙制度，防止存在利益冲突的部门及人员利用发布证券研究报告谋取不当利益。

根据《发布证券研究报告暂行规定》第十五条，证券公司、证券投资咨询机构的证券分析师因公司业务需要，阶段性参与公司承销保荐、财务顾问等业务项目，撰写投资价值研究报告或者提供行业研究支持的，应当履行公司内部跨越隔离墙审批程序。

合规管理部门和相关业务部门应当对证券分析师跨越隔离墙后的业务活动实行监控。证券分析师参与公司承销保荐、财务顾问等业务项目期间，不得发布与该业务项目相关的证券研究报告。跨越隔离墙期满，证券分析师不得利用公司承销保荐、财务顾问等业务项目的非公开信息，发布证券研究报告。

(3)静默期制度

根据《发布证券研究报告暂行规定》第十六条，证券公司、证券投资咨询机构从事发布证券研究报告业务，同时从事证券承销与保荐、上市公司并购重组财务顾问业务的，应当根据有关规定，按照独立、客观、公平的原则，建立健全发布证券研究报告静默期制度和实施机制，并通过公司网站等途径向客户披露静默期安排。

(4)留痕及档案管理

证券公司应当建立健全研究咨询业务档案和客户服务档案，包括客户服务记录、对公众荐股记录、研究报告及公开发表的研究咨询文章等，履行相关资料的备案义务。

证券分析师应当将投资分析、预测或建议中所使用和依据的原始信息资料或工作底稿妥善保存以备查证。

证券公司、证券投资咨询机构发布证券研究报告，应当对发布的时间、方式、内容、对象和审阅过程实行留痕管理。发布证券研究报告相关业务档案的保存期限自证券研究报告发布之日起不得少于5年。

第四节 执业规范

【大纲要求】

掌握发布证券研究报告业务的相关法规；掌握证券公司、证券投资咨询机构及其人员从事发布证券研究报告业务，违反法律、行政法规和相关规定的法律后果、监管措施及法律责任。

【要点详解】

一、发布证券研究报告业务的相关法规

发布证券研究报告业务的相关法规如表1-1所示。

表1-1 发布证券研究报告业务的相关法规

法规	制定目的
《中华人民共和国公司法》	规范公司的组织和行为，保护公司、股东和债权人的合法权益，维护社会经济秩序，促进社会主义市场经济的发展
《中华人民共和国证券法》	规范证券发行和交易行为，保护投资者的合法权益，维护社会经济秩序和社会公共利益，促进社会主义市场经济的发展
《证券、期货投资咨询管理暂行办法》	加强对证券、期货投资咨询活动的管理，保障投资者的合法权益和社会公共利益
《发布证券研究报告暂行规定》	规范证券公司、证券投资咨询机构发布证券研究报告行为，保护投资者合法权益，维护证券市场秩序
《中国证券业协会章程》	在国家对证券业实行集中统一监督管理的前提下，进行证券业自律管理；发挥政府与证券行业间的桥梁和纽带作用；为会员服务，维护会员的合法权益；维持证券业的正当竞争秩序，促进证券市场的公开、公平、公正，推动证券市场的健康稳定发展
《发布证券研究报告执业规范》	进一步规范证券公司、证券投资咨询机构发布证券研究报告行为，保护投资者合法权益

二、证券公司、证券投资咨询机构及其人员从事发布证券研究报告业务，违反法律、行政法规和相关规定的法律后果、监管措施及法律责任

(1)根据《发布证券研究报告暂行规定》第二十二条，证券公司、证券投资咨询机构及其人员违反法律、行政法规和本规定的，中国证监会及其派出机构可以采取责令改正、监管谈

话、出具警示函、责令增加内部合规检查次数并提交合规检查报告、责令暂停发布证券研究报告、责令处分有关人员等监管措施；情节严重的，中国证监会依照法律、行政法规和有关规定作出行政处罚；涉嫌犯罪的，依法移送司法机关。

(2)根据《发布证券研究报告执业规范》第二十七条，证券公司、证券投资咨询机构及其人员违反执业规范的，中国证券业协会将根据自律规定，视情节轻重采取自律管理措施或纪律处分，并将纪律处分结果报送中国证监会。

【本章练习】

一、选择题

1．证券公司、证券投资咨询机构应当严格执行发布证券研究报告与其他证券业务之间的(　　)，防止存在利益冲突的部门及人员利用发布证券研究报告谋取不当利益。

A．自动回避制度　　B．隔离墙制度

C．事前回避制度　　D．分类经营制度

2．下列有关证券分析师应该受到的管理的说法，正确的是(　　)。

A．取得执业证书的人员，连续三年不在机构从业的，由证监会注销其执业证书

B．从业人员取得执业证书后辞职的，原聘用机构应当在其辞职后五日内向协会报告

C．机构不得聘用未取得执业证书的人员对外开展证券业务

D．协会、机构应当不定期组织取得执业证书的人员进行后续职业培训

3．根据证券业从业人员后续职业培训的相关规定，从业人员每年应当参加的后续职业培训学时应不少于(　　)学时。

A．10　　B．15　　C．20　　D．25

4．证券研究报告可以使用的信息来源不包括(　　)。

A．上市公司按照法定信息披露义务通过指定媒体公开披露的信息

B．上市公司通过股东大会、新闻发布会、产品推介会等非正式公告方式发布的信息

C．经公众媒体报道的上市公司及其子公司的其他相关信息

D．证券公司通过市场调查，从上市公司及其子公司、供应商等处获取的内幕信息

5．发布证券研究报告业务的相关法规不包括(　　)。

A．《中华人民共和国公司法》　　B．《中国银行业协会章程》

C．《中华人民共和国证券法》　　D．《证券、期货投资咨询管理暂行办法》

二、组合型选择题

1．下列关于证券公司、证券投资咨询机构及证券分析师在证券研究报告中应履行职责的说法正确的包括(　　)。

Ⅰ．遵循独立、客观、公平、审慎原则，加强合规管理，提升研究质量和专业服务水平

Ⅱ．建立健全相关的管理制度，加强流程管理和内部控制

Ⅲ．应当从组织设置、人员职责上，将证券研究报告制作发布环节与销售服务环节分开管理，以维护证券研究报告制作发布的独立性

Ⅳ．应当建立证券研究报告的信息来源管理制度，加强信息收集环节的管理，维护信息来源的合法合规性

A．Ⅰ、Ⅱ、Ⅲ　　B．Ⅰ、Ⅱ、Ⅳ　　C．Ⅱ、Ⅲ、Ⅳ　　D．Ⅰ、Ⅱ、Ⅲ、Ⅳ

2．按研究内容分类，证券研究报告可以分为(　　)。

Ⅰ．宏观研究　　Ⅱ．行业研究　　Ⅲ．策略研究　　Ⅳ．公司研究

A. Ⅰ、Ⅱ、Ⅲ　　B. Ⅰ、Ⅱ、Ⅳ　　C. Ⅱ、Ⅲ、Ⅳ　　D. Ⅰ、Ⅱ、Ⅲ、Ⅳ

3. 在证券公司、证券投资咨询机构发布的证券研究报告中，应当载明的事项包括(　　)。

Ⅰ. “证券研究报告”字样

Ⅱ. 证券公司、证券投资咨询机构名称

Ⅲ. 具备证券投资咨询业务资格的说明

Ⅳ. 署名人员的证券投资咨询执业资格证书编码

A. Ⅱ、Ⅲ　　B. Ⅰ、Ⅱ、Ⅳ　　C. Ⅱ、Ⅲ、Ⅳ　　D. Ⅰ、Ⅱ、Ⅲ、Ⅳ

4. 下列关于证券研究报告的表述，不正确的是(　　)。

Ⅰ. 发布证券研究报告相关人员的薪酬标准必须与外部媒体评价单一指标直接挂钩

Ⅱ. 与发布证券研究报告业务存在利益冲突的部门不得参与对发布证券研究报告相关人员的考核

Ⅲ. 证券公司就尚未覆盖的具体股票提供投资分析意见的，自提供之日起3个月内不得就该股票发布证券研究报告

Ⅳ. 证券公司、证券投资咨询机构应当设立发布证券研究报告相关人员的考核激励标准

A. Ⅰ、Ⅱ　　B. Ⅰ、Ⅲ　　C. Ⅱ、Ⅲ、Ⅳ　　D. Ⅰ、Ⅱ、Ⅲ、Ⅳ

5. 证券分析师应当保持独立性，不因(　　)等利益相关者的不当要求而放弃自己的独立立场。

Ⅰ. 公司内部其他部门　Ⅱ. 资产管理公司　Ⅲ. 证券发行人　Ⅳ. 上市公司

A. Ⅰ、Ⅱ、Ⅲ　　B. Ⅰ、Ⅱ、Ⅳ　　C. Ⅱ、Ⅲ、Ⅳ　　D. Ⅰ、Ⅱ、Ⅲ、Ⅳ

【答案及解析】

一、选择题

1. **【答案】**B

【解析】《发布证券研究报告暂行规定》对防范发布证券研究报告与证券资产管理业务之间的利益冲突作出规定，该法规规定，证券公司、证券投资咨询机构应当严格执行发布证券研究报告与其他证券业务之间的隔离墙制度，防止存在利益冲突的部门及人员利用发布证券研究报告谋取不当利益。

2. **【答案】**C

【解析】A项，取得执业证书的人员，连续三年不在机构从业的，由证券业协会(以下简称“协会”)注销其执业证书；B项，从业人员取得执业证书后，辞职或者不为原聘用机构所聘用的，或者其他原因与原聘用机构解除劳动合同的，原聘用机构应当在上述情形发生后十日内向协会报告，由协会变更该人员执业注册登记；D项，协会、机构应当定期组织取得执业证书的人员进行后续职业培训，提高从业人员的职业道德和专业素质。

3. **【答案】**B

【解析】按照证券业从业人员后续职业培训的相关规定，从业人员每年应当参加不少于15学时的后续职业培训。其中，学习必修部分内容不少于10学时，学习选修部分内容不少于5学时。

4. **【答案】**D

【解析】D项，证券研究报告可以使用证券公司、证券投资咨询机构通过上市公司调研或者市场调查，从上市公司及其子公司、供应商、经销商等处获取的信息，但内幕信息和未

公开重大信息除外。

5.【答案】B

【解析】发布证券研究报告业务的相关法规包括:《中华人民共和国公司法》、《中华人民共和国证券法》、《证券、期货投资咨询管理暂行办法》、《发布证券研究报告暂行规定》、《中国证券业协会章程》、《发布证券研究报告执业规范》。

二、组合型选择题

1.【答案】D

【解析】证券公司、证券投资咨询机构及证券分析师在证券研究报告中应履行的职责包括:①发布证券研究报告应当遵循独立、客观、公平、审慎原则，加强合规管理，提升研究质量和专业服务水平;②发布证券研究报告应当建立健全相关的管理制度，加强流程管理和内部控制;③证券公司、证券投资咨询机构应当从组织设置、人员职责上，将证券研究报告制作发布环节与销售服务环节分开管理，以维护证券研究报告制作发布的独立性;④证券公司、证券投资咨询机构应当建立证券研究报告的信息来源管理制度，加强信息收集环节的管理，维护信息来源的合法合规性。

2.【答案】D

【解析】证券研究报告按研究内容分类，一般有宏观研究、行业研究、策略研究、公司研究、量化研究等;按研究品种分类，主要有股票研究、基金研究、债券研究、衍生品研究等。

3.【答案】D

【解析】证券公司、证券投资咨询机构发布的证券研究报告，应当载明的事项除Ⅰ、Ⅱ、Ⅲ、Ⅳ四项外，还包括:①证券研究报告采用的信息和资料来源;②使用证券研究报告的风险提示;③发布证券研究报告的时间。

4.【答案】B

【解析】Ⅰ项，证券公司、证券投资咨询机构应当综合考虑研究质量、客户评价、工作量等多种因素，设立发布证券研究报告相关人员的考核激励标准，发布证券研究报告相关人员的薪酬标准不得与外部媒体评价单一指标直接挂钩;Ⅲ项，证券公司、证券投资咨询机构的研究部门或者研究子公司接受特定客户委托，按照协议约定就尚未覆盖的具体股票提供含有证券估值或投资评级的研究成果或者投资分析意见的，自提供之日起6个月内不得就该股票发布证券研究报告。

5.【答案】D

【解析】根据《证券分析师执业行为准则》第五条，证券分析师应当保持独立性，不因所在公司内部其他部门、证券发行人、上市公司、基金管理公司、资产管理公司等利益相关者的不当要求而放弃自己的独立立场。

第二部分　专业基础

第二章　经济学

【知识结构】

- 经济学
  - 需求、供给和市场均衡
    - 需求函数、需求曲线和需求弹性
    - 供给函数、供给曲线和供给弹性
    - 市场均衡原理
  - 市场结构与博弈论分析
    - 完全竞争市场的特征
    - 利润最大化与完全竞争企业的短期供给曲线的含义
    - 完全垄断市场的特征
    - 垄断企业的需求和边际收益曲线的含义
    - 垄断企业的短期均衡与利润最大化原理
    - 垄断企业供给曲线的含义
    - 垄断企业的长期均衡与利润最大化原理
    - 垄断竞争市场的特征
    - 垄断竞争企业的短期均衡原理
    - 垄断竞争企业的长期均衡原理
    - 寡头市场的特征
    - 古诺模型的原理
    - 纳什均衡的基本原理
    - 囚徒困境的基本原理
  - 宏观经济均衡分析
    - 社会总需求、社会总供给的含义
    - 宏观经济均衡的基本原理
    - 产品市场和货币市场的一般均衡
    - *IS* - *LM* 模型
    - 可贷资金市场均衡、外汇市场均衡及可贷资金市场与外汇市场同时均衡

第一节　需求、供给和市场均衡

【大纲要求】

熟悉需求函数、需求曲线和需求弹性的含义；熟悉供给函数、供给曲线和供给弹性的含义；掌握市场均衡原理。

【要点详解】

一、需求与供给的函数、曲线、弹性

(1)需求与供给的函数、曲线、弹性的定义及表达式如表 2 - 1 所示。

表 2 - 1　需求与供给

	需求	供给
函数定义	表示一种商品的需求数量和影响该需求数量的各种因素之间的相互关系	表示一种商品的供给数量和影响该供给数量的各种因素之间的相互关系

续表

	需求	供给
函数形式	$Q_d=f(P)$，Q_d 为需求量，P 为价格	$Q_s=f(P)$，Q_s 为供给量，P 为价格
曲线类型	曲线型、直线型	曲线型、直线型
曲线特征	向右下方倾斜，表示需求量和价格之间成反方向变动的关系	向右上方倾斜，表示供给量和价格成同方向变动的规律
价格弹性定义	表示在一定时期内一种商品的价格变动所引起该商品需求量变动的程度。它反映了需求量对价格变动的敏感程度	表示在一定时期内一种商品的价格变动所引起该商品供给量变动的程度。它反映了供给量对价格变动的敏感程度
价格弹性公式	$\dfrac{\text{需求量变动百分比}}{\text{价格变动百分比}}$	$\dfrac{\text{供给量变动百分比}}{\text{价格变动百分比}}$
点弹性	$e_d=\lim\limits_{\Delta P\to 0}-\dfrac{\Delta Q}{\Delta P}\cdot\dfrac{P}{Q}=-\dfrac{dQ}{dP}\cdot\dfrac{P}{Q}$	$e_s=\dfrac{\frac{dQ}{Q}}{\frac{dP}{P}}=\dfrac{dQ}{dP}\cdot\dfrac{P}{Q}$
弧弹性	$e_d=-\dfrac{\frac{\Delta Q}{Q}}{\frac{\Delta P}{P}}=-\dfrac{\Delta Q}{\Delta P}\cdot\dfrac{P}{Q}$	$e_s=\dfrac{\frac{\Delta Q}{Q}}{\frac{\Delta P}{P}}=\dfrac{\Delta Q}{\Delta P}\cdot\dfrac{P}{Q}$

(2)商品需求(或者供给)的价格弹性根据 e 值的大小分为五种类型：①$e>1$ 表示富有弹性；②$e<1$ 表示缺乏弹性；③$e=1$ 表示单一弹性或单位弹性；④$e=\infty$ 表示完全弹性；⑤$e=0$ 表示完全无弹性。

线性需求曲线点弹性的五种类型，如图 2－1 所示，其中 C 点为直线中点。

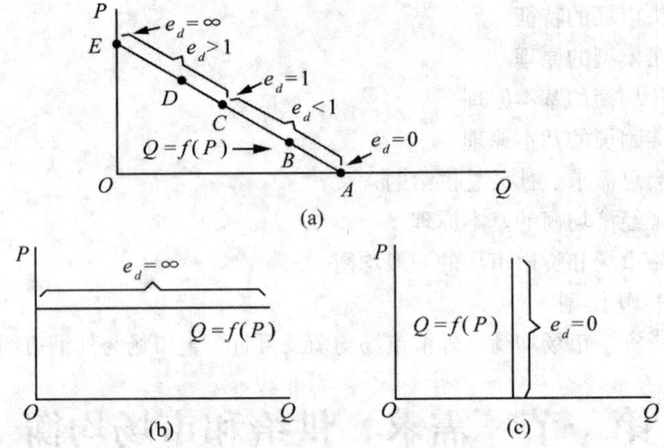

图 2－1　线性需求点弹性

(3)商品需求的价格弹性和企业的销售收入之间的综合关系如表 2－2 所示。

表 2－2　需求的价格弹性和销售收入的关系

弹性 / 收入 / 价格	$e_d>1$	$e_d=1$	$e_d<1$	$e_d=0$	$e_d=\infty$
降价	增加	不变	减少	同比例于价格的下降而减少	既定价格下，收益可以无限增加，因此，企业不会降价
涨价	减少	不变	增加	同比例于价格的上升而增加	收益会减少为零

【**例 2.1**】下列关于弹性的表达中，正确的有(　　)。[2016 年 5 月真题]

Ⅰ. 需求价格弹性是需求量变动对价格变动的敏感程度

Ⅱ. 需求价格弹性等于需求的变动量除以价格的变动量

Ⅲ. 收入弹性描述的是收入与需求量的关系

Ⅳ. 交叉弹性就是一种商品的价格变化对另一种商品需求量的影响

A. Ⅰ、Ⅱ、Ⅲ　　B. Ⅰ、Ⅱ、Ⅳ　　C. Ⅰ、Ⅲ、Ⅳ　　D. Ⅱ、Ⅲ、Ⅳ

【答案】C

【解析】Ⅱ项，需求价格弹性是用来测度商品需求量变动对于商品自身价格变动反应的敏感性程度，它等于需求变动的百分比除以价格变动的百分比。

二、市场均衡

1. 市场均衡的定义

一种商品的市场需求曲线和市场供给曲线相交时，该市场处于均衡状态，该交点被称为均衡点。均衡点上的价格被称为均衡价格，相等的供求量被称为均衡数量。市场上需求量和供给量相等的状态，又称市场出清的状态。

【例 2.2】市场供给力量与需求力量相互抵消时所达到的价格水平称为(　　)。

A. 平均价格　　B. 理论价格　　C. 平准价格　　D. 均衡价格

【答案】D

【解析】在现实经济生活中，市场价格是在需求和供给相互影响、共同作用下形成的。均衡价格就是市场供给力量和需求力量相互抵消时所达到的价格水平。

2. 市场均衡的实现过程

现在把需求曲线和供给曲线结合在一起，用图 2－2 说明一种商品的市场均衡价格的决定。

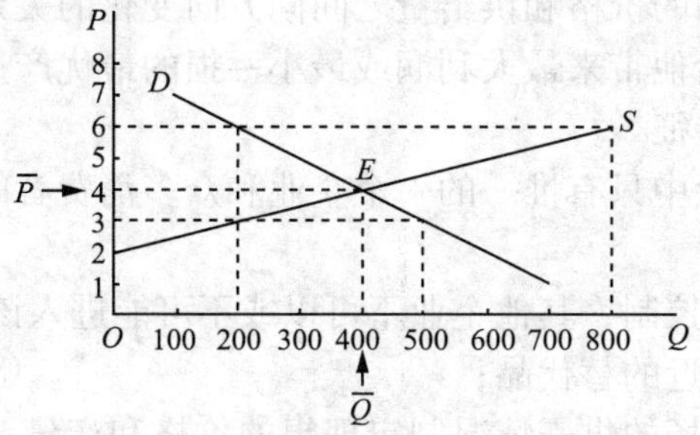

图 2－2　均衡价格的决定

如图 2－2 所示，市场的需求曲线 D 和市场的供给曲线 S 相交于均衡点 E 时，均衡价格 $\overline{P}=4$ 元，均衡数量 $\overline{Q}=400$ 单位。在均衡数量 400 的水平，消费者愿意提供的最高价格和生产者愿意接受的最低价格是相等的，都是 4 元；在均衡价格 4 元的水平，消费者的购买量和生产者的销售量是相等的，都是400 单位，这是均衡状态。当市场上的价格高于 $\overline{P}$ 时，供给量大于需求量会导致商品过剩或者商品超额供给。这种市场状况，一方面会使供给者减少商品的供给量，另一方面又会使需求者降低价格来购买商品。这样，该商品的价格必然下降，一直下降到均衡价格的水平，与此同时，供给量在减少而需求量在增加，使得市场达到均衡状态。反之亦然。因此，当市场上商品的供给等于需求时，市场就实现了均衡。

第二节　市场结构与博弈论分析

【大纲要求】

熟悉完全竞争市场的特征；熟悉利润最大化与完全竞争企业的供给曲线的含义；熟悉完全垄断市场的特征；熟悉垄断企业的需求和边际收益曲线的含义；熟悉垄断企业的短期均衡

与利润最大化原理；熟悉垄断企业供给曲线的含义；熟悉垄断企业的长期均衡与利润最大化原理；熟悉垄断竞争市场的特征；熟悉垄断竞争企业的短期均衡原理；熟悉垄断竞争企业的长期均衡原理；熟悉寡头市场的特征；熟悉古诺模型的原理；熟悉纳什均衡的基本原理；熟悉囚徒困境的基本原理。

【要点详解】

一、完全竞争市场的特征

完全竞争市场的特征有以下几个方面：

(1)有很多的生产者和消费者；

(2)生产者可以自由的进入和退出；

(3)生产的产品不存在差异；

(4)供应商和消费者都可以了解市场信息；

(5)可以充分利用资源。

二、利润最大化与完全竞争企业的短期供给曲线的含义

1. 利润最大化的均衡条件

企业实现利润最大化的均衡条件是边际收益 *MR* 等于边际成本 *MC*。

2. 完全竞争企业的短期供给曲线

完全竞争企业的短期供给曲线是用边际成本曲线 *SMC* 上大于和等于平均可变成本曲线 *AVC* 最低点的部分来表示，即用 *SMC* 曲线上大于和等于停止营业点的部分来表示。它是向右上方倾斜的，表示了商品的价格和供给量之间同方向变化的关系，还表示企业在每一个价格水平的供给量都是能够给他带来最大利润或最小亏损的最优产量。

三、完全垄断市场的特征

垄断市场是指整个行业中只有惟一的一个企业和众多消费者的市场组织。完全垄断型市场结构的特点有：

(1)市场被独家企业所控制，其他企业不可以或不可能进入该行业；

(2)产品没有或缺少相近的替代品；

(3)垄断者能够根据市场的供需情况制定理想的价格和产量，在高价少销和低价多销之间进行选择，以获取最大的利润；

(4)垄断者在制定产品的价格与生产数量方面的自由性是有限度的，要受到反垄断法和政府管制的约束。

【例 2.3】完全垄断型市场结构的特点有(　　)。[2016 年 4 月真题]

Ⅰ. 垄断者根据市场情况制定理想的价格和产量

Ⅱ. 产品没有或缺少合适的替代品

Ⅲ. 垄断者在制定理想的价格与产量时不会受到政府的约束

Ⅳ. 市场被独家企业所控制

A. Ⅰ、Ⅱ、Ⅲ　　B. Ⅰ、Ⅱ、Ⅳ　　C. Ⅱ、Ⅲ、Ⅳ　　D. Ⅰ、Ⅱ、Ⅲ、Ⅳ

【答案】B

四、垄断企业的需求和边际收益曲线的含义

1. 垄断企业的需求曲线

垄断企业的需求曲线是一条向右下方倾斜的曲线。它表示：垄断企业的销售量与市场价格成反方向的变动，垄断企业可以采用改变销售量的办法来控制市场价格。

2. 垄断企业的边际收益曲线

边际收益指企业增加一单位产品销售所获得的总收入的增量。边际收益的公式为：

$$MR(Q)=\frac{\Delta TR(Q)}{\Delta Q}$$

垄断企业的需求曲线和边际收益 MR 曲线如图 2－3 所示。垄断企业的 MR 曲线具有如下特征：

(1)垄断企业的 MR 曲线位于需求曲线的左下方，且 MR 曲线也向右下方倾斜。

(2)由于每一销售量上的边际收益 MR 值就是相应的总收益 TR 曲线的斜率，所以在图 2－3中，当 $MR>0$ 时，TR 曲线的斜率为正；当 $MR<0$ 时，TR 曲线的斜率为负；当 $MR=0$ 时，TR 曲线达最大值点。

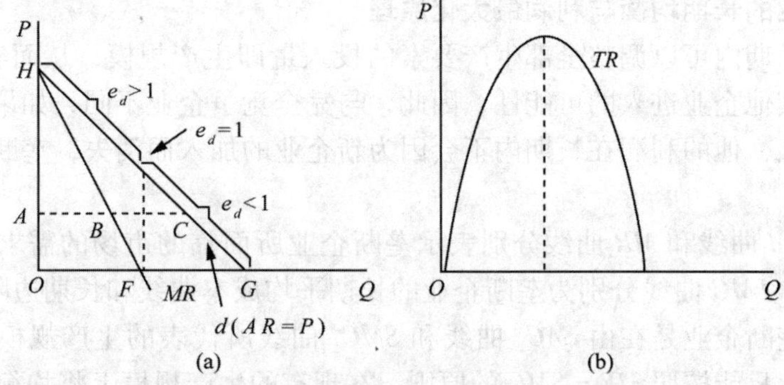

图 2－3　垄断企业的需求曲线和收益曲线

五、垄断企业的短期均衡与利润最大化原理

垄断企业为了获得最大的利润，必须遵循 $MR=MC$ 的原则。在短期内，垄断企业无法改变固定要素投入量，垄断企业是在既定的生产规模下通过对产量和价格的调整，来实现 $MR=SMC$ 的利润最大化的原则，如图 2－4 所示。

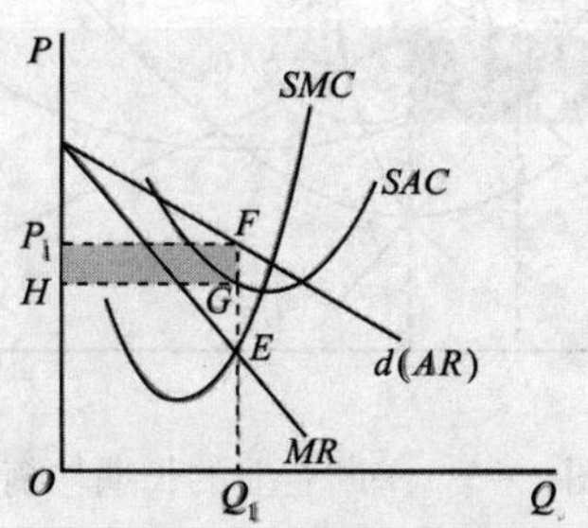

图 2－4　垄断企业的短期均衡

图中的 SMC 曲线和 SAC 曲线代表垄断企业的既定的生产规模，d 曲线和 MR 曲线代表垄断企业的需求和收益状况。垄断企业根据 $MR=SMC$ 的利润最大化的均衡条件，将产量和价格分别调整到 Q_1 和 P_1 的水平。在短期均衡点 E 上，垄断企业的平均收益为 FQ_1，平均成本为 GQ_1，平均收益大于平均成本，垄断企业获得利润。单位产品的平均利润为 FG，总利润量相当于矩形 P_1HGF 的面积。

只要 $MR>SMC$，垄断企业增加一单位产量所得到的收益增量就会大于所付出的成本增量。这时，企业增加产量是有利的。随着产量的增加，如图 2－4 所示，MR 会下降，而 SMC 会上升，两者之间的差额会逐步缩小，最后达到 $MR=SMC$ 的均衡点，企业也由此得到了增加产量的全部好处。而 $MR<SMC$ 时，情况正好相反。所以，垄断企业的利润在 $MR=$

SMC 处达最大值。

由此可以得到垄断企业短期均衡条件为：

$$MR = SMC$$

垄断企业在短期均衡点上可以获得最大利润，可以利润为零，也可以蒙受最小亏损。

六、垄断企业供给曲线的含义

在垄断市场条件下，无法得到如同完全竞争市场条件下的具有规律性的，可以表示产量和价格之间一一对应的企业和行业的短期供给曲线。也就是说：凡是在或多或少的程度上带有垄断因素的不完全竞争市场中，或者说，凡是在单个企业对市场价格具有一定的控制力量，相应的，单个企业的需求曲线向右下方倾斜的市场中，是不存在具有规律性的企业和行业的短期供给曲线的。

七、垄断企业的长期均衡与利润最大化原理

垄断企业在长期内可以调整全部生产要素的投入量即生产规模，从而实现最大的利润。垄断行业排除了其他企业进入的可能性，因此，与完全竞争企业不同，如果垄断企业在短期内获得利润，那么，他的利润在长期内不会因为新企业的加入而消失，垄断企业在长期内是可以保持利润的。

图 2－5 中的 d 曲线和 MR 曲线分别表示垄断企业所面临的市场的需求曲线和边际收益曲线，LAC 曲线和 LMC 曲线分别为垄断企业的长期平均成本曲线和长期边际成本曲线。

假定开始时垄断企业是在由 SAC_1 曲线和 SMC_1 曲线所代表的生产规模上进行生产。在短期内，垄断企业只能按照 $MR = SMC$ 的原则，在现有的生产规模上将均衡产量和均衡价格分别调整到 Q_1 和 P_1。在短期均衡点 E_s 上，垄断企业获得的利润为图中较小的阴影部分面积 HP_1AB。

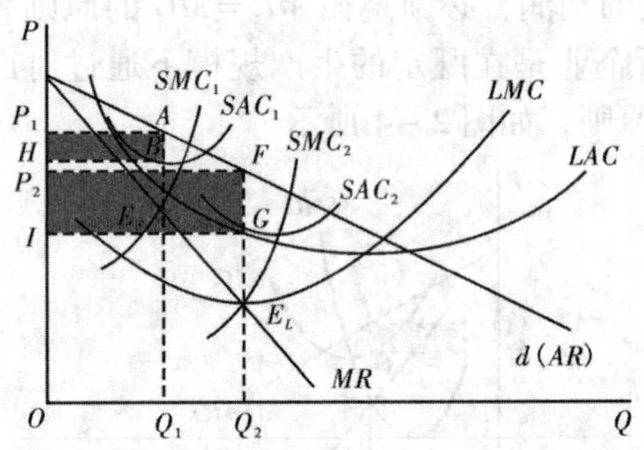

图 2－5　垄断企业的长期均衡

在长期中，垄断企业通过对生产规模的调整，能进一步增大利润。按照 $MR = LMC$ 的长期均衡原则，垄断企业的长期均衡点为 E_L，长期均衡产量和均衡价格分别为 Q_2 和 P_2，垄断企业所选择的相应的最优生产规模由 SAC_2 曲线和 SMC_2 曲线所代表。此时，垄断企业获得了比短期更大的利润，其利润量相当于图中较大的阴影部分面积 IP_2FG。

由此可见，垄断企业之所以能在长期内获得更大的利润，其原因在于长期内企业的生产规模是可调整的和市场对新加入企业是完全关闭的。

如图 2－5 所示，在垄断企业的 $MR = LMC$ 的长期均衡产量上，代表最优生产规模的 SAC 曲线和 LAC 曲线相切于 G，相应的 SMC 曲线、LMC 曲线和 MR 曲线相交于 E_L 点。所以，垄断企业的长期均衡条件为：

$$MR = LMC = SMC$$

垄断企业在长期均衡点上一般可获得利润。

最后，由于垄断企业所面临的需求曲线就是市场的需求曲线，垄断企业的供给量就是全行业的供给量。

八、垄断竞争市场的特征

垄断竞争市场是有许多企业生产和销售有差别的同种产品的市场结构，包含垄断因素与竞争因素而又更接近于完全竞争的一种市场结构。

垄断竞争市场的特征有：

(1)企业众多；

(2)互不依存；

(3)同种产品之间存在差别；

(4)进出容易；

(5)可以形成产品集团。

【例 2.4】下列不属于垄断竞争型市场特点的是(　　)。[2016 年 5 月真题]

A. 生产者众多，各种生产资料可以流动

B. 生产的产品同种但不同质

C. 这类行业初始投入资本较大，阻止了大量中小企业的进入

D. 企业对其产品的价格有一定的控制能力

【答案】C

【解析】C 项，“初始投入资本较大，阻止了大量中小企业的进入”属于寡头垄断市场的特点。

九、垄断竞争企业的短期均衡原理

在短期，垄断竞争企业在现有的生产规模下通过对产量和价格的同时调整，来实现均衡条件，这一过程一直持续到图 2－6 所示状态为止。图 2－6 中，企业调整的最终结果，将使 d 曲线和 D 曲线的交点 H 上的产量和价格，恰好是 $MR=SMC$ 时的均衡点 E 所要求的产量 $\overline{Q}$ 和价格 $\overline{P}$。此时 $\overline{Q}$ 和 $\overline{P}$ 分别是垄断竞争企业的短期均衡产量和均衡价格，这说明短期均衡的条件为：

$$MR=SMC$$

当然，同完全竞争与完全垄断一样，在短期均衡状态下，垄断竞争企业可能获得经济利润，也可能只获得正常利润，还可能蒙受亏损。但只要均衡价格在平均可变成本曲线之上，该企业在短期内就会继续生产。图 2－6 说明了垄断竞争企业获得经济利润的短期均衡，经济利润为图中阴影部分的面积。

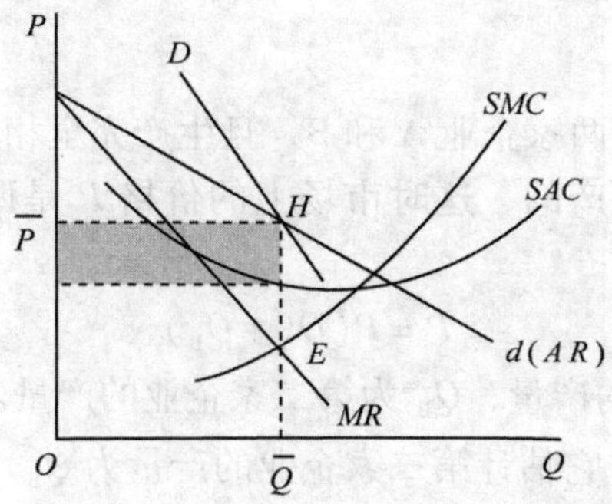

图 2－6　垄断竞争企业的短期均衡

十、垄断竞争企业的长期均衡原理

在长期内，垄断竞争企业进出较自由。若获利，新企业进入行业，提供相替代的产品与原来的企业竞争，使原企业市场份额缩小，产品价格下降，直到超额利润消失；反之，若亏损，行业内一些企业逐渐退出，未退出的企业的市场份额增加，产品价格上升，直到不亏损为止。因此，垄断竞争企业长期均衡时，产品价格和平均成本相等。如图 2－7 所示。可见，垄断竞争企业长期均衡的条件为：

$$MR = LMC = SMC$$

$$AR = LAC = SAC$$

在长期的均衡产量上，垄断竞争企业的利润为零，且存在一个 d 需求曲线和 D 需求曲线的交点(图 2－7 的 J 点)。

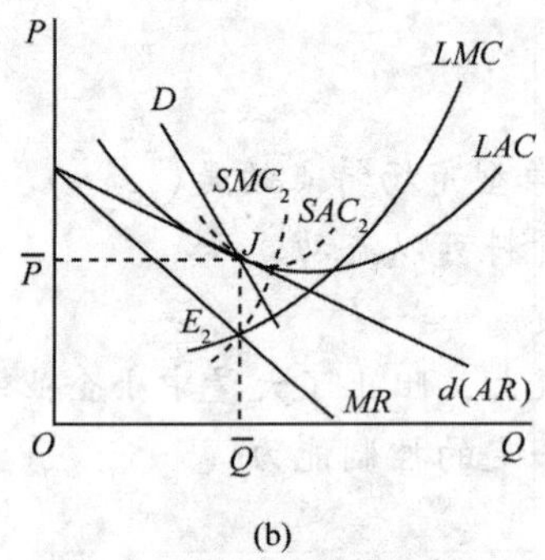

图 2－7　垄断竞争企业的长期均衡

十一、寡头市场的特征

寡头市场是少数企业控制着某行业大部分产品的市场结构，是包含垄断因素与竞争因素而又更接近于完全垄断的一种市场结构。其特征有：

(1) 企业数极少，新的企业加入该行业比较困难；

(2) 产品既可同质，也可存在差别，企业之间同样存在激烈竞争；

(3) 企业之间相互依存；

(4) 企业行为的不确定性。

十二、古诺模型的原理

古诺模型是由法国经济学家奥古斯汀 · 古诺(Augustin Cournot) 在 1838 年发表的《对财富理论的数学原理的研究》中提出的。它是最早的寡头模型，常被作为寡头理论分析的出发点。

(1) 市场结构

古诺模型假设市场上只有两家企业 A 和 B，且生产完全相同的产品。企业的决策变量是产量。假定两个企业是同时生产的，这时市场上的价格 P 是两个企业产量之和的函数，即价格函数为：

$$P = P(Q_A + Q_B)$$

其中，Q_A 为第一家企业的产量，Q_B 为第二家企业的产量。

从企业 A 出发进行分析，它估计第二家企业的产量为 Q_B^e，如果企业 A 决定生产 Q_A，则市场上供给的产量就为 $Q_A + Q_B^e$，相应地，市场价格为：

$$P(Q) = P(Q_A + Q_B^e)$$

从而，企业 A 的利润最大化问题可写成：

$$\max_{Q_A}\{P(Q_A+Q_B^e)\cdot Q_A-C(Q_A)\}$$

(2)反应函数

结合企业A的利润函数可看出，企业A的最佳产出量 Q_A 是其对于企业B的产量的信念的函数，即：

$$Q_A=f_A(Q_B^e)$$

上式就是企业A对企业B产量的“反应函数”。同理，企业B也要对企业A的产量 Q_A 进行估计，在给定的关于企业A的产量的信念 Q_A^e 的前提下，能得出企业B的反应函数，即：

$$Q_B=f_B(Q_A^e)$$

(3)古诺均衡

用数学语言来表示，古诺均衡是指产量组合(Q_A^*，Q_B^*)满足：

$$Q_A=f_A(Q_B^*)$$

$$Q_B=f_B(Q_A^*)$$

从上式可以看出，古诺均衡包含：

第一，给定对于另一个企业的产量信念，每一个企业都做出了自己最优的产量选择，使自己的利润最大化。

第二，每一个企业对于另一个企业的产量信念(预期)被实践证明是正确的，即 $Q_A^e=Q_A^*$，$Q_B^e=Q_B^*$。这被称之为理性预期。

可见，古诺均衡是博弈论中的均衡：除满足供求相等这一要求之外，在均衡时，参与博弈的每一方都达到了最大的满足；在均衡时，当事人对自己的对手的策略的信念被事实证明是正确的。

十三、纳什均衡的基本原理

纳什均衡，是指参与人的这样一种策略组合，在该策略组合上，任何参与人单独改变策略都不会得到好处。即，如果在一个策略组合中，当所有其他人都不改变策略时，没有人会改变自己的策略，则该策略组合就是一个纳什均衡。

在纳什均衡的定义中，有两个问题需要注意：

(1)“单独改变策略”。这是指任何一个参与人在所有其他人都不改变策略的情况下改变自己的策略。其他人也同时改变策略的情况不在考虑之列。

(2)“不会得到好处”。这是指任何一个参与人在单独改变策略之后自己的支付不会增加。它包括两种情况：支付减少或者支付不变。

十四、囚徒困境的基本原理

常常被用来说明不具有最优性质的纳什均衡的一个著名例子是囚徒困境。两个囚徒一起合伙犯罪，他们被分别关在两个房间里，单独接受审讯。每个囚徒都有坦白和抵赖两种选择。如果这两个人都选择坦白，那么，根据法规他们将被拘留3个月。如果他们都选择抵赖，那么，根据法规他们将被拘留1个月。如果只有一个人坦白，那么，这个人就可以免于刑事处分，另一个人将被拘留6个月。表2-3给出了这个博弈的收益矩阵。收益为刑期的负值。

表 2-3　囚徒困境

		参与人 B	
		坦白	抵赖
参与人 A	坦白	-3，-3	0，-6
	抵赖	-6，0	-1，-1

从参与人 A 的角度看，如果参与人 B 选择坦白，那么，A 的较好选择是坦白，因为这样做，他的收益是 -3 而不是 -6；如果参与人 B 选择抵赖，那么参与人 A 的较好选择还是坦白，这样他的收益是 0 而不是 -1。因此，不论 B 选择什么，A 的较好的选择都是坦白。

参与人 B 的策略选择过程与 A 类似。不论 A 选择什么，B 的较好的选择都是坦白。

因此，在策略组合(坦白，坦白)上，这个博弈达到纳什均衡，双方都不再有单独改变策略的倾向。但是，如果他们都选择抵赖，并且承诺不违约，每个人最终能够得到收益 -1，大于他们都选择坦白获得的收益 -3，从而他们的境况变得更好，所以纳什均衡并不一定是帕累托有效的。

第三节　宏观经济均衡分析

【大纲要求】

熟悉社会总需求、社会总供给的含义；掌握宏观经济均衡的基本原理；熟悉产品市场和货币市场的一般均衡。掌握 *IS-LM* 模型；熟悉可贷资金市场均衡、外汇市场均衡及可贷资金市场与外汇市场同时均衡。

【要点详解】

一、社会总需求、社会总供给的含义

1. 社会总需求的含义

总需求是经济社会对产品和劳务的需求总量，这一需求总量通常以产出水平(Y)来表示。在四部门经济中，总需求由消费需求、投资需求、政府需求和国外需求构成。

影响总需求的变量因素除了价格水平、人们的收入、对未来的预期等，还包括诸如税收、政府购买以及货币供给等政策变量。

总需求曲线表示产品市场与货币市场同时达到均衡时的价格水平与产出水平的组合。总需求曲线是向右下方倾斜的。它表示，价格水平越低，需求总量越大；价格水平越高，需求总量越小。即价格水平和需求总量成反方向变化的关系。

2. 社会总供给的含义

总供给是经济社会所提供的产品和劳务的总产量(或国民收入)，即经济社会投入的基本资源所生产的产量。

按照货币工资(w)和价格水平(P)进行调整所要求的时间的长短，宏观经济学将总产出与价格水平之间的关系分为三种，即古典总供给曲线，凯恩斯总供给曲线和常规总供给曲线。

(1)古典总供给曲线

按照西方古典学派的观点，在长期中，劳动总是处于充分就业状态，从而产量也总是处于相对应的潜在产量(y_f)水平上，无论是什么价格水平，经济社会供应的产品数量都一样。因此，古典学派认为，总供给曲线是一条位于经济的潜在产量或充分就业产量水平上的垂直线。如图2－8所示，该图所显示的垂直线即为古典总供给曲线。

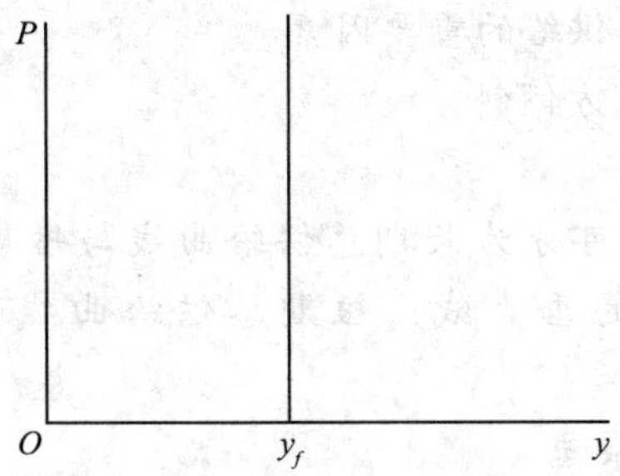

图2－8　古典总供给曲线

(2)凯恩斯总供给曲线

凯恩斯提出了货币工资具有“刚性”的假设，即假设由于种种原因，货币工资不会轻易变动。在“刚性”货币工资的假设条件下，当产量增加时，价格和货币工资均不会发生变化。因此，凯恩斯的总供给曲线被认为是一条水平线，如图2－9中的P_0E_0所示。

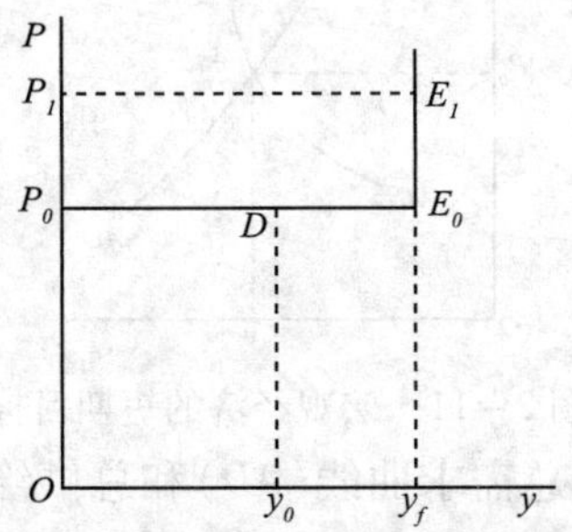

图2－9　凯恩斯总供给曲线

图中的y_f代表充分就业的产量或国民收入。P_0E_0为水平线的意思是：在产量小于y_f的条件下，由于货币工资(w)和价格水平(P)都不会变动，所以在既有的价格(P_0)，经济社会能提供任何数量的y。在达到充分就业(y_f)之后，社会已经没有多余的生产能力，从而，不可能生产出更多的产品，因此，增加的需求不但不会增加产量，反而会引起价格的上升，如图中E_0点以上的垂直线所示。例如，在E_1点，产量仍旧是y_f，但是，价格已经上升到P_1。

(3)常规总供给曲线

西方学者认为，在常规的情况下，短期总供给曲线位于两个极端之间，随着价格的上升，经济社会提供的总产量将增加。如图2－10的CC线所示。

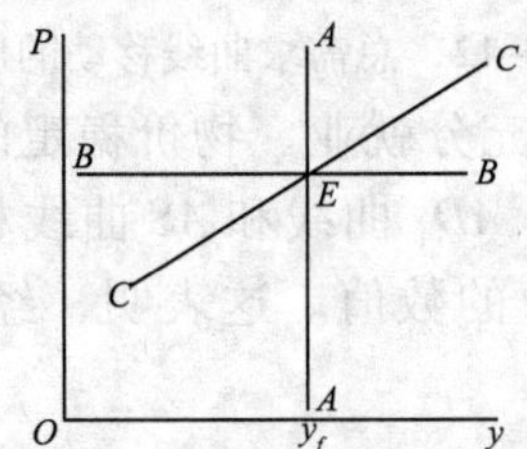

图2－10　常规总供给曲线(线性的)

向上倾斜的CC线表示，价格水平和总产量成同方向变化。

【例 2.5】关于总供给的描述，下列说法错误的是(　　)。

A. 总供给曲线描述的是总供给与价格总水平之间的关系

B. 决定总供给的基本因素是价格和成本

C. 企业的预期也是影响总供给的重要因素

D. 总供给曲线总是向右上方倾斜

【答案】D

【解析】D 项，总供给曲线可分为长期总供给曲线与短期总供给曲线。其中，长期总供给曲线是一条与横轴相交的垂直线；短期总供给曲线一般为一条向右上方倾斜的曲线。

二、宏观经济均衡的基本原理

在短期中，充分就业和物价稳定是宏观经济试图达到的目标。如图 2－11 所示。*AD* 是总需求曲线，*AS* 是总供给曲线，两者相交于 E_0 点，此时的均衡产量为 y_f，y_f 是充分就业的产量水平，此时宏观经济实现了均衡。

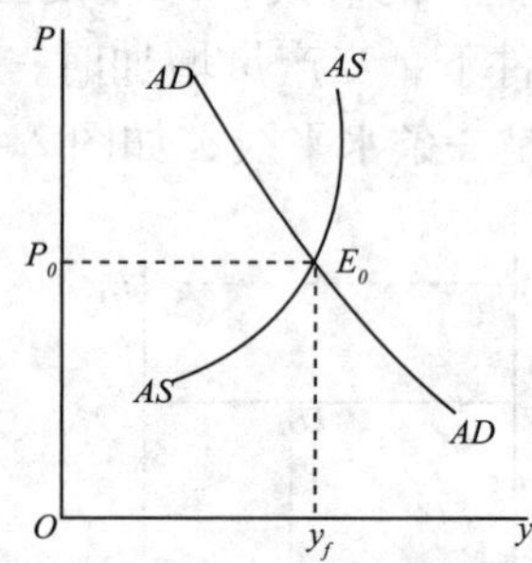

图 2－11　宏观经济的短期目标

当二者的交点偏离点 E_0 时，总需求曲线(*AD*)和总供给曲线(*AS*)移动的情况如下：

(1)总需求曲线移动的后果

总需求曲线移动的后果可以用图 2－12 加以说明，以总需求曲线向左移动为例。

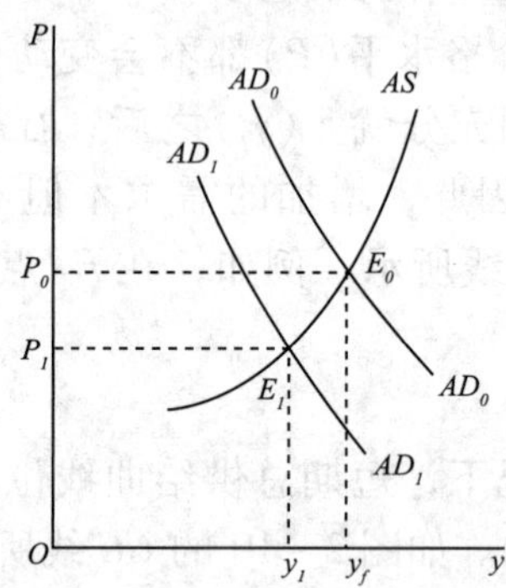

图 2－12　总需求曲线移动的后果

在图 2－12 中，初始状态处于充分就业、物价稳定的 E_0 点。此时，如果总需求减少，*AD* 向左移动到 AD_1 的位置，这样，AD_1 曲线和 *AS* 曲线相交于 E_1 点，E_1 的产量为 y_1，价格水平为 P_1，二者均低于充分就业的数值。这表明，经济社会处于萧条状态，偏离了均衡点。

(2)总供给曲线移动的后果

总供给曲线移动的后果可以由图 2－13 表示出来，以总供给曲线向左移动为例。

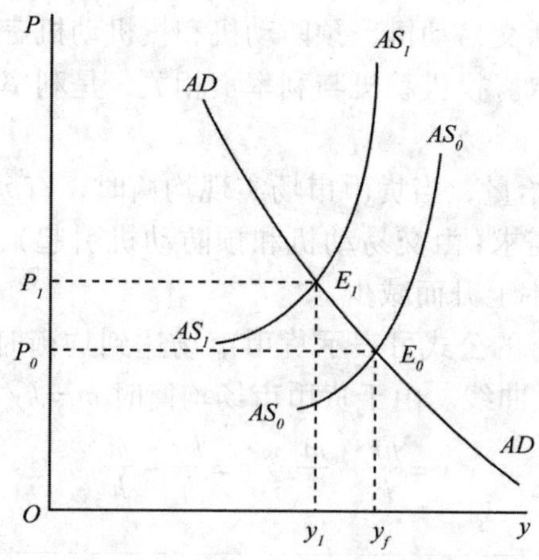

图 2-13　总供给曲线移动的后果

在图 2-13 中，初始状态处于充分就业、物价稳定的 E_0 点。此时，由于某种原因，AS 曲线由 AS_0 向左移动到 AS_1 的位置，这样，AD 曲线与 AS_1 曲线相交于 E_1 点，E_1 的产量为 y_1，价格水平为 P_1。价格 P_1 大于 P_0，产量 y_1 小于 y_f，这表明，经济社会处于失业和通货膨胀并存的状态，经济没有达到均衡。

三、产品市场和货币市场的一般均衡

1. 产品市场的一般均衡

(1)产品市场的均衡

产品市场的均衡，是指产品市场上总供给与总需求相等。在两部门经济中，产品市场达到均衡的条件是总需求等于总供给，即投资等于储蓄($i=s$)。假定消费函数为 $c=\alpha+\beta y$(c 为消费，y 为收入)，投资函数为 $i=e-dr$(r 为利率)，这样，如果把两部门经济中的市场需求与供给的关系用经济模型表示出来，可得到下列三个关系式：

$$i=e-dr$$

$$s=y-c=-\alpha+(1-\beta)y$$

$$i=s$$

将以上各关系式整理后可得：

$$y=\frac{\alpha+e-dr}{1-\beta}$$

从上式可以看到，储蓄等于投资是使产品市场保持均衡的必要条件，则均衡的国民收入与利率之间存在着反方向变化的关系。

(2)IS 曲线

IS 曲线是描述产品市场达到均衡($i=s$)时，国民收入与利率之间存在反方向变动关系的曲线。

2. 货币市场的一般均衡

(1)货币市场的均衡

货币市场上的供给和需求的均衡决定了利率，而货币的供给量是由货币当局所控制，假定它是一个外生变量，所以，货币市场的均衡只能通过调节对货币的需求来实现。

(2)产生货币需求的动机

产生货币需求的动机包括交易动机、预防动机和投机动机三种。交易动机和预防动机与收入正相关，是收入的增函数。投机动机与利率负相关，是利率的减函数。

(3) *LM* 曲线

假定 m 代表实际货币供给量，当货币市场实现均衡时，有 $m=L=L_1(y)+L_2(r)=ky-hr$。其中，L_1 是货币的交易需求(由交易动机和预防动机引起)，L_2 是货币的投机需求。L_1 随收入增加而增加，L_2 随利率上升而减少。

当 m 给定时，$m=ky-hr$ 的公式可表示货币市场达到均衡时的收入与利率的组合关系，这一关系的图形就被称为 *LM* 曲线。由于货币市场均衡时 $m=ky-hr$，因此有：

$$y=\frac{hr}{k}+\frac{m}{k} \text{或} r=\frac{ky}{h}-\frac{m}{h}$$

四、*IS*－*LM* 模型

当 *IS* 曲线和 *LM* 曲线相交时，产品市场和货币市场同时实现了均衡。如图 2－14 所示，*IS* 曲线和 *LM* 曲线相交于 E 点，在 E 点同时实现了两个市场的均衡，E 点也同时决定了均衡收入和均衡利率。

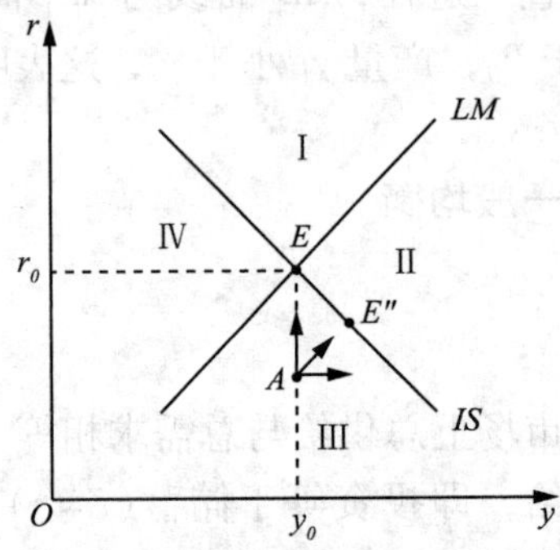

图 2－14　产品市场和货币市场的一般均衡

从图 2－14 可以看出，*IS* 曲线和 *LM* 曲线把坐标平面分成了四个区域：Ⅰ、Ⅱ、Ⅲ、Ⅳ区域，这四个区域中的非均衡关系如表 2－4 所示。

表 2－4　产品市场和货币市场的非均衡

区域	产品市场	货币市场
Ⅰ	$i<s$ 有超额产品供给	$L<M$ 有超额货币供给
Ⅱ	$i<s$ 有超额产品供给	$L>M$ 有超额货币需求
Ⅲ	$i>s$ 有超额产品需求	$L>M$ 有超额货币需求
Ⅳ	$i>s$ 有超额产品需求	$L<M$ 有超额货币供给

只有在 *IS* 曲线与 *LM* 曲线的交点，才会产生均衡收入和均衡利率。如果 *IS* 不均衡会导致收入变动：投资小于储蓄会导致收入下降，投资大于储蓄会导致收入上升；*LM* 不均衡会导致利率变动：货币需求小于货币供给会导致利率下降，货币需求大于货币供给会导致利率上升。这种调整最终都会趋向均衡收入和均衡利率。

五、可贷资金市场均衡、外汇市场均衡及可贷资金市场与外汇市场同时均衡

1. 可贷资金市场均衡

(1) 可贷资金市场的定义

可贷资金市场是指想借钱投资的人能够借贷资金、想储蓄的人可以提供资金的市场。投资是可贷资金需求的来源。可贷资金的供给来自国民储蓄，包括私人储蓄和公共储蓄。

(2)可贷资金的供给和需求曲线

利率是贷款的价格，代表贷款者从其储蓄或放贷中得到的货币量以及借款者要为借款支付的货币量。随着利率的上升，贷款者可以获得高利息，可贷资金供给量增加。然而，借款者需要支付高利息，可贷资金需求量减少，即可贷资金的供给曲线向右上方倾斜，而可贷资金的需求曲线向右下方倾斜。

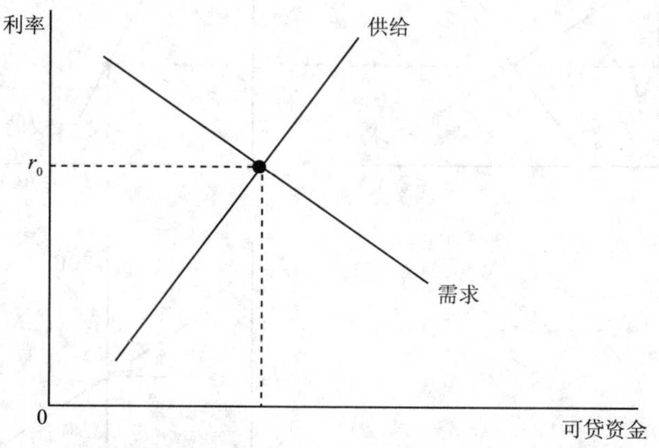

图 2 - 15　可贷资金市场

如图 2 - 15 所示，可贷资金市场的需求曲线和供给曲线相交时，可贷资金市场实现了均衡，交点决定了均衡利率和均衡货币量。利率调整会使可贷资金需求与供给达到均衡水平。

2. 外汇市场均衡

外汇市场均衡的条件：

$$\text{资本净流出}(NCO) = \text{净出口}(NX)$$

开放经济模型假设，这个恒等式的两边代表外汇市场上的双方。以美元代表外币，等式右边的代表外汇市场的需求方，表示为了购买美国物品与劳务的净出口而需要的美元量。等式左方的资本净流出代表外汇市场的供给方，表示为购买国外资产而供给的美元量。

图 2 - 16 表明了外汇市场的需求与供给。需求曲线向右下方倾斜，即较低的真实汇率使美国的物品更加便宜，并增加了为购买这些物品而需求的美元量。供给曲线是垂直的，因为为资本净流出而供给的美元量并不取决于真实汇率。

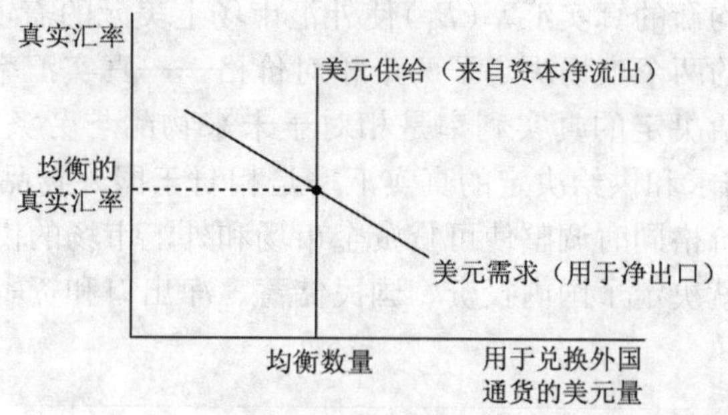

图 2 - 16　外汇市场

如图 2 - 16 所示，外汇市场上的需求曲线与供给曲线相交时，交点决定的汇率是均衡汇率，此时外汇市场实现了均衡，人们为购买净出口而需求的美元数量正好等于为购买外国资产而供给的美元数量。

3. 可贷资金市场与外汇市场同时均衡

图 2－17 说明了可贷资金市场和外汇市场如何同时达到均衡。

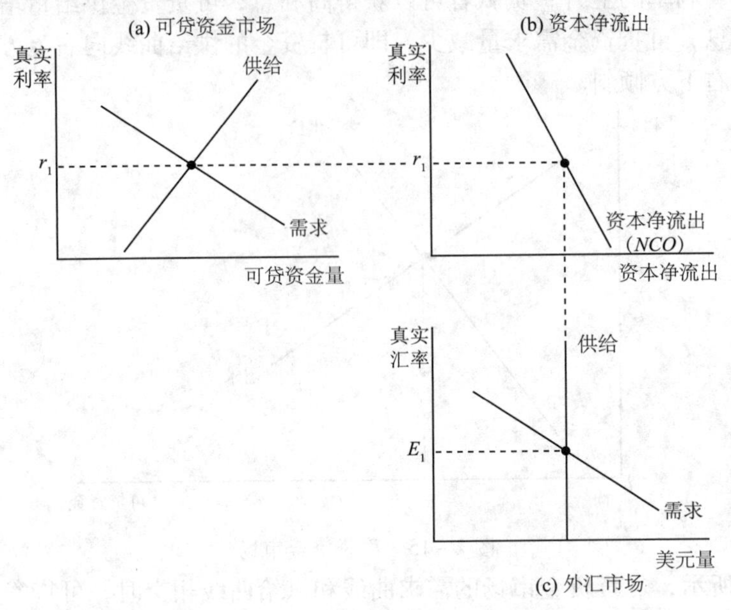

图 2－17 开放经济的实际均衡

图 2－17(a)表示可贷资金市场。可贷资金需求主要来源于国内投资和资本净流出，可贷资金供给主要来源于国民储蓄，均衡的真实利率(r_1)使可贷资金需求量等于可贷资金供给量。

图 2－17(b)表示资本净流出。它说明从(a)幅中得出的真实利率如何决定资本净流出。国内真实利率低使国内资产更为便宜，而这增加了资本净流出。因此，(b)幅中的资本净流出曲线向右下方倾斜。

图 2－17(c)表示外汇市场。对美元的需求来自净出口。外汇需求曲线向右下方倾斜，因为真实汇率上升减少了净出口。由于购买外国资产需要用外国通货，所以从(b)幅中得出的资本净流出量决定了用于兑换外国通货的美元的供给。供给曲线是垂直的，因为真实汇率并不影响资本净流出。均衡的真实汇率(E_1)使外汇市场上美元的需求量等于供给量。

图 2－17 中所表示的两个市场决定了两个相对价格——真实汇率和真实利率。(a)幅中可贷资金市场需求和供给决定的真实利率是相对于未来物品与劳务的现期物品与劳务的价格。(c)幅中外汇市场需求和供给决定的真实汇率是相对于国外物品与劳务的国内物品与劳务的价格。这两个相对价格同时调整使可贷资金市场和外汇市场的供求达到均衡。当这两个相对价格调整时，它们就决定了国内投资、国民储蓄、净出口和资本净流出。

【本章练习】

一、选择题

1. 关于完全垄断企业的需求曲线的说法，正确的是(　　)。

A. 完全垄断企业的需求曲线是一条平行于横轴的水平线

B. 完全垄断企业的需求曲线位于其平均收益曲线的上方

C. 完全垄断企业的需求曲线与整个行业的需求曲线相同

D. 完全垄断企业的需求曲线与完全竞争企业的需求曲线相同

2. 已知某种商品的需求价格弹性系数是0.5，当价格为每台32元时，其销售量为1000台，如果这种商品价格下降10%，在其他因素不变的条件下，其销售量是(　　)台。

A. 1050　　B. 950　　C. 1000　　D. 1100

3. 垄断竞争企业短期均衡时，(　　)。

A. 企业一定能获得超额利润

B. 企业一定不能获得超额利润

C. 只能得到正常利润

D. 取得超额利润，发生亏损及获得正常利润三种情况都可能发生

4. 某些农产品如小麦、玉米等的市场属于近似的(　　)。

A. 完全垄断市场　　B. 垄断竞争市场　　C. 完全竞争市场　　D. 寡头垄断市场

5. 某种商品的价格提高2%，供给增加1.5%，则该商品的供给价格弹性属于(　　)。

A. 供给弹性充足　　B. 供给弹性不充足

C. 供给完全无弹性　　D. 供给弹性一般

6. 总需求曲线向下方倾斜的原因是(　　)。

A. 随着价格水平的下降，居民的实际财富下降，他们将增加消费

B. 随着价格水平的下降，居民的实际财富增加，他们将增加消费

C. 随着价格水平的上升，居民的实际财富下降，他们将增加消费

D. 随着价格水平的上升，居民的实际财富上升，他们将减少消费

二、组合型选择题

1. 关于垄断竞争市场特征和生产者行为的说法，正确的有(　　)。

Ⅰ. 单个企业的需求曲线是一条向右下方倾斜的曲线

Ⅱ. 行业的需求曲线和个别企业的需求曲线是相同的

Ⅲ. 垄断竞争市场的产量一般低于完全竞争市场的产量

Ⅳ. 企业能在一定程度上控制价格

A. Ⅰ、Ⅱ、Ⅲ　　B. Ⅰ、Ⅱ、Ⅳ　　C. Ⅰ、Ⅲ、Ⅳ　　D. Ⅱ、Ⅲ、Ⅳ

2. 下列经济因素中，对长期总供给有决定性影响的有(　　)。

Ⅰ. 劳动　　Ⅱ. 价格总水平　　Ⅲ. 资本　　Ⅳ. 技术

A. Ⅱ、Ⅲ　　B. Ⅰ、Ⅲ、Ⅳ　　C. Ⅱ、Ⅲ、Ⅳ　　D. Ⅰ、Ⅱ、Ⅲ、Ⅳ

3. 在社会总需求大于社会总供给的经济过热时期，政府可以采取的财政政策有(　　)。

Ⅰ. 缩小政府预算支出规模　　Ⅱ. 鼓励企业和个人扩大投资

Ⅲ. 减少税收优惠政策　　Ⅳ. 降低政府投资水平

A. Ⅰ、Ⅱ　　B. Ⅱ、Ⅲ　　C. Ⅰ、Ⅱ、Ⅲ　　D. Ⅰ、Ⅲ、Ⅳ

4. 根据凯恩斯的流动性偏好理论，决定货币需求的动机包括(　　)。

Ⅰ. 交易动机　　Ⅱ. 预防动机　　Ⅲ. 储蓄动机　　Ⅳ. 投机动机

A. Ⅰ、Ⅲ　　B. Ⅰ、Ⅱ、Ⅳ　　C. Ⅱ、Ⅲ、Ⅳ　　D. Ⅰ、Ⅱ、Ⅲ、Ⅳ

5. 通常情况下，影响某种商品的供给价格弹性大小的因素有(　　)。

Ⅰ. 该种商品替代品数量和相近程度　　Ⅱ. 该种商品的用途

Ⅲ. 该种商品的生产自然条件状况　　Ⅳ. 该种商品的生产周期

A. Ⅰ、Ⅱ　　B. Ⅱ、Ⅳ　　C. Ⅲ、Ⅳ　　D. Ⅰ、Ⅱ、Ⅲ

6. 关于完全竞争市场的说法，正确的有(　　)。

Ⅰ. 所有企业都是价格的接受者

Ⅱ. 单个企业的需求曲线和整个行业的需求曲线相同

Ⅲ. 单个企业的需求曲线是一条平行于横轴的水平线

Ⅳ. 整个行业的需求曲线向右下方倾斜

A. Ⅰ、Ⅱ　　B. Ⅱ、Ⅳ　　C. Ⅰ、Ⅱ、Ⅲ　　D. Ⅰ、Ⅲ、Ⅳ

7. 关于垄断竞争市场的说法，正确的有(　　)。

Ⅰ. 企业的需求曲线就是行业的需求曲线　　Ⅱ. 不同企业生产的产品存在差别

Ⅲ. 企业不是完全的价格接受者　　Ⅳ. 进入或退出市场比较容易

A. Ⅰ、Ⅱ、Ⅲ　　B. Ⅰ、Ⅱ、Ⅳ　　C. Ⅱ、Ⅲ、Ⅳ　　D. Ⅰ、Ⅱ、Ⅲ、Ⅳ

8. 下列有关储蓄–投资恒等式的说法，正确的有(　　)。

Ⅰ. $I=S$　　Ⅱ. $I=S+(T-G)$

Ⅲ. $I=S+(M-X)$　　Ⅳ. $I=S+(T-G)+(M-X)$

A. Ⅰ、Ⅱ、Ⅲ　　B. Ⅰ、Ⅱ、Ⅳ　　C. Ⅰ、Ⅲ、Ⅳ　　D. Ⅱ、Ⅲ、Ⅳ

【答案及解析】

一、选择题

1. **【答案】**C

【解析】C 项，按照完全垄断市场的定义，一个行业中只有一个企业，它控制了本行业的全部供给。因此，完全垄断企业的需求曲线就是行业的需求曲线，二者完全相同。完全垄断企业的需求曲线向右下方倾斜，斜率为负。

2. **【答案】**A

【解析】由题意知，需求价格弹性系数 = –需求量变动率/价格变动率 = 0.5，当价格下降 10% 时，需求量即销售量增加 5%。原来销售量为 1000 元，提高 5% 后，销售量 = 1000 × (1 + 5%) = 1050(台)。

3. **【答案】**D

【解析】在短期均衡状态下，垄断竞争企业可能获得经济利润，也可能只获得正常利润，还可能蒙受亏损，这取决于短期均衡条件下，市场价格和平均成本的关系。垄断竞争企业根据 $MR=MC$ 的原则调整产量和价格，直到使市场供求相等和 $MR=MC$ 同时实现为止。如果价格大于平均成本，企业获得最大利润；价格小于平均成本，企业获得最小亏损；价格等于平均成本，企业经济利润为零。

4. **【答案】**C

【解析】完全竞争市场的特征包括：①市场上有很多生产者与消费；②企业生产的产品是同质的；③资源可以自由流动并且企业可以自由进入或退出市场；④买卖双方对市场信息都有充分地了解。在现实生活中，很难找到完全符合这些特征的市场，某些农产品如小麦、玉米等的市场属于近似的例子。

5. **【答案】**B

【解析】供给价格弹性是供给量相对变化与价格相对变化之间的比率，其计算公式为：供给价格弹性系数 = 供给量的相对变动/价格的相对变动。根据题意：$E_s=\frac{1.5\%}{2\%}=0.75<1$，则供给弹性不充足。

6.【答案】B

【解析】当价格水平上升时，人们手中名义资产的数量不会改变，但以货币实际购买力衡量的实际资产的数量会减少，因此，人们在收入不变的情况下就会减少对商品的需求量而增加名义资产数量以维持实际资产数额不变。其结果是价格水平上升时，人们所愿意购买的商品总量减少，即减少消费；价格水平下降时，人们所愿意购买的商品总量增加，即增加消费。

二、组合型选择题

1.【答案】C

【解析】Ⅱ项，对于垄断竞争企业而言，因为行业中还存在其他生产者，因此行业的需求曲线和个别企业的需求曲线并不相同。

2.【答案】B

【解析】从长期看，总供给变动与价格总水平无关，长期总供给只取决于劳动、资本与技术，以及经济体制等因素。

3.【答案】D

【解析】在社会总需求大于社会总供给的情况下，政府通常采取紧缩性的财政政策，通过增加税收、减少财政支出等手段，减少或者抑制社会总需求，达到降低社会总需求水平，最终实现社会总供需的平衡。Ⅱ项属于扩张性的财政政策。

4.【答案】B

【解析】凯恩斯的流动性偏好理论指出货币需求是由三类动机决定的：①交易动机；②预防动机；③投机动机。

5.【答案】C

【解析】影响供给价格弹性的因素主要有：①时间(决定供给弹性的首要因素)；②生产周期和自然条件；③投入品替代性大小和相似程度。Ⅰ、Ⅱ两项是影响需求价格弹性的因素。

6.【答案】D

【解析】Ⅱ项，完全竞争市场有大量的买者和卖者，生产规模都很小，因此，企业都是价格的接受者，所以企业的需求曲线是平行与横轴的水平线。而整个行业的需求随商品价格上升而下降，随着商品价格下降而上升的，因此，行业需求曲线向右下方倾斜。

7.【答案】C

【解析】垄断竞争市场的主要特征：①具有很多的生产者和消费者；②产品具有差异性，生产者不再是完全的价格接受者；③进入或退出市场比较容易，不存在任何进入障碍。Ⅰ项，完全垄断企业的需求曲线就是行业的需求曲线，由于垄断竞争市场有很多生产者，所以企业与行业需求曲线不同。

8.【答案】B

【解析】Ⅰ、Ⅱ、Ⅳ三项分别是两部门、三部门和四部门经济中的储蓄–投资恒等式。

第三章　金融学

【知识结构】

- 金融学
  - 利率、风险与收益
    - 单利和复利
    - 连续复利
    - 终值、现值与贴现因子
    - 无风险利率和风险评价、风险偏好的概念
    - 无风险利率的度量方法及主要影响因素
  - 资本资产定价理论
    - 资本资产定价模型的假设条件
    - 资本市场线、证券市场线的定义和图形
    - 证券系数 β 的含义和应用
    - 资本资产定价模型的含义及应用
    - 因素模型
  - 有效市场假说
    - 市场有效性和信息类型
    - 有效市场假说的含义、特征、应用和缺陷
    - 预期效用理论
    - 判断与决策中的认知偏差
    - 金融市场中的行为偏差的原理
    - 行为资产定价理论
    - 行为资产组合理论

第一节　利率、风险与收益

【大纲要求】

熟悉单利和复利的含义；熟悉连续复利的含义；熟悉终值、现值与贴现因子的含义；掌握无风险利率和风险评价、风险偏好的概念；熟悉无风险利率的度量方法及主要影响因素；掌握风险溢价的度量方法及主要影响因素。

【要点详解】

一、单利和复利

1. 单利

单利是以本金为基数计算利息，已过计息日但没有提取的利息不并入本金计息的一种方法。其计算公式是：

$$C = Prn$$

$$S = P(1 + rn)$$

式中，C 为获取或支付的利息；P 为本金；S 为本利和；r 为承担或支付的利息率；n 为交易涉及的期数。

2. 复利

复利也称利滚利，是将上期利息并入本金中重复计算利息的一种方法。其计算公式是：

$$S = P(1 + r)^n$$

$$C = S - P$$

【例 3.1】某人按10%的年利率将1000元存入银行账户，若每年计算2次复利(即每年付息2次)，则两年后其账户的余额为(   )。[2016年4月真题]

A. 1464.10元　　B. 1200元　　C. 1215.51元　　D. 1214.32元

【答案】C

【解析】由于每年付息2次，则 $r=5\%$，$n=4$。因此，两年后账户的余额为：$S=P(1+r)^n=1000\times(1+5\%)^4\approx1215.51$(元)。

二、连续复利

连续复利是指在复利的基础上，当期数趋于无穷大时计算得到的利率。

假设本金为 P_0，年利率为 i，如果每年含有 m 个复利结算周期，当复利结算的周期数 $m\to\infty$ 时，由于 $\lim\limits_{m\to\infty}\left(1+\frac{i}{m}\right)^{\frac{1}{i/m}}=\mathrm{e}$；因此，$n$ 年后的本利和为：

$$P_n=P_0\left(1+\frac{i}{m}\right)^{mn}=P_0\left(1+\frac{i}{m}\right)^{\frac{1}{i/m}ni}=P_0\mathrm{e}^{ni}$$

三、终值、现值与贴现因子

1. 终值

对于任何一定量的货币资金，它在未来某一特定时点上的价值都可以根据利率计算出来。这个“价值”即为“终值”。

2. 现值

将未来某一特定时点上的一定量的货币资金看作是那时的本利和，就可按现行利率计算出要想取得这样数量的本利和，现在所必须具有的本金，这样逆算出来的本金就是“现值”。

3. 贴现因子

一般来说，当利率为 r 时，承诺 T 年之后支付 R 美元的现值是 $\frac{R}{(1+r)^T}$。其中 $\frac{1}{(1+r)^T}$ 被称为未来 T 时期的货币的贴现因子。

【例 3.2】某人在未来三年中，每年将从企业获得一次性劳务报酬50000元，企业支付报酬的时间既可在每年年初，也可在每年年末，若年利率为10%，则由于企业支付报酬时点的不同，三年收入的现值差为(   )。[2016年4月真题]

A. 12434.26元　　B. 14683.49元　　C. 8677.69元　　D. 4545.45元

【答案】A

【解析】企业在年初支付报酬的现值为：

$$S_1=50000+\frac{50000}{1+10\%}+\frac{50000}{(1+10\%)^2}\approx136776.86(\text{元})$$

企业在年末支付报酬的现值为：

$$S_2=\frac{50000}{1+10\%}+\frac{50000}{(1+10\%)^2}+\frac{50000}{(1+10\%)^3}\approx124342.60(\text{元})$$

所以，由于支付报酬时点的不同，三年收入的现值差为：$136776.86-124342.60=12434.26$(元)。

四、无风险利率和风险评价、风险偏好的概念

1. 无风险利率

无风险利率是指将一定量的货币资金投资于某一项不需要承担任何风险的投资对象而能够获得的利息率。

2. 风险评价

风险是指未来结果的不确定性。风险评价是指在风险识别和风险估测的基础上，结合其他因素对风险发生的概率、损失程度等进行全面的考虑，评估发生风险的可能性及将会造成的危害，并与公认的安全指标相比较，以衡量风险的程度，并决定是否需要采取相应的措施来应对风险的过程。风险价值(VaR)方法是一种重要的风险评价和控制方法。

3. 风险偏好

风险偏好是指为了达到既定的目标，投资者在承担风险的种类、大小等方面的基本态度。根据投资者对风险的偏好程度，可将其分为风险偏好者、风险厌恶者和风险中立者。对于同样的风险，越是厌恶风险的人所要求的风险补偿越高。

五、无风险利率的度量方法及主要影响因素

1. 无风险利率的度量方法

在债券市场较为完善的发达国家，无风险利率的度量方法主要有三种：用短期国债利率作为无风险利率；用利率期限结构中的远期利率来估计远期的无风险利率；用即期的长期国债利率作为无风险利率。在国际上，一般采用短期国债利率作为市场无风险利率。

2. 无风险利率的主要影响因素

无风险利率的主要影响因素有资产市场化程度、信用风险因素以及流动性因素。资产市场化程度越高、信用风险越低、流动性越强，那么无风险利率越接近于实际情况。

第二节　资本资产定价理论

【大纲要求】

熟悉资本资产定价模型的假设条件；熟悉资本市场线和证券市场线的定义和图形；了解证券系数β的含义和应用；熟悉资本资产定价模型的含义及应用；掌握因素模型的含义及应用。

【要点详解】

一、资本资产定价模型的假设条件

资本资产定价模型说明了单个资产的价格与其总风险各个组成部分之间的关系。资本资产定价模型的假设条件为：

(1)投资者都依据期望收益率评价证券组合的收益水平，依据方差(或标准差)评价证券组合的风险水平，并按照投资者共同偏好规则选择最优证券组合。

(2)投资者对证券的收益、风险及证券间的关联性具有完全相同的预期。

(3)资本市场没有摩擦。该假设意味着：在分析问题的过程中，不考虑交易成本和对红利、股息及资本利得的征税，信息在市场中自由流动，任何证券的交易单位都是无限可分的，市场只有一个无风险借贷利率，在借贷和卖空上没有限制。

上述假设中，(1)和(2)是对投资者的规范，(3)是对现实市场的简化。

【例3.3】资本资产定价模型的假设条件的是(　　)。

A. 资本市场没有摩擦

B. 投资者对证券的收益、风险及证券间的关联性具有完全相同的预期

C. 资本市场不可分割

D. 投资者都依据期望收益率评价证券组合的收益水平，依据方差(或标准差)评价证券组合的风险水平

【答案】C

二、资本市场线和证券市场线

1. 资本市场线

(1)定义及图形

资本市场线是在均值标准差平面上，所有有效组合刚好构成连接无风险资产 F 与市场组合 M 的射线 FM。具体如图 3-1 所示。

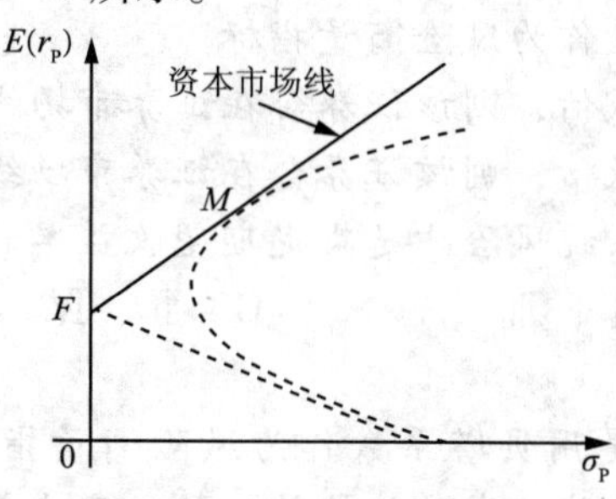

图 3-1　资本市场线

资本市场线揭示了有效组合的收益和风险之间的均衡关系，其方程为：

$$E(r_P)=r_F+\left[\frac{E(r_M)-r_F}{\sigma_M}\right]\sigma_P$$

式中，$E(r_P)$代表有效组合 P 的期望收益率；σ_P 代表有效组合 P 的标准差；$E(r_M)$代表市场组合 M 的期望收益率；σ_M 代表市场组合 M 的标准差；r_F 代表无风险证券收益率。

(2)参数

资本市场线方程系统阐述了有效组合的期望收益率和风险之间的关系。有效组合的期望收益率由两部分构成：

①无风险利率 r_F，由时间创造，是对放弃即期消费的补偿；

②风险溢价$\left[\frac{E(r_M)-r_F}{\sigma_M}\right]\sigma_P$，是对承担风险 σ_P 的补偿，与承担的风险的大小成正比。其中的系数$\left[\frac{E(r_M)-r_F}{\sigma_M}\right]$代表了对单位风险的补偿，称为风险的价格。

2. 证券市场线

(1)定义及图形

单个证券和证券组合的β系数都可以作为风险的合理测定，它们的期望收益与由系数测定的系统风险之间存在线性关系。证券市场线即以 β_P 为横坐标、$E(r_P)$为纵坐标，衡量由 β 系数测定的系统风险与期望收益间线性关系的直线，如图 3-2 所示。

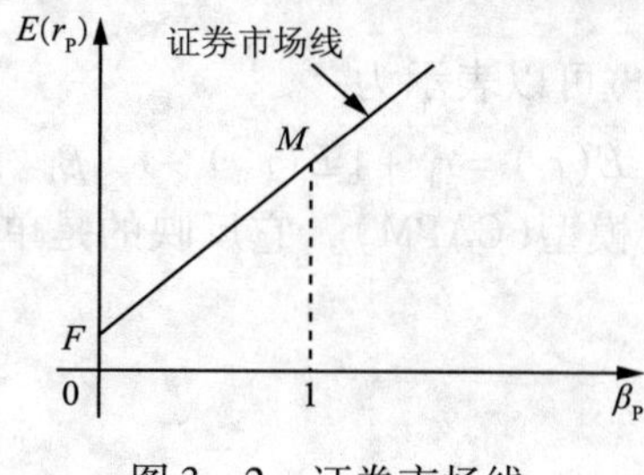

图 3-2　证券市场线

证券市场线用方程表示为：

$$E(r_P)=r_F+[E(r_M)-r_F]\beta_P$$

(2)参数

证券市场线表示任意证券或组合的期望收益率由以下两部分构成：

①无风险利率 r_F，由时间创造，是对放弃即期消费的补偿；

②风险溢价 $[E(r_M)-r_F]\beta_P$，是对承担风险的补偿，它与承担的风险 β_P 的大小成正比。其中的系数 $[E(r_M)-r_F]$ 代表了对单位风险的补偿，称为风险的价格。

【例 3.4】下列关于证券市场线的叙述正确的有(　　)。[2016 年 4 月真题]

Ⅰ. 证券市场线是用标准差作为风险衡量指标

Ⅱ. 如果某证券的价格被低估，则该证券会在证券市场线的上方

Ⅲ. 如果某证券的价格被低估，则该证券会在证券市场线的下方

Ⅳ. 证券市场线说明只有系统风险才是决定期望收益率的因素

A. Ⅰ、Ⅱ　　B. Ⅰ、Ⅲ　　C. Ⅱ、Ⅳ　　D. Ⅲ、Ⅳ

【答案】C

【解析】Ⅰ项，证券市场线是用贝塔系数作为风险衡量指标，即只有系统风险才是决定期望收益率的因素；Ⅲ项，如果某证券的价格被低估，意味着该证券的期望收益率高于理论水平，则该证券会在证券市场线的上方。

三、证券系数 β 的含义和应用

1. 含义

单个证券对整个市场组合风险的影响可以用 β 系数来表示。它是用来衡量证券市场风险(即系统性风险)的工具，在数值上等于资产 i 与包括资产 i 在内的市场组合 M 的协方差同市场组合 M 的方差之比：

$$\beta_i=\frac{\mathrm{Cov}(r_i,\ r_M)}{\sigma_M^2}$$

2. 应用

(1)证券的选择。牛市时，在估值优势相差不大的情况下，投资者会选择 β 系数较大的股票，以期获得较高的收益；熊市时，投资者会选择 β 系数较小的股票，以减少股票下跌的损失。

(2)风险控制。风险控制部门或投资者通常会控制 β 系数过高的证券投资比例。另外，针对衍生证券的对冲交易，通常会利用 β 系数控制对冲的衍生证券头寸。

(3)投资组合绩效评价。评价组合业绩是基于风险调整后的收益进行考量，即既要考虑组合收益的高低，也要考虑组合所承担风险的大小。

四、资本资产定价模型的含义及应用

1. 资本资产定价模型的含义

单个证券的期望收益率 $E(r_i)$ 可以表示为：

$$E(r_i)=r_F+[E(r_M)-r_F]\beta_i$$

上述公式就是资本资产定价模型(CAPM)，它反映的是单个特定证券的风险与其期望收益率之间的关系。

2. 资本资产定价模型的应用

(1)资产估值

在资产估值方面，资本资产定价模型主要用于判断证券是否被市场错误定价。

①根据资本资产定价模型，计算每一证券的期望收益率应等于无风险利率加上该证券由 β 系数测定的风险溢价。

②市场对证券在未来所产生的收入流(股息加期末价格)预期值与证券 i 的期初市场价格及其预期收益率 $E(r_i)$ 之间有如下关系：

$$E(r_i)=\frac{E(\text{股息}+\text{期末价格})}{\text{期初价格}}-1$$

③在均衡状态下，上述两个 $E(r_i)$ 应有相同的值。因此，均衡期初价格应定为：

$$\text{均衡的期初价格}=\frac{E(\text{股息}+\text{期末价格})}{1+E(r_i)}$$

当实际价格低于均衡价格时，说明该证券是廉价证券，此时应购买该证券；相反，则应卖出该证券，而将资金转向购买其他廉价证券。

(2)资源配置

在资源配置方面，资本资产定价模型根据对市场走势的预测来选择具有不同 β 系数的证券或组合以获得较高收益或规避市场风险。

【例 3.5】无风险收益率和市场期望收益率分别是 0.06 和 0.12。根据 CAPM 模型，贝塔值为 1.2 的证券 X 的期望收益率为(　　)。

A. 0.06　　B. 0.12　　C. 0.132　　D. 0.144

【答案】C

【解析】期望收益率 = 无风险收益率 + β ×(市场期望收益率 − 无风险收益率) = 0.06 + 1.2 × (0.12 − 0.06) = 0.132。

五、因素模型

假定除了证券市场风险(系统性风险)以外，还存在 n 个影响证券收益率的非市场风险因素(非系统性风险)，则在资本资产定价模型的基础上可以得出多因素模型，其公式为：

$$\overline{r}_i=r_f+\beta_{i,M}(\overline{r}_M-r_f)+\beta_{i,f_1}(\overline{r}_{f_1}-r_f)+\beta_{i,f_2}(\overline{r}_{f_2}-r_f)+\cdots+\beta_{i,f_n}(\overline{r}_{f_n}-r_f)$$

式中，f_1，f_2，…，f_n 为从 1 到 n 个非市场风险因素；$\beta_{i,M}$ 为第 i 种资产的市场风险溢价系数；β_{i,f_1}，β_{i,f_2}，…，β_{i,f_n} 为第 1 到 n 个非市场风险因素的溢价系数；$\overline{r}_{f_1}$，$\overline{r}_{f_2}$，…，$\overline{r}_{f_n}$ 为因素 1 到 n 的期望收益率。

第三节　有效市场假说

【大纲要求】

熟悉市场有效性和信息类型；熟悉有效市场假说的含义、特征、应用和缺陷；熟悉预期效用理论；熟悉判断与决策中的认知偏差；熟悉金融市场中的行为偏差的原理；了解行为资产定价理论；了解行为资产组合理论。

【要点详解】

一、市场有效性和信息类型

1. 市场有效性

根据法玛提出的市场有效性假说，资本市场的有效性，是指市场根据新信息迅速调整证券价格的能力。如果市场是有效的，那么证券的价格可以对最新出现的信息做出快速的反应，价格迅速调整到位。反之，如果市场是无效的，那么证券的价格不会对新信息做出反应。

2. 信息类型

市场有效性假说在信息分类的基础上界定了三种形式的资本市场：弱式有效市场、半强式有效市场和强式有效市场。

(1)在弱式有效市场上，证券的价格充分反映了过去的价格和交易信息，即历史信息；

(2)在半强式有效市场上，证券的价格反映了包括历史信息在内的所有公开发表的信息，即公开可得信息；

(3)在强式有效市场上，证券的价格反映了与证券相关的所有公开的和不公开的信息。

三种市场有效性的层次关系如图3－3所示。

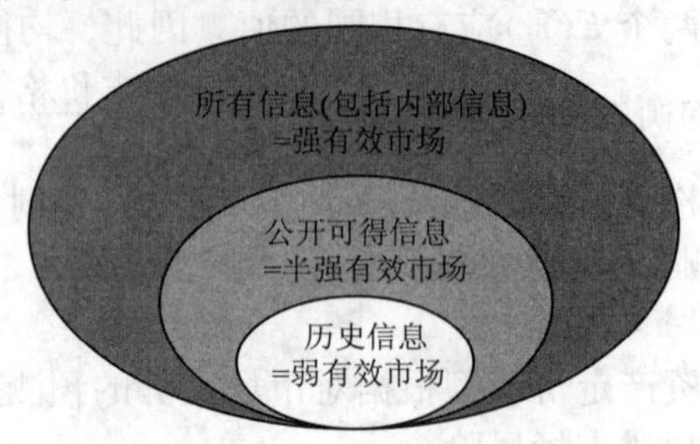

图3－3　市场有效性的三个层次

二、有效市场假说的含义、特征、应用和缺陷

1. 有效市场假说的含义

在信息有效的市场上，证券的价格应当能够反映该证券所有可获得的信息，包括基本面信息、风险信息等。有效市场假说是指证券在任一时点的价格都是对与证券相关的所有信息的即时、充分的反映。

2. 有效市场假说的特征

(1)将资本市场划分为弱式有效市场、半强式有效市场和强式有效市场三种形式；

(2)证券的价格能充分反映该证券的所有可获得的信息，即"信息有效"；

(3)证券的价格能够根据最新信息迅速做出调整。

3. 有效市场假说的应用

(1)在高度有效的市场中，证券的价格应该与其预期价值一致，不存在偏离的情形；但是如果出现价格与价值偏离的情况，理性的投资者会立即掌握这一信息，迅速买进或卖出，使价格与价值趋于一致。

因此，在高度有效的市场中，所有投资者都不可能获得超额收益。此时正确的投资策略是：与市场同步，取得和市场一致的投资收益。具体做法是：按照市场综合价格指数组织投资。

(2)如果市场是弱有效的，即存在信息高度不对称，那么提前掌握大量消息或内部消息的投资者就可以比其他投资者更准确地识别证券的价值，并在价格与价值有较大偏离的情况下，通过买进或卖出的交易行为，获取超额收益。

此时正确的策略或做法是：设法得到第一手的有效信息，确定价格被高估或者低估的证券，并作卖出或者买进的处理。

4. 有效市场假说的缺陷

(1)理性人假设缺陷

限于先天的心智结构、后天的知识储备等，人们往往不能够做出实现效用最大化的理性行为。

(2)完全信息假设缺陷

在实践中，大部分投资者并不能获得包括内部信息在内的所有信息，所以他们并不能做出理性自利的行为。

(3)投资者均为风险厌恶者假设缺陷

现实中，并非所有的投资者都是保守型的，也有部分投资者是激进型的，他们偏好风险。

三、预期效用理论

1. 预期效用理论的定义

预期效用理论亦称期望效用函数理论，是20世纪50年代冯·纽曼和摩根斯坦在公理化假设的基础上，运用逻辑和数学工具，建立的不确定条件下对理性人选择进行分析的框架。

2. 期望效用函数

如果某个随机变量 X 以概率 P_i 取值 $x_i(i=1, 2, \cdots, n)$，并且某人在取得 x_i 时的效用为 $u(x_i)$，那么，该随机变量给他的效用可以用下面的公式表示：

$$U(X)=E[u(X)]=P_1u(x_1)+P_2u(x_2)+\cdots+P_nu(x_n)$$

其中，$E[u(X)]$表示关于随机变量X的期望效用。

3. 预期效用理论的缺陷

(1)预期效用理论描述了“理性人”在风险条件下的决策行为，但实际上投资者并不是纯粹的理性人，其决策和行为还受到人的复杂的心理机制和其他外部条件的影响。

(2)预期效用理论在一系列选择实验中受到了一些“悖论”(同结果效应、同比率效应、反射效应、概率性保险、孤立效应、偏好反转等)的挑战。

四、判断与决策中的认知偏差

投资者在判断与决策中出现认知偏差的原因主要有：

(1)人性中存在自私、趋利避害等弱点；

(2)投资者的认知中存在诸如有限的短时记忆容量、不能全面了解信息等生理能力方面的限制；

(3)投资者的认知中受到信息获取、加工、输出、反馈等阶段的行为、心理偏差的影响。

五、金融市场中的行为偏差的原理

投资者在金融市场中出现行为偏差的原因主要有：

(1)过度自信

投资者是过度自信的，尤其对其自身知识的准确性过度自信，从而系统性地低估某类信息并高估其他信息。

(2)处置效应

处置效应是指投资者为寻求自豪会倾向于过早卖出盈利的股票，而为避免遗憾会长期持有亏损的股票。

(3)投资经历、记忆与行为偏差

过去的经历或结果通常会影响投资者以后的风险决策，但是，人们的大脑防护机制总是倾向于过滤掉反面的信息，并改变对过去决策的回忆，导致投资者很难客观评价他们的决策行为是否符合既定的投资目标。因此，存在如下效应：“赌场效应”(赚钱之后倾向于购买风险更大的股票)、“尽量返利效应”(大部分交易最终都赔钱)、“蛇咬效应”(投资者害怕再次进入市场)。

(4)心理账户对投资行为的影响

心理账户是指人们在心里无意识地把财富划归不同的账户进行管理，不同的心理账户有不同的记账方式和心理运算规则。其存在使投资者在做决策时往往做出许多非理性的投资或消费行为。

(5)代表性思维与熟识性思维对投资组合的影响

代表性思维是指人们总是倾向于假定将来的模式会与过去相似，并寻求固定的模式来做判断，而没有考虑这种模式产生的原因和重复的概率。

熟识性思维是指即使获胜的概率小一些，但投资者还是愿意选择自己了解的证券。

(6)羊群行为和投资者情绪

羊群行为是指投资者在信息环境不确定的情况下，容易模仿他人决策，或者过度依赖于舆论，而不考虑自己的信息的行为。

投资者情绪是反映投资者意愿或预期的市场人气指标，它可以告诉投资者股市中的预期偏差，并以此提供获取超额收益的机会。

六、行为资产定价理论

行为资产定价模型(BAPM)是谢弗林和斯塔曼在1994年挑战资本资产定价模型的基础上提出来的。BAPM是对现代资本资产定价模型(CAPM)的扩展。

BAPM模型与CAPM有以下不同之处：

(1)在BAPM模型中，投资者被划分为信息交易者和噪声交易者两类。

信息交易者是“理性投资者”，他们通常支持现代CAPM模型，在避免出现认识性错误的同时具有均值方差偏好。

噪声交易者通常跳出CAPM模型，不仅易犯认识性错误，而且没有严格的均值方差偏好。

当信息交易者占据交易的主体地位时，市场是有效率的；而当噪声交易者占据交易的主体地位时，市场是无效率的。

(2)在BAPM模型中，证券的预期收益是由其“行为贝塔”决定的，行为资产组合(行为贝塔组合)中成长型股票的比例要比市场组合中的高。因此，在BAPM中，虽然均值方差有效组合会随时间而改变，但是资本市场组合的问题仍然存在。

(3)CAPM模型只包括了人们的功利主义考虑，而BAPM把功利主义考虑和价值表达考虑都包括了进来。功利主义考虑(如产品成本，替代品价格)和价值表达考虑(如个人品位，特殊偏好)是由供求决定的。

(4)BAPM在噪声交易者存在的条件下，对市场组合回报的分布、风险溢价、期限结构、期权定价等问题进行了全面研究。BAPM模型既有限度的接受了市场有效性观点，也秉承了行为金融学所奉行的有限理性、有限控制力和有限自利观点。

七、行为资产组合理论

行为资产组合理论的具体内容如表3-1所示。

表3-1 行为资产组合理论

行为资产组合理论	内容
提出者	由斯塔曼和谢弗林于2000年首次提出
观点	立足于均值-方差方法以及以其为基础的投资者的投资决策行为分析理论的缺陷，认为投资者的最优投资决策实际上是不确定条件下的心理选择，确立了以$E(w)$(预期财富)和$Prob(w \leqslant s) \leqslant \alpha$($\alpha$为某一预先确定的概率)为基础来进行组合与投资选择的方法，并在以上理论的基础上来研究投资者的最优投资决策行为
创新点/优点	打破了现代投资组合理论中存在的局限：理性人局限、投资者均为风险厌恶者的局限以及风险度量的局限，更加符合实践中投资者的实际投资行为
内容	设立了单一心理账户和多个心理账户： ①单一心理账户投资者之所以把投资组合整个放在一个心理账户里面，是因为他们只关心投资组合中各资产的相关系数； ②多个心理账户投资者会将投资组合分成多个部分分别放入不同的账户，从而忽视了各个账户之间的相关关系

续表

行为资产组合理论	内容
与现代资产组合理论的不同之处	行为资产组合理论实际上是在对不同资产的风险程度的认识以及特定投资目的的基础上所构建的一种金字塔式的资产组合。金字塔的每一层都对应着投资者特定的投资目的和风险特征。投资者通过综合考察现有财富、投资的安全性、期望财富水平、达到期望水平的概率等几个因素来选择符合个人愿望的最优投资组合。而现代资产组合理论认为投资者最优的投资组合应该在均值方差的有效前沿上

【本章练习】

一、选择题

1. 如果某证券的β值为1.5，若市场组合的风险收益为10%，则该证券的风险收益为(　　)。

A. 5%　　B. 15%　　C. 50%　　D. 85%

2. 资本资产定价模型(CAPM)中的贝塔系数测度的是(　　)。

A. 利率风险　　B. 通货膨胀风险　　C. 非系统性风险　　D. 系统性风险

3. 证券X期望收益率为0.11，贝塔值是1.5，无风险收益率为0.05，市场期望收益率为0.09。根据资本资产定价模型，这个证券(　　)。

A. 被低估　　B. 被高估　　C. 定价公平　　D. 价格无法判断

4. 根据资本资产定价模型，市场价格偏高的证券将会(　　)。

A. 位于证券市场线的上方　　B. 位于证券市场线的下方

C. 位于证券市场线上　　D. 位于资本市场线上

5. 根据组合投资理论，在市场均衡状态下，单个证券或组合的收益$E(r)$和风险系数β之间呈线性关系，反映这种线性关系的，在$E(r)$为纵坐标、β为横坐标的平面坐标系中的直线被称为(　　)。

A. 压力线　　B. 证券市场线　　C. 支持线　　D. 资本市场线

二、组合型选择题

1. 根据资本资产定价模型在资源配置方面的应用，以下说法正确的有(　　)。

Ⅰ. 牛市到来时，应选择那些低β系数的证券或组合

Ⅱ. 牛市到来时，应选择那些高β系数的证券或组合

Ⅲ. 熊市到来之际，应选择那些低β系数的证券或组合

Ⅳ. 熊市到来之际，应选择那些高β系数的证券或组合

A. Ⅰ、Ⅲ　　B. Ⅰ、Ⅳ　　C. Ⅱ、Ⅲ　　D. Ⅱ、Ⅳ

2. 资本资产定价理论认为，理性投资者应该追求(　　)。

Ⅰ. 投资者效用最大化　　Ⅱ. 同风险水平下收益最大化

Ⅲ. 同风险水平下收益稳定化　　Ⅳ. 同收益水平下风险最小化

A. Ⅰ、Ⅱ　　B. Ⅰ、Ⅲ　　C. Ⅰ、Ⅱ、Ⅳ　　D. Ⅰ、Ⅲ、Ⅳ

3. 在半强式有效市场中，证券当前价格反映的信息有(　　)。

Ⅰ. 公司的财务报告　　Ⅱ. 公司公告

Ⅲ. 有关公司红利政策的信息　　Ⅳ. 内幕信息

A. Ⅰ、Ⅱ、Ⅲ　　B. Ⅰ、Ⅲ、Ⅳ　　C. Ⅱ、Ⅲ、Ⅳ　　D. Ⅰ、Ⅱ、Ⅲ、Ⅳ

4. 关于β系数的含义，下列说法中正确的有(　　)。

Ⅰ. β系数绝对值越大，表明证券或组合对市场指数的敏感性越弱

Ⅱ．β 系数为曲线斜率，证券或组合的收益与市场指数收益呈曲线相关

Ⅲ．β 系数为直线斜率，证券或组合的收益与市场指数收益呈线性相关

Ⅳ．β 系数绝对值越大，表明证券或组合对市场指数的敏感性越强

A. Ⅰ、Ⅱ　　B. Ⅰ、Ⅲ　　C. Ⅱ、Ⅳ　　D. Ⅲ、Ⅳ

5. 关于 SML 和 CML，下列说法正确的有(　　)。

Ⅰ．两者都表示有效组合的收益与风险关系

Ⅱ．SML 适合于所有证券或组合的收益风险关系，CML 只适合于有效组合的收益风险关系

Ⅲ．SML 以 β 描绘风险，而 CML 以 σ 描绘风险

Ⅳ．SML 是 CML 的推广

A. Ⅰ、Ⅲ　　B. Ⅰ、Ⅳ　　C. Ⅲ、Ⅳ　　D. Ⅱ、Ⅲ、Ⅳ

【答案及解析】

一、选择题

1. **【答案】**B

【解析】证券市场线的表达式：$E(r_P) - r_F = [E(r_M) - r_F]\beta_P$。其中，$[E(r_P) - r_F]$是证券的风险收益，$[E(r_M) - r_F]$是市场组合的风险收益。本题中，该证券的风险收益为：$E(r_P) - r_F = 10\% \times 1.5 = 15\%$。

2. **【答案】**D

【解析】系统性风险，是由那些影响整个市场的风险因素所引起的，这些因素包括宏观经济形势的变动、国家经济政策的变化、税制改革、政治因素等。它不可能通过资产组合来消除，属于不可分散风险。资产定价模型(CAPM)提供了测度系统风险的指标，即风险系数 β，用以度量一种证券或一个投资证券组合相对总体市场的波动性。

3. **【答案】**C

【解析】根据 CAPM 模型，其风险收益率 $=0.05+1.5\times(0.09-0.05)=0.11$，其与证券的期望收益率相等，说明其定价既没有被高估也没有被低估，而是比较合理的。

4. **【答案】**B

【解析】证券市场线表示最优资产组合的风险与收益的关系，市场价格偏高的证券的预期收益率偏低，所以位于证券市场线的下方。

5. **【答案】**B

【解析】无论单个证券还是证券组合，均可将其 β 系数作为风险的合理测定，其期望收益与由 β 系数测定的系统风险之间存在线性关系。证券市场线即以 β 为横坐标、$E(r)$ 为纵坐标，衡量由 β 系数测定的系统风险与期望收益间线性关系的直线。

二、组合型选择题

1. **【答案】**C

【解析】证券市场线表明，β 系数反映证券或组合对市场变化的敏感性。因此，当有很大把握预测牛市到来时，应选择那些高 β 系数的证券或组合。这些高 β 系数的证券将成倍地放大市场收益率，带来较高的收益。相反，在熊市到来之际，应选择那些低 β 系数的证券或组合，以减少因市场下跌而造成的损失。

2. **【答案】**C

【解析】资本资产定价模型假设：投资者总是追求投资者效用的最大化，当面临其他条件相同的两种选择时，将选择收益最大化的那一种；投资者是厌恶风险的，当面临其他条件相同的两种选择时，他们将选择具有较小标准差的那一种。

3. 【答案】A

【解析】半强式有效市场中，当前的证券价格不仅反映了历史价格包含的所有信息，而且反映了所有有关证券的能公开获得的信息。在这里，公开信息包括公司的财务报告、公司公告、有关公司红利政策的信息和经济形势等。

4. 【答案】D

【解析】证券或组合的收益与市场指数收益呈线性相关，β系数为直线斜率，反映了证券或组合的收益水平对市场平均收益水平变化的敏感性。β系数值绝对值越大，表明证券或组合对市场指数的敏感性越强。

5. 【答案】D

【解析】资本市场线表明有效投资组合的期望收益率与风险是一种线性关系；而证券市场线表明任意投资组合的期望收益率与风险是一种线性关系。

第四章　数理方法

【知识结构】

- 数理方法
  - 概率基础
    - 概率与随机变量的含义、计算和原理
    - 多元分布函数及其数字特征
    - 随机变量的函数
    - 几个重要分布
  - 统计基础
    - 总体、样本和统计量的含义
    - 统计推断的参数估计
    - 统计推断的假设检验
  - 回归分析
    - 一元线性回归模型
    - 多元线性回归模型
    - 线性回归模型的特征
    - 非线性模型的线性化
    - 回归模型常见问题及处理
  - 时间序列分析
    - 时间序列的基本概念
    - 平稳时间序列 ARMA 模型
    - 非平稳时间序列 ARIMA 模型
    - 协整分析和误差修正模型
  - 常用的统计软件及其运用
    - 常用统计软件
    - 不同统计软件的特征

第一节　概率基础

【大纲要求】

熟悉概率与随机变量的含义、计算和原理；熟悉多元分布函数及其数字特征；熟悉随机变量的函数；掌握对数正态分布等统计分布的特征和计算。

【要点详解】

一、概率与随机变量的含义、计算和原理

1. 概率

(1)概率的定义

在数学上，概率测度 P 是定义在样本空间子集族上的函数。样本空间 S 上的概率测度 P 满足以下概率公理：

①对于任意的事件 $A\subset S$，$0\leqslant P(A)\leqslant 1$，表示一个事件的概率必定在 0 和 1 之间；

②$P(S)=1$，表示样本空间 S 包含所有可能的结果，事件 S 是必然事件，概率为 1；

③如果 $A\cap B=\phi$，则表示事件 A 和事件 B 互斥，那么两个事件至少有一个发生的概率等于两个事件的概率和，即 $P(A\cup B)=P(A)+P(B)$。

(2)条件概率与事件独立

①条件概率

在给定事件 B 已经发生的条件下事件 A 发生的概率为条件概率，记为 $P(A\mid B)$，$P(A\mid B)$

$=\dfrac{P(A\cap B)}{P(B)}$。

②事件独立

如果 $P(A\cap B)=P(A\mid B)P(B)=P(A)P(B)$，那么事件 A 和事件 B 是相互独立的。否则，事件 A 和事件 B 是相互依赖的。

2. **随机变量**

随机变量是从样本空间到实数集的一个函数。

(1)离散型随机变量及其概率分布函数

设随机变量 X 取值为有限个或者可列无限多个，则随机变量 X 为离散型随机变量，$P(X=x_i)=p_i$，$i=1,2,\cdots,n$ 称为随机变量 X 的(概率)分布。

(2)连续型随机变量与概率密度函数

①连续型随机变量

如果对于随机变量 X 的分布函数 $F(x)$，存在非负可积函数 $f(x)$，使对于任意实数 x 有：

$$F(x)=\int_{-\infty}^{x}f(t)\,\mathrm{d}t$$

则称 X 为连续型随机变量，$f(x)$ 称为 X 的概率密度函数，简称概率密度。

②概率密度函数的性质

a. 对于所有的 $x\in R$，有 $f(x)\geqslant 0$；

b. $\int_{-\infty}^{\infty}f(x)\,\mathrm{d}x=1$；

c. 对于任意两个实数 a、b，$-\infty<a\leqslant b<\infty$，有 $P(a<X\leqslant b)=\int_a^b f(x)\,\mathrm{d}x$；

d. 若 $f(x)$ 在点 x 处连续，则有 $f(x)=\dfrac{\mathrm{d}F(x)}{\mathrm{d}x}=F'(x)$。

3. **随机变量的数字特征**

(1)数学期望

①定义

如果 X 为离散型随机变量，它的分布为 $P(X=x_i)=p_i$，$i=1,2,\cdots,n$，它的期望值为 $E(X)=\sum_{i=1}^{n}x_ip_i$。

如果 X 是一个连续型随机变量，它的概率密度函数为 $f(x)$，那么它的期望值为 $E(X)=\int_{-\infty}^{\infty}xf(x)\,\mathrm{d}x$。

②性质

a. 如果 a 和 b 是两个常数，那么 $E(aX+b)=aE(X)+b$；

b. 对于 X 的某个函数 $g(X)$ 的数学期望，如果 X 是一个离散型随机变量，那么 $E[g(X)]=\sum_{i=1}^{\infty}g(x_i)p_i$；如果 X 是一个连续型随机变量，那么 $E[g(X)]=\int_{-\infty}^{\infty}g(x)f(x)\,\mathrm{d}x$。

【例 4.1】离散型随机变量的概率分布为 $P(X=K)=\dfrac{K+1}{10}$，$K=0,1,2,3$，则 $E(X)$ 为(　　)。[2016 年 4 月真题]

A. 2.4　　　　B. 1.8　　　　C. 2　　　　D. 1.6

【答案】C

【解析】离散型随机变量 X 的期望值为 $E(X)=\sum_{i=1}^{n}x_ip_i$。根据 $P(X=K)=\frac{K+1}{10}$，得：$P(X=0)=\frac{1}{10}$，$P(X=1)=\frac{1}{5}$，$P(X=2)=\frac{3}{10}$，$P(X=3)=\frac{2}{5}$。所以，$E(X)=0\times\frac{1}{10}+1\times\frac{1}{5}+2\times\frac{3}{10}+3\times\frac{2}{5}=2$。

(2)方差与标准差

X 的方差记为 σ^2 或 $\mathrm{Var}(X)$，则有：

$$\sigma^2=E\{[X-E(X)]^2\}=E(X^2)-[E(X)]^2$$

方差的平方根称为标准差，标准差可用于衡量随机变量波动程度。

二、多元分布函数及其数字特征

1. 多元分布函数

(1)离散型随机变量的分布

如果 X 和 Y 是两个离散型随机变量，其所有可能取值为 (x_i, y_j)，$i, j=1, 2, \cdots$，记 $P\{X=x_i, Y=y_j\}=p_{ij}$，$i, j=1, 2, \cdots$，则由概率的定义有：$p_{ij}\geqslant 0$，$\sum_{i=1}^{\infty}\sum_{j=1}^{\infty}p_{ij}=1$。称 $P\{X=x_i, Y=y_j\}=p_{ij}$，$i, j=1, 2, \cdots$为二维离散型随机变量 (X, Y) 的分布律，或称为随机变量 X 和 Y 的联合分布律。

离散型随机变量 X 和 Y 的联合分布函数为 $F(x,y)=\sum_{x_i\leqslant x}\sum_{y_j\leqslant y}p_{ij}$，其中和式是对一切满足 $x_i\leqslant x$，$y_j\leqslant y$ 的 i，j 来求和的。

(2)连续型随机变量的分布

①如果 X 和 Y 是两个连续型随机变量，那么满足下列性质的二元函数 $f(x, y)$ 被称为 X 和 Y 的联合概率密度函数：

a. $f(x, y)\geqslant 0$；

b. 设 A 是 xOy 平面上的区域，点 (X, Y) 落在 A 内的概率为：$P\{(X, Y)\in A\}=\iint_A f(x, y)\mathrm{d}x\mathrm{d}y$；

c. $\int_{-\infty}^{\infty}\int_{-\infty}^{\infty}f(x, y)\mathrm{d}x\mathrm{d}y=1$。

②相应的联合累积分布函数为：

$$F(x, y)=P(X\leqslant x, Y\leqslant y)=\int_{-\infty}^{x}\int_{-\infty}^{y}f(x, y)\mathrm{d}x\mathrm{d}y$$

③如果 $F(x, y)$ 的偏导数存在，那么联合密度函数为：

$$f(x, y)=\frac{\partial^2 F(x, y)}{\partial x\partial y}$$

④X 和 Y 的边际概率密度函数为：

$$g(x)=\int_{-\infty}^{\infty}f(x, y)\mathrm{d}y$$

$$h(y) = \int_{-\infty}^{\infty} f(x, y)\mathrm{d}x$$

⑤当两个随机变量相互独立时，联合概率密度是各个边际概率密度的乘积，即$f(x, y) = g(x) \cdot h(y)$。

【例 4.2】下列属于二维连续型随机变量(X, Y)的概率密度$f(x, y)$性质的是（　　）。［2016 年 4 月真题］

Ⅰ. $f(x, y) > 0$

Ⅱ. $\int_{-\infty}^{\infty}\int_{-\infty}^{\infty} f(x, y)\mathrm{d}x\mathrm{d}y = F(-\infty, +\infty) = 1$

Ⅲ. 若$f(x, y)$在点(X, Y)处连续，则有$f(x, y) = \dfrac{\partial^2 F(x, y)}{\partial x \partial y}$

Ⅳ. 设D是xOy平面的一个区域，则点(X, Y)落在D内的概率为$P\{(X, Y) \in D\} = \iint_D f(x, y)\mathrm{d}x\mathrm{d}y$

A. Ⅰ、Ⅱ、Ⅲ　　B. Ⅰ、Ⅲ、Ⅳ　　C. Ⅱ、Ⅲ、Ⅳ　　D. Ⅰ、Ⅱ、Ⅳ

【答案】C

【解析】Ⅰ项，二维连续型随机变量(X, Y)的概率密度$f(x, y) \geqslant 0$。

2. 多元分布函数的数字特征

(1)协方差

协方差用于描述两个随机变量之间的相关程度。两个实数随机变量X与Y之间的协方差$\mathrm{Cov}(X, Y)$定义为：

$$\mathrm{Cov}(X, Y) = E\{[X - E(X)][Y - E(Y)]\} = E(XY) - E(X)E(Y)$$

如果X和Y是相互独立的，那么$\mathrm{Cov}(X, Y) = 0$。

(2)相关系数

X和Y之间的相关系数记为ρ_{XY}，$\rho_{XY} = \dfrac{\mathrm{Cov}(X, Y)}{\sqrt{Var(X)}\sqrt{Var(Y)}}$。

相关系数的性质有：

①ρ_{XY}的取值一定在-1和1之间；

②若X和Y相互独立，则$\rho_{XY} = 0$；

③如果$Y = aX + b$，$(a, b \neq 0)$，那么$|\rho_{XY}| = 1$，此时称X和Y是完全相关的。X和Y的值越接近线性关系，$|\rho_{XY}|$越大。

(3)协方差矩阵

对于多元随机变量而言，用X表示随机变量组成的向量，即：

$$X = \begin{pmatrix} X_1 \\ X_2 \\ \vdots \\ X_n \end{pmatrix}$$

其中$E(X_i) = \mu_i$，$Var(X_i) = \sigma_i^2$，$\mathrm{Cov}(X_i, X_j) = \sigma_{ij}$。

①X的期望值：

$$E(X)=\begin{bmatrix}E(X_1)\\E(X_2)\\\vdots\\E(X_n)\end{bmatrix}=\begin{pmatrix}\mu_1\\\mu_2\\\vdots\\\mu_n\end{pmatrix}=\mu$$

②随机向量 X 的协方差矩阵：

$$\begin{aligned}\mathrm{Cov}(X)&=E\{[X-E(X)][X-E(X)]^T\}\\&=\begin{bmatrix}\mathrm{Var}(X_1) & \mathrm{Cov}(X_1,X_2) & \cdots & \mathrm{Cov}(X_1,X_n)\\ \mathrm{Cov}(X_2,X_1) & \mathrm{Var}(X_2) & \cdots & \mathrm{Cov}(X_2,X_n)\\ \cdots & \cdots & & \cdots\\ \mathrm{Cov}(X_n,X_1) & \mathrm{Cov}(X_n,X_2) & \cdots & \mathrm{Var}(X_n)\end{bmatrix}\\&=\begin{pmatrix}\sigma_1^2 & \sigma_{12} & \cdots & \sigma_{1n}\\ \sigma_{21} & \sigma_2^2 & \cdots & \sigma_{2n}\\ \cdots & \cdots & & \cdots\\ \sigma_{n1} & \sigma_{n2} & \cdots & \sigma_n^2\end{pmatrix}\end{aligned}$$

X 的协方差矩阵记为 $\sum X$，它是一个对称矩阵。

三、随机变量的函数

一个随机变量经过函数变换后仍是一个随机变量，并且通过原始随机变量的分布可得到新随机变量的概率分布。

1. 随机变量的线性组合

如果 a_1，a_2，…，a_n 是常数，X_1，X_2，…，X_n 是随机变量，那么有：

$$\mathrm{Var}[a_0+a_1X_1+\cdots+a_nX_n]=\sum_{i=1}^{n}a_i^2\mathrm{Var}(X_i)+2\sum\sum_{i<j}a_ia_j\mathrm{Cov}(X_i,X_j)$$

特别地有：

$$\mathrm{Var}(a_0+a_1X_1)=a_1^2\mathrm{Var}(X_1)$$

$$\mathrm{Var}(X_1\pm X_2)=\mathrm{Var}(X_1)+\mathrm{Var}(X_2)\pm 2\mathrm{Cov}(X_1,X_2)$$

2. 随机变量的加权和

如果 $\alpha'=(\alpha_1,\alpha_2\cdots\alpha_n)$是常数向量，那么有：

$$E(\alpha'X)=\alpha'\mu=\alpha_1\mu_1+\alpha_2\mu_2+\cdots+\alpha_n\mu_n$$

$$Var(\alpha'X)=\sum_{i=1}^{n}\alpha_i^2\sigma_i^2+2\sum\sum_{i<j}\alpha_i\alpha_j\sigma_{ij}$$

如果 α 是资产组合的权重，μ 是资产组合收益率，σ_i 是资产组合波动率，上述结果就是资产组合收益率的期望和方差的计算公式，可用于计算组合风险价值。

3. 随机变量的积

对于随机变量乘积 $Y=X_1X_2$，其期望为：

$$E(X_1X_2)=E(X_1)E(X_2)+\mathrm{Cov}(X_1,X_2)$$

4. 随机变量变换(函数)的分布

假设 X 是一个连续随机变量，概率密度函数为 $f(x)$，$g(X)$是一个单调函数，那么 $Y=g(X)$是一个新的随机变量。把 X 表述成 Y 的函数为 $X=w(Y)$，那么 Y 的概率密度函数

$h(y)$为：

$$h(y)=f[w(y)]\cdot[\partial w(y)/\partial y]$$

四、几个重要分布

1. 对数正态分布

如果一个随机变量 X 的对数形式 $Y=\ln(X)$ 是正态分布，则称这一变量服从对数正态分布。对数正态分布的密度函数为：

$$f(x)=\frac{1}{x\sqrt{2\pi\sigma^2}}\exp\left\{-\frac{1}{2\sigma^2}[\ln(x)-\mu]^2\right\},\ x>0$$

对数正态分布变量 X 的均值和方差分别为：

$$E(X)=e^{\mu+\sigma^2/2}$$

$$\mathrm{Var}(X)=e^{2\mu+\sigma^2}(e^{\sigma^2}-1)$$

2. 卡方(χ^2)分布

一个标准正态随机变量的平方服从自由度为1的χ^2分布。即如果$Z\sim N(0,1)$，那么$Z^2\sim\chi^2(1)$。如果 Z_1，Z_2，…，Z_n 是相互独立的标准正态分布，那么 $Y=Z_1^2+Z_2^2+\cdots+Z_n^2\sim\chi^2(n)$。

3. t 分布

(1)如果 $Z\sim N(0,1)$，$\chi^2_{(r)}$表示自由度为 r 的服从χ^2分布的随机变量，Z 和$\chi^2_{(r)}$是相互独立的，那么 $T=\dfrac{Z}{\sqrt{\chi^2_{(r)}/r}}$服从自由度为 r 的 t 分布，记为 $T\sim t(r)$。

(2)t 分布的基本性质如下：

①t 分布的图像关于 y 轴对称；

②$E(T)=0$，$\mathrm{Var}(T)=\dfrac{r}{r-2}(r>2)$；

③当 r 趋于无穷大时，T 的分布趋于标准正态分布。

4. F 分布

如果$\chi^2_{(r_1)}$和$\chi^2_{(r_2)}$是相互独立的、自由度分别为 r_1 和 r_2 的卡方随机变量，那么 $F=\dfrac{\chi^2_{(r_1)}/r_1}{\chi^2_{(r_2)}/r_2}$服从自由度为 r_1 和 r_2 的 F 分布，记为 $F\sim F(r_1,r_2)$。

第二节 统计基础

【大纲要求】

熟悉总体、样本和统计量的含义；熟悉统计推断的参数估计；熟悉统计推断的假设检验。

【要点详解】

一、总体、样本和统计量的含义

1. 总体与样本

把研究对象的全体称为总体 X，把组成总体的每个成员称为个体。X 的分布函数称为总体分布函数。

在实际中，总体的分布一般是未知的，或只知道它具有某种形式而其中包含着未知参数。在数理统计中，人们都是通过从总体中抽取一部分个体，根据获得的数据来对总体分布作出推断的，被抽出的部分个体称为总体的一个样本。从总体抽取一个个体，就是对总体 X 进行一次观察并记录其结果。在相同的条件下对总体 X 进行 n 次重复的、独立的观察。将 n 次观察结果按试验的次序记为 X_1，X_2，…，X_n。这样得到的 X_1，X_2，…，X_n 称为来自总体 X 的一个简单随机样本，n 称为这个样本的容量，X_1，X_2，…，X_n 称为样本观测值。

2. **统计量**

(1)定义

设 X_1，X_2，…，X_n 是从总体 X 中抽取的容量为 n 的一个样本，如果由此样本构造一个函数 $T(X_1, X_2, \cdots, X_n)$，不依赖于任何未知参数，则称函数 $T(X_1, X_2, \cdots, X_n)$ 是一个统计量。

(2)常用统计量

①样本均值：$\overline{X}=\frac{1}{n}\sum_{i=1}^{n}X_i$，用来估计总体的均值 μ。

②样本方差：$S^2=\frac{1}{n-1}\sum_{i=1}^{n}(X_i-\overline{X})^2=\frac{1}{n-1}(\sum_{i=1}^{n}X_i^2-n\overline{X}^2)$，用来估计总体方差 σ^2。

二、统计推断的参数估计

参数估计是用样本统计量去估计总体的参数。统计推断的参数估计包括点估计和区间估计。

1. **点估计**

设$(X_1, X_2, \cdots, X_n)$是来自总体 X 的样本，θ 是总体的未知参数，若用一个统计量 $\hat{\theta}=\hat{\theta}(X_1, X_2, \cdots, X_n)$来估计 θ，则称 $\hat{\theta}$ 为参数 θ 的估计量。这种估计称为点估计，常用方法包括矩估计和最大似然估计。

(1)矩估计

基本思路是利用样本矩去估计对应总体的各阶矩。

①原点矩

记样本的 i 阶原点矩为 $m_i=\frac{1}{n}\sum_{j=1}^{n}X_j^i$，记总体的 i 阶原点矩为 $\mu_i=E(X^i)$，则 $\mu_i=m_i$。

②中心矩

样本的 k 阶中心矩为 $A_k=\frac{1}{n}\sum_{i=1}^{n}(X_i-\overline{X})^k$，总体 k 阶中心矩为 $M_k=\frac{1}{n}E\{[X_i-E(X)^k]\}$。

③最常用的矩估计法是用一阶样本原点矩来估计总体的期望，用二阶样本中心矩来估计总体的方差。

(2)最大似然估计

最大似然估计的基本思想是：当从模型总体中随机抽取 n 组样本观测值后，最合理的参数估计量应该使得从模型中抽取该 n 组样本观测值的概率最大。

(3)点估计的优良性评判准则

①无偏性。设 $\hat{g}=\hat{g}(X_1, \cdots, X_n)$是 $g(\theta)$的一个估计量，若 $E(\hat{g})=g(\theta)$，对每一个 $\theta\in\Theta$成立，则称 $\hat{g}(X_1, X_2, \cdots, X_n)$是 $g(\theta)$的一个无偏估计。

②有效性。设 g_1 和 g_2 是 $g(\theta)$的两个无偏估计，如对每一个 $\theta\in\Theta$，有 $\mathrm{Var}(g_1)\leqslant$

$\mathrm{Var}(g_2)$，且至少对某个 θ 使不等式严格成立，则称 g_1 比 g_2 有效。

③一致性。一致性是指随着样本量的增大，估计量的值越来越接近被估计总体的参数。即一个大样本给出的估计量要比一个小样本给出的估计量更接近总体的参数。样本均值是总体均值的一个一致估计量。

2. 区间估计

(1)区间估计中的统计思想

区间估计是在点估计的基础上，给出总体参数估计的一个区间范围，该区间通常由样本统计量加减估计误差得到。与点估计不同，进行区间估计时，根据样本统计量的抽样分布可以对样本统计量与总体参数的接近程度给出一个概率度量。

(2)区间估计的数学定义

设 X_1，X_2，…，X_n 是来自总体 $f(X, \theta)$ 的样本，$\theta \in \Theta$ 未知，对于任意 $0 < \alpha < 1$，若统计量 $\underline{\theta} = \underline{\theta}(X_1, \cdots, X_n) < \bar{\theta}(X_1, \cdots, X_n) = \bar{\theta}$，使得 $P_\theta(\underline{\theta} \leqslant \theta \leqslant \bar{\theta}) \geqslant 1 - \alpha$，$\theta \in \Theta$，则称 $[\underline{\theta}, \bar{\theta}]$ 为 θ 的双侧 $1-\alpha$ 置信区间，$1-\alpha$ 为置信水平。

三、统计推断的假设检验

1. 假设检验的基本概念

(1)原假设与备择假设

原假设(H_0)：如果提出一种想法，要检验这种想法是否正确，那么这种想法或假设称为“原假设”(又称零假设)。一般零假设经过长期检验被认为是正确的，在现在的新情况下希望检验它是否仍然正确。

备择假设(H_1)：当 H_0 被否定后作为备用选择的假设就是正确的，称这种备用选择的假设为对立假设或备择假设。

否定论证是假设检验的重要推理方法，其要旨在于：先假定原假设成立，如果导致观察数据的表现与此假定矛盾，则否定原假设。通常使用的一个准则是小概率事件的实际推断原理。

(2)两类错误

第一类错误(概率)：弃真概率 α。指原假设成立，而错误地加以拒绝。

第二类错误(概率)：取伪概率 β。指原假设不成立，而错误地接受它。

(3)显著性水平(α)

在样本容量给定的情况下，犯两类错误的概率不可能同时小，只有增加样本容量，才能使它们同时减小。一般在控制弃真概率的条件下，使得取伪概率尽量小，简化为控制第一类错误的概率 α。

(4)假设检验的基本步骤

①根据实际问题的要求，提出原假设 H_0，及备择假设 H_1；

②给定显著性水平 α 以及样本容量 n；

③确定检验统计量以及拒绝域的形式；

④按 $P\{$当 H_0 为真拒绝 $H_0\} \leqslant \alpha$ 求出拒绝域；

⑤取样，根据样本观察值作出决策，是接受 H_0 还是拒绝 H_0。

2. 正态总体均值的假设检验

总体服从正态分布的参数检验的步骤如下。

(1)总体 $X \sim N(\mu, \sigma^2)$，当 σ^2 已知时，μ 的参数检验步骤如下：

①明确原假设和备选假设，检验 H_0：$\mu=\mu_0$，H_1：$\mu\neq\mu_0$（其中，μ_0 已知）；

②假设 H_0 成立，那么 $\overline{X}\sim N(\mu_0,\ \frac{\sigma^2}{n})$，提出检验统计量 $Z=\frac{\sqrt{n}(\overline{X}-\mu_0)}{\sigma}$；

③构造显著性水平 α 检验的拒绝域 $W_1=\{(x_1,\ \cdots,\ x_n):\ |Z|>U_{\alpha/2}\}$；

④基于数据，算出 Z 的观察值 z，如 $z\in W_1$ 则拒绝 H_0，否则只能接受 H_0。在此规则下，接受 H_0 的概率不小于$(1-\alpha)\times100\%$。

(2)σ^2 未知，单正态总体参数 μ 检验。

当 σ^2 未知时，检验统计量 T 为：$T=\frac{\sqrt{n}(\overline{X}-\mu_0)}{S^*}$。其中，$S^*$ 为修正样本标准差。相应的拒绝域为 $W_1=\{(x_1,\ \cdots,\ x_n):\ |T|>t_{\alpha/2}(n-1)\}$，$t_{\alpha/2}(n-1)$为自由度 $n-1$ 的 t 分布的 $\alpha/2$ 分位点。其他检验步骤同上。

第三节　回归分析

【大纲要求】

熟悉一元线性回归模型的含义和特征；熟悉多元线性回归模型的含义和特征；掌握非线性模型线性化的原理；掌握回归模型常见问题和处理方法。

【要点详解】

一、一元线性回归模型

1. 总体回归函数

(1)模型形式

对于具有线性关系的两个变量，可以用一个线性方程来表示它们之间的关系。描述因变量 y 如何依赖于自变量 x 和误差项 u 的方程称为回归模型。只涉及一个自变量的一元线性回归模型可表示为：

$$y_i=\alpha+\beta x_i+u_i,\ (i=1,\ 2,\ 3,\ \cdots,\ n)$$

其中，y 称为因变量或被解释变量；x 称为自变量或解释变量；u 是一个随机变量，称为随机（扰动）项；α 和 β 是两个常数，称为回归参数；下标 i 表示变量的第 i 个观察值或者随机项。

(2)随机项 u 和自变量 x 满足的统计假定

①每个 $u_i(i=1,\ 2,\ 3,\ \cdots,\ n)$均为独立同分布，服从正态分布的随机变量。且 $E(u_i)=0$ $(i=1,\ 2,\ 3,\ \cdots,\ n)$，$\mathrm{Var}(u_i)=\sigma_u^2$ = 常数。

②随机项 u_i 与自变量的任一观察值 x_i 不相关，即 $\mathrm{Cov}(u_i,\ x_i)=0(i=1,\ 2,\ 3,\ \cdots,\ n)$。

2. 样本回归函数

从总体中抽取一定样本数据进行观测，对于解释变量 x 的一定值，取得的被解释变量 y 的样本观测值也可计算其条件均值，y 的样本观测值的条件均值随解释变量 x 而变动的轨迹，称为样本回归线。样本回归函数如为线性函数，可表示为：

$$y_i=\hat{\alpha}+\hat{\beta}x_i+\varepsilon_i$$

式中，$\hat{\alpha}$、$\hat{\beta}$ 是 α、β 的估计量；ε_i 称为剩余项，或称为残差，是实际观测的被解释变量值 y_i 与样本条件均值二者之差，即 $\varepsilon_i=y_i-\hat{y}_i$。$\varepsilon_i$ 在概念上类似于总体回归的随机扰动项

u_i，作为 u_i 估计量的残差 ε_i 是可以观察的。

3. 回归参数的 OLS 估计

为了使样本回归函数“尽可能接近”总体回归函数，就是要使样本回归函数估计的 $\hat{y}_i$ 与实际的 y_i 的误差尽量小，即使残差 ε_i 越小越好。可是 ε_i 有正有负，其简单代数和会相互抵消而趋于零。为了在数学上便于处理，可采用剩余平方和 $\sum \varepsilon_i^2$ 最小的准则，这就是最小二乘准则，即

$$\min \sum_{i=1}^{n} \varepsilon_i^2 = \min \sum_{i=1}^{n} (y_i - \hat{y}_i)^2 = \min \sum_{i=1}^{n} [y_i - (\hat{\alpha} + \hat{\beta} x_i)]^2$$

利用最小二乘准则估计回归参数的方法称为普通最小二乘法(简记 OLS)，$\hat{\alpha}$ 和 $\hat{\beta}$ 称为普通最小二乘估计量。

根据微积分的极值定理，对上式求相应于 $\hat{\alpha}$ 和 $\hat{\beta}$ 的偏导数，并令其等于0，便可求出 $\hat{\alpha}$ 和 $\hat{\beta}$，即

$$\begin{cases} \hat{\beta} = \dfrac{n \sum\limits_{i=1}^{n} x_i y_i - \sum\limits_{i=1}^{n} x_i \sum\limits_{i=1}^{n} y_i}{n \sum\limits_{i=1}^{n} x_i^2 - \left(\sum\limits_{i=1}^{n} x_i \right)^2} \\ \hat{\alpha} = \bar{y} - \hat{\beta} \bar{x} \end{cases}$$

4. 回归参数显著性检验和回归参数区间估计

获得模型的参数 $\hat{\alpha}$ 和 $\hat{\beta}$ 之后，需要对模型是否稳健和有效做出判断，为此，还需进行：

(1) 对回归参数进行显著性检验，并对参数做区间估计；

(2) 对回归模型的有效性做出判断。

5. 回归方程显著性检验与拟合优度

(1) 总离差平方和的分解

y_i 的总离差 $= y_i - \bar{y}$。总离差平方和(TTS)及其分解详情如表 4－1 所示。

表 4－1　总离差平方和的分解

类别	公式
总离差平方和(TSS)	$TSS = \sum_{i=1}^{n} (y_i - \bar{y})^2$，是反映全部总离差变化的量，$TSS = RSS + ESS$
回归平方和(ESS)	$ESS = \sum_{i=1}^{n} (\hat{y}_i - \bar{y})^2$，反映了 TSS 中被 y 对 x 回归说明的部分
残差平方和(RSS)	$RSS = \sum_{i=1}^{n} \varepsilon_i^2$，是 TSS 中除了 y 对 x 回归之外的一切随机因素构成的部分

(2) 拟合优度(样本决定系数)

样本决定系数 R^2 是综合度量回归模型对样本观测值拟合优度的指标，其公式为：

$$R^2 = \frac{ESS}{TSS} = \frac{\sum (\hat{y}_i - \bar{y})^2}{\sum (y_i - \bar{y})^2} = 1 - \frac{RSS}{TSS}$$

拟合优度越大，表示回归直线与样本观察值拟合的越好，反之，越差。通过分析可知，$0 \leqslant R^2 \leqslant 1$，越接近 1，拟合效果越好。

二、多元线性回归模型

1. 模型定义

(1)总体回归函数

如果总体回归函数描述了一个被解释变量与多个解释变量之间的线性关系，由此而设定的总体回归函数就是多元线性回归模型。多元线性回归模型的一般形式可表示为：

$$y_i = \alpha + \beta_1 x_{1i} + \beta_2 x_{2i} + \cdots + \beta_k x_{ki} + u_i$$

(2)样本回归函数

多元样本线性回归函数可表示为：

$$y_i = \hat{\alpha} + \hat{\beta}_1 x_{1i} + \hat{\beta}_2 x_{2i} + \cdots + \hat{\beta}_k x_{ki} + \varepsilon_i$$

(3)多元线性回归模型的矩阵形式

多元总体线性回归函数的矩阵形式可表示为：

$$Y = X\beta + U$$

其中，$Y = \begin{bmatrix} y_1 \\ y_2 \\ \cdots \\ y_n \end{bmatrix}$，$\beta = \begin{bmatrix} \alpha \\ \beta_1 \\ \cdots \\ \beta_k \end{bmatrix}$，$U = \begin{bmatrix} u_1 \\ u_2 \\ \cdots \\ u_n \end{bmatrix}$

$$X = \begin{bmatrix} 1 & X_{11} & X_{21} & \cdots & X_{k1} \\ 1 & X_{12} & X_{22} & \cdots & X_{k2} \\ \vdots & \vdots & \vdots & & \vdots \\ 1 & X_{1n} & X_{2n} & \cdots & X_{kn} \end{bmatrix}$$

类似地，多元样本线性回归函数的矩阵表示为：

$$Y = X\hat{\beta} + \varepsilon$$

2. 模型假定

(1)被解释变量和解释变量之间具有一种线性关系。

(2)解释变量之间不存在线性关系。

(3)随机扰动项的期望值为零，即 $E(u_i) = 0$。

(4)所有随机扰动项的方差都相等，为 σ^2，不同的随机扰动项互不相关，且服从标准正态分布，即 $u_i \sim N(0, \sigma^2)$。

(5)随机扰动项与解释变量不相关。

3. 参数的最小二乘估计

多元线性回归方程中的 $\hat{\alpha}$、$\hat{\beta}_1$、$\hat{\beta}_2$、$\hat{\beta}_k$ 仍然是根据最小二乘法求得，也就是使残差平方和最小：

$$\min \sum_{i=1}^{n} \varepsilon_i^2 = \min \sum_{i=1}^{n} (y_i - \hat{y}_i)^2 = \min \sum_{i=1}^{n} [y_i - (\hat{\alpha} + \hat{\beta}_1 x_{1i} + \hat{\beta}_2 x_{2i} + \cdots + \hat{\beta}_k x_{ki})]^2$$

通过求解，可得多元线性回归模型参数向量 $\hat{\beta}$ 的最小二乘估计式的矩阵表达式为：

$$\hat{\beta} = (X^T X)^{-1} X^T Y$$

其中，X^T 表示 X 的转置矩阵，$(X^T X)^{-1}$ 表示 $X^T X$ 的逆矩阵。

4. 拟合优度检验

(1)可决系数

与简单线性回归类似，为了说明多元线性回归线对样本观测值的拟合情况，也可以考察在 y 的总变差中由多个解释变量作出了解释的那部分变差的比重，即"回归平方和"与"总离差平方和"的比值。在多元回归中这一比值称为多重可决系数，用 R^2 表示：

$$R^2 = \frac{ESS}{TSS}$$

或

$$R^2 = \frac{TSS - RSS}{TSS} = 1 - \frac{RSS}{TSS}$$

多重可决系数是介于 0 和 1 之间的一个数，R^2 越接近 1，模型对数据的拟合程度就越好。

(2)修正的可决系数

多重可决系数有一个重要性质，即它是模型中解释变量个数的不减函数，在样本容量不变时，随着模型中解释变量的增加，总离差平方和 TSS 不会改变，而回归平方和 ESS 可能增大，多重可决系数 R^2 的值会变大。当被解释变量相同而解释变量个数不同时，这给运用多重可决系数去比较两个模型的拟合程度带来缺陷。可决系数只涉及变差，没有考虑自由度。如果用自由度去校正所计算的变差，可以纠正解释变量个数不同引起的对比困难，从而引入修正的可决系数 $\overline{R}^2$，其计算公式为：

$$\overline{R}^2 = 1 - (1 - R^2)\left(\frac{n-1}{n-k-1}\right)$$

$\overline{R}^2$ 的解释与 R^2 类似，不同的是：$\overline{R}^2$ 同时考虑了样本量(n)和模型中自变量的个数(k)的影响，这就使得 $\overline{R}^2$ 的值永远小于 R^2，而且 $\overline{R}^2$ 的值不会由于模型中自变量个数的增加而越来越接近 1。因此，在多元回归分析中，通常用修正的可决系数。

【例 4.3】关于多元线性回归模型的说法，正确的是(　　)。[2016 年 4 月真题]

A. 如果模型的 R^2 很接近 1，可以认为此模型的质量较好

B. 如果模型的 R^2 很接近 0，可以认为此模型的质量较好

C. R^2 的取值范围为 $R^2 > 1$

D. 调整后的 R^2 测度多元线性回归模型的解释能力没有 R^2 好

【答案】A

【解析】R^2 表示总离差平方和中线性回归解释的部分所占的比例，其取值范围为：$0 \leqslant R^2 \leqslant 1$，越接近于 1，线性回归模型的解释力越强。当利用 R^2 来度量不同多元线性回归模型的拟合优度时，存在一个严重的缺点：R^2 的值随着解释变量的增多而增大，即便引入一个无关紧要的解释变量，也会使得 R^2 变大。为了克服这个缺点，一般采用调整后的 R^2 来测度多元线性回归模型的解释能力。

三、线性回归模型的特征

(1)通过引入随机误差项，将变量之间的关系用一个线性随机方程来描述，并用随机数学的方法来估计方程中的参数；

(2)在线性回归模型中，被解释变量的特征由解释变量与随机误差项共同决定。

四、非线性模型的线性化

当变量 y 与 x 之间可能不存在线性关系时，有一部分可以通过变量的替换，转化为线性

的回归模型处理。线性关系只是要求参数和随机扰动项是线性的，而并不要求变量之间是线性关系。典型的对数线性模型是经常使用的一个模型。它的表达式为：

$$y = e^{\beta_1} X_2^{\beta_2} X_3^{\beta_3} \cdots X_K^{\beta_K} e^{\varepsilon}$$

两边取自然对数可得：

$$\ln y = \beta_1 + \beta_2 \ln X_2 + \beta_3 \ln X_3 + \cdots + \beta_K \ln X_K + \varepsilon$$

五、回归模型常见问题及处理

1. 多重共线性

(1)概念

回归模型的基本假设之一是解释变量是相互独立的。如果解释变量之间存在严格或者近似的线性关系，就会产生多重共线性问题，本质为解释变量之间高度相关。

(2)产生原因

①滞后变量的引入；

②样本数据的限制；

③自变量之间具有某种类型的近似线性关系等。

(3)后果

①多重共线性使得估计值不稳定，并对于样本非常敏感；

②使得参数估计值的方差增大；

③由于参数估计的方差增加，使得统计量 t 减小，从而 $|t| < t_{\alpha/2}$ 出现的机会变大，即 t 值落在零假设范围内的可能性增加，可能会出现舍去对因变量有显著影响的变量，从而导致模型错误；

④由于参数估计值的方差增大，作预测时，会导致预测的置信区间过大，降低预测精度。

(4)检验

判断多重共线性的方法主要有简单相关系数检验法、逐步回归检验法等。

①简单相关系数检验法

简单相关系数检验法是利用解释变量之间的线性相关程度去判断是否存在严重多重共线性的一种简便方法。一般而言，如果每两个解释变量的简单相关系数比较高，如大于0.8，则可认为存在着较严重的多重共线性。但要注意，较高的简单相关系数只是多重共线性存在的充分条件，而不是必要条件。特别是在多于两个解释变量的回归模型中，有时较低的简单相关系数也可能存在多重共线性。因此并不能简单地依据相关系数进行多重共线性的准确判断。

②逐步回归法

以 y 为被解释变量，逐个引入解释变量，构成回归模型，进行模型估计。根据拟合优度的变化决定新引入的变量是否独立。如果拟合优度变化显著，则说明新引入的变量是一个独立解释变量；如果拟合优度变化很不显著，则说明新引入的变量与其他变量之间存在共线性。

(5)消除多重共线性影响的方法

①排除引起共线性的变量。使用逐步回归法找出引起多重共线性的解释变量，将它排除。

②差分法。对于时间序列数据，将原模型变换为差分模型：

$$\Delta y_i = \beta_1 \Delta x_{1i} + \beta_2 \Delta x_{2i} + \cdots + \beta_k \Delta x_{ki} + \Delta u_i$$

差分模型可以有效地消除原模型中的多重共线性。

③通过增加样本容量或者使用岭回归技术降低参数估计的方差。

2. 异方差问题

(1)异方差的概念与后果

对于线性模型 $y_i=\alpha+\beta_1x_{1i}+\cdots+\beta_kx_{ki}+u_i$，如果出现 $\mathrm{Var}(u_i)=\sigma_i^2$ 不为常数，即对于不同的样本点，随机误差项的方差互不相同，这就是异方差性。

对于存在异方差性的模型，采用 OLS 估计模型参数会产生下列不良后果：

①参数估计量非有效：无偏的 OLS 估计量不再具有有效性。

②变量的显著性检验失去意义：异方差性导致 t 检验失去意义，其他检验也如此。

③模型的预测失效：当模型出现异方差性时，参数 OLS 估计值的变异程度增大，从而造成对 y 的预测误差变大，降低预测精度，预测功能失效。

(2)异方差的检验方法

①散点图判断

可利用 $x-\varepsilon^2$ 残差图判断异方差性，以是否形成斜率为零的直线作为判断基础。

②统计检验方法

这里主要介绍 G－Q 检验法。G－Q 检验的思想为：先将样本一分为二，对子样 1 和子样 2 分别作回归，然后利用两个子样的残差平方和之比构造统计量进行异方差检验。该统计量服从 F 分布，因此假如存在递增的异方差，则 F 远大于 1；反之，就会等于 1(同方差)或小于 1(递减方差)。

(3)异方差问题的处理

模型检验出存在异方差性，可用加权最小二乘法(WLS)进行估计。加权最小二乘法是对原模型加权，使之变成一个新的不存在异方差性的模型，然后采用 OLS 估计其参数。

3. 序列相关性问题

(1)序列相关的概念及后果

序列相关又称自相关，是指总体回归模型的随机误差项 u_i 之间存在相关关系。在回归模型的古典假定中是假设随机误差项无自相关的，即 u_i 在不同观测点之间是不相关的，即

$$\mathrm{Cov}(u_i,\ u_j)=E(u_iu_j)=0\qquad(i\neq j)$$

如果该假定不能满足，就称 u_i 与 u_j 存在自相关。

自相关往往可写成 $u_i=\rho u_{i-1}+v_i$，其中，ρ 为自相关系数，$-1<\rho<1$，v_i 满足标准(正态)随机干扰项的假定。

模型一旦出现序列相关性，如果仍采用 OLS 法估计模型参数，会产生下列不良后果：

①不影响参数估计量的线性和无偏性，但是参数估计量失去有效性；

②变量的显著性检验失去意义；

③模型的预测失效。

(2)序列相关性的检验思路和常用方法

①序列相关性检验的思路

首先采用 OLS 对模型做估计，获得随机干扰项的近似估计量。然后，通过分析这些“近似估计量”之间的相关性，以判断随机误差项是否具有序列相关性。

②常用检验方法

序列相关性检验的常用方法包括图示法、回归检验法、杜宾－瓦森(Durbin－Watson)检验法、拉格朗日乘数检验等。其中，图示法简单，回归检验法可以满足任何类型序列相关性

检验，拉格朗日乘数检验适用于高阶序列相关以及模型中存在滞后变量的情形。

DW 检验的假设条件为解释变量 x 为非随机，随机干扰项满足一阶自回归形式，解释变量中不包含滞后的被解释变量，截距项不为零，数据序列无缺失项。DW 检测的判断如图 4－1所示。

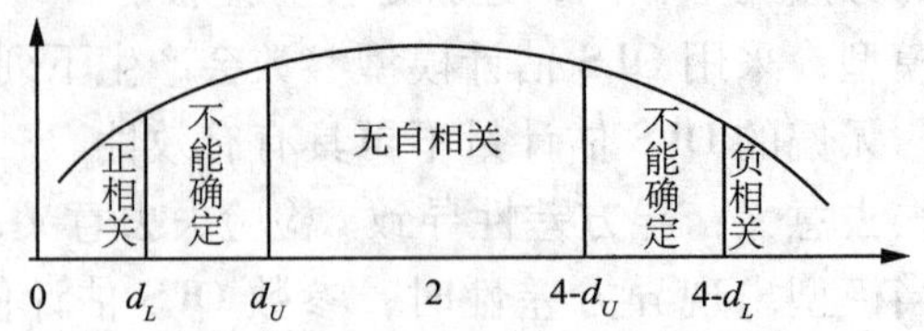

图 4－1　序列相关检测的判断

当 DW 值在 2 左右时，模型不存在一阶自相关。

(3)消除自相关影响的方法

最常用的方法是广义最小二乘法(GLS)和广义差分法。

广义最小二乘法(GLS)是一种常见的消除异方差的方法，它的主要思想是为解释变量加上一个权重，从而使得加上权重后的回归方程方差是相同的。然后再用 OLS 对变换后的回归方程进行估计。

广义差分法的思想是将原模型转化为对应的差分形式，消除序列相关性，然后用普通最小二乘法估计。多元回归模型与一元回归模型的广义差分法原理相同。广义差分法得以实施的关键是计算出自相关系数 ρ 的值。

第四节　时间序列分析

【大纲要求】

了解时间序列的基本概念；了解平稳时间序列模型的含义和应用；了解非平稳时间序列模型的含义和应用；熟悉协整分析和误差修正模型。

【要点详解】

一、时间序列的基本概念

1. 定义

从统计意义上讲，时间序列是将某一个指标在不同时间上的不同数值，按照时间的先后顺序排列而成的数列。数列由于受到各种偶然因素的影响，往往表现出某种随机性，之间存在着统计上的依赖关系。依赖参数时间 t 的随机变量集合就是随机过程，记为 $\{y_t\}$。元素 y_t 为该随机过程的观察值，称之为时间序列。

2. 时间序列的平稳性

时间序列的平稳性，是指时间序列的统计规律不会随着时间的推移而发生变化。也就是说，生成变量时间序列数据的随机过程的特征不随时间变化而变化。

从理论上，有两种意义的平稳性，一种是严格平稳，另一种是弱平稳。严格平稳是指随机过程 $\{y_t\}$ 的联合分布函数与时间的位移无关。弱平稳是指随机过程 $\{y_t\}$ 的期望、方差和协方差不随时间推移而变化。若 $\{y_t\}$ 满足：

$E(y_t)=\mu$

$\text{Var}(y_t)=\sigma^2$

$\text{Cov}(y_t, y_{t+k})=\lambda_k$，$\lambda_k$ 为只与时间间隔 k 有关，而与 t 无关的常数。

则称$\{y_t\}$为弱平稳随机过程。

3. 白噪声

如果随机过程$\{\varepsilon_t\}_{t=-\infty}^{+\infty}$，满足$E(\varepsilon_t)=0$，$\mathrm{Var}(\varepsilon_t)=\sigma^2$，当$t\neq T$时，有$E(\varepsilon_t\varepsilon_\tau)=0$，则称这个随机过程为白噪声过程。

白噪声过程是一个平稳的过程。如果当$t\neq\tau$时，ε_t与ε_τ是相互独立的，则称之为独立白噪声过程。如果随机过程$\{y_t\}_{t=-\infty}^{+\infty}$是常数$\mu$与一个白噪声过程的和，即$y_t=\mu+\varepsilon_t$，那么$\{y_t\}_{t=-\infty}^{+\infty}$是一个平稳的随机过程。

二、平稳时间序列 ARMA 模型

ARMA 模型是一种常用的随机时序模型，是精度较高的时序短期预测方法，其基本思想是：除极个别情况外，几乎所有的时间序列中按照时间顺序排列的观察值之间具有依赖关系或自相关性，这种自相关性体现了变量发展的连续性。因此，一旦时间序列的这种自相关性被定量描述出来，即可根据其过去值预测将来值。

1. 移动平均(MA)过程

设$\{\varepsilon_t\}_{t=-\infty}^{+\infty}$是白噪声过程，如果一个随机过程满足两个白噪声的加权和$y_t=\mu+\varepsilon_t+\theta\varepsilon_{t-1}$，$\mu$和$\theta$是任意常数，则称它为一阶移动平均过程，记为 MA(1)。

记(θ_1，θ_2，$\cdots\theta_q$)是任意实数，一个q阶移动平均过程[记为 MA(q)]可表示为：

$$y_t=\mu+\varepsilon_t+\theta_1\varepsilon_{t-1}+\theta_2\varepsilon_{t-2}+\cdots+\theta_q\varepsilon_{t-q}$$

MA(q)过程是平稳的。

2. 自回归(AR)过程

一个p阶自回归过程可表示为：

$$y_t=c+\phi_1 y_{t-1}+\phi_2 y_{t-2}+\cdots+\phi_p y_{t-p}+\varepsilon_t$$

将其记为 AR(p)。如果其特征根都在单位圆外面，则 AR(p)过程是平稳的。

3. ARMA 模型

实际上 AR 模型和 MA 模型都是自回归移动平均过程的特例。阶数为(p，q)的自回归移动平均过程可表示为：

$$y_t=c+\phi_1 y_{t-1}+\cdots+\phi_p y_{t-p}+\varepsilon_t+\theta_1\varepsilon_{t-1}+\cdots+\theta_q\varepsilon_{t-q}$$

这里$\{\varepsilon_t\}_{t=-\infty}^{+\infty}$是一个白噪声过程。将这个过程记为 ARMA($p$，$q$)。常用的过程是 ARMA(1，1)。利用滞后算子可以证明 ARMA(p，q)过程是平稳的。ARMA 模型的估计需要使用非线性估计方法，实务中常使用数学软件进行估计。

三、非平稳时间序列 ARIMA 模型

1. 平稳过程与非平稳过程

考虑下列过程：

$$y_t=y_{t-1}+x_t$$

这里 x_t 是一个平稳过程，均值为 $\mu \neq 0$，假设 $y_0 = 0$，那么有：

$$y_t = (y_{t-2} + x_{t-1}) + x_t = \cdots = x_1 + x_2 + \cdots + x_t$$

故 $E(y_t) = t\mu \neq 0$。因此，$\{y_t\}$ 有一个时间趋势，它不是一个平稳过程。为了消除这个时间趋势，考虑 y_t 的一阶差分 $\Delta y_t = y_t - y_{t-1}$，它是一个平稳过程。作差分是把非平稳过程转换成平稳过程常用的方法。

如果上述模型中 Δy_t 是一个 ARMA(p，q)过程，则称上述模型的 y_t 是一个自回归融合移动平均过程，记为 ARIMA(p，1，q)。如果 Δy_t 是 y_t 经过 d 阶差分后的一个 ARMA(p，q)过程，那么 y_t 是一个 ARIMA(p，d，q)。

2. 非平稳时间序列模型的特点

(1)不具有特定的长期均值；

(2)方差和自协方差不具有时间不变性；

(3)理论上，序列自相关函数不随滞后阶数的增加而衰减。

四、协整分析和误差修正模型

1. 协整的概念

协整是指某些时间序列是非平稳时间序列，但其线性组合却存在长期的均衡关系。具体来讲，对于两个时间序列$\{x_t\}$和$\{y_t\}$均为一阶单整序列(一阶单整序列是指非平稳时间序列经过一阶差分之后变为平稳序列)，即 $x_t \sim I(1)$，$y_t \sim I(1)$，若存在一组非零常数 α_1 和 α_2，使得 $\alpha_1 x_t + \alpha_2 y_t \sim I(0)$，则称 x_t 和 y_t 之间存在协整关系。

虽然两个经济变量有各自的长期波动规律，但是如果它们是协整的，则它们之间存在着一个长期稳定的比例关系。

2. 误差修正模型

(1)误差修正模型的基本思想

若变量间存在协整关系，则表明这些变量间存在着长期均衡关系，而这种长期均衡关系是在短期波动过程的不断调整下得以实现的。

(2)误差修正机制

由于大多数金融时间序列的一阶差分是平稳序列，受长期均衡关系的支配，这些变量的某些线性组合也可以是平稳的。即所研究变量中的各长期分量相互抵消，产生了一个平稳的时间序列，这是由于一种调节机制——误差修正机制在起作用，它防止了长期均衡关系出现较大的偏差。因此，任何一组相互协整的时间序列变量都存在误差修正机制，通过短期调节行为，达到变量间长期均衡关系的存在。

建立误差修正模型的步骤：第一步，建立长期关系模型，即通过水平变量和 OLS 法估计出时间序列变量间的关系。第二步，建立短期动态关系，即误差修正方程。将长期关系模型中各变量以一阶差分形式重新加以构造，并将长期关系模型所产生的残差序列作为解释变量引入，在一个从一般到特殊的检验过程中，对短期动态关系进行逐项检验，不显著的项逐渐被剔除，直到最适当的表示方法被找到为止。

下面以建立货币需求函数为例，说明误差修正模型的建模过程。

假设当前实际货币需求余额是关于实际货币需求余额滞后值、实际国民收入和机会成本等变量的回归。依据交易方程设定的模型可作为长期关系模型，其一般形式为：

$$\left(\frac{M}{P}\right)_t = \beta_0 + \beta_1 Y_t + \beta_2 \pi_t + \beta_3 \left(\frac{M}{P}\right)_{t-1} + \varepsilon_t$$

式中，M 为相应的名义货币余额；P 为物价指数（通常用 GDP 的平减指数表示）；Y 为实际的国内生产总值（GDP）；π 为季度通货膨胀率（根据综合物价指数衡量）。第二阶段误差修正方程的一般形式是：

$$\Delta\left(\frac{M}{P}\right)_t = \alpha_0 + \sum_{i=0}^{t} \beta_i \Delta Y_{t-i} + \sum_{i=0}^{t} \gamma_i \Delta \pi_{t-i} + \sum_{i=0}^{t} \sigma_i \Delta\left(\frac{M}{P}\right)_{t-i-1} + \lambda EC_{t-1} + \varepsilon_t$$

式中，EC 为长期关系模型中的残差。

第五节　常用统计软件及其运用

【大纲要求】

熟悉常用统计软件及其应用。

【要点详解】

一、常用统计软件

常用的统计软件有 Excel、SPSS、SAS、Minitab、Statistica、Eviews。

1. Excel

Excel 是微软办公套装软件的一个重要的组成部分，它可以进行各种数据的处理、统计分析和辅助决策操作，广泛地应用于管理、统计财经、金融等众多领域。

2. SPSS（社会科学统计软件包）

SPSS 的基本功能包括数据管理、统计分析、图表分析、输出管理等等。

SPSS 统计分析过程包括描述性统计、均值比较、一般线性模型、相关分析、回归分析、对数线性模型、聚类分析、数据简化、生存分析、时间序列分析、多重响应等几大类，每类中又分好几个统计过程。

3. SAS

SAS 是一套大型集成应用软件系统，具有完备的数据存取、数据管理、数据分析和数据展现功能。尤其是其创业产品——统计分析系统部分，具有强大的数据分析能力。

4. Minitab

Minitab 提供了对存储在二维工作表中的数据进行分析的多种功能，包括：基本统计分析、回归分析、方差分析、多元分析、非参数分析、时间序列分析、试验设计、质量控制、模拟、绘制高质量三维图形等。

从功能来看，Minitab 除各种统计模型外，还具有许多统计软件不具备的功能——矩阵运算。

5. Statistica

Statistica 为一套完整的统计资料分析、图表、资料管理、应用程式发展系统，由美国 StatSoft 公司开发。

此系统不仅包含统计上一般功能及制图程序，还包含特殊的统计应用。

6. Eviews

Eviews 是专门从事数据分析、回归分析和预测的工具。使用 Eviews 可以迅速地从数据中寻找出统计关系，并用得到的关系去预测数据的未来值。

应用范围包括：科学实验数据分析与评估、金融分析、宏观经济预测、仿真、销售预测和成本分析等。

二、不同统计软件的特征

不同统计软件的特征如表 4－2 所示。

表 4－2　常见的统计软件

统计软件	优缺点
Excel	优点：功能强大，容易操作，插件 XLSTAT 能进行数据统计分析。 缺点：运算速度慢，统计方法不全
SPSS	优点：操作比较方便，统计方法比较齐全，绘制图形、表格比较方便，输出结果比较直观，数据分析深入，功能齐全。 缺点：处理前沿的统计过程是其弱项，很难与一般办公软件直接兼容
SAS	优点：有比较完备的数据存取、数据管理、数据分析和数据展现的系列功能，数据分析能力强大。 缺点：需要编写程序，比较适合统计专业人员使用
Minitab	优点：简单易懂，方便进行试验设计及质量控制功能，界面直观、隐含操作少。 缺点：功能相对有限
Statistica	优点：能提供使用者所有需要的统计及制图程序，制图功能强大，能够在图表视窗中显示各种统计分析和作图技术。 缺点：用法复杂
Eviews	优点：入手容易，具有现代 Windows 软件可视化操作的优良性，拥有强大的命令功能和批处理语言功能。 缺点：①不灵活，当需要使用订制的模型分析数据时就无能为力；②拓展性、可持续性较弱

【本章练习】

一、选择题

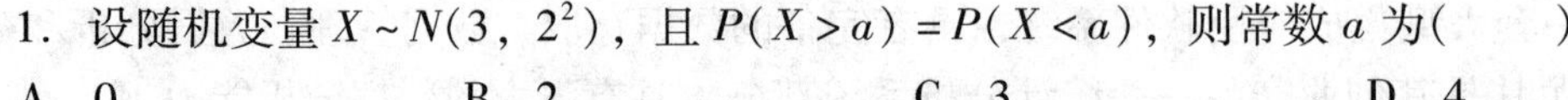

1. 设随机变量 $X\sim N(3,\ 2^2)$，且 $P(X>a)=P(X<a)$，则常数 a 为(　　)

A. 0　　B. 2　　C. 3　　D. 4

2. 从一批零件中抽出 100 个测量其直径，测得平均直径为 5.2cm，标准差为 1.6cm，想知道这批零件的直径是否服从标准直径 5cm，因此采用 t 检验法，那么在显著性水平 α 下，接受域为(　　)。

A. $|t|\geq t_{\alpha/2}(98)$　　B. $|t|<t_{\alpha/2}(100)$

C. $|t|<t_{\alpha/2}(99)$　　D. $|t|\leq t_{\alpha/2}(99)$

3. 若 Z 作为 X 和 Y 的函数，下列回归方程属于线性方程的是(　　)。

A. $Z=\frac{1}{X}+\frac{1}{Y}$　　B. $Z=X^2+4Y^2+4$

C. $Z=5X+2Y+1$　　D. $Z=XY$

4. 相关系数是反映两个随机变量之间线性相关程度的统计指标，如果两个随机变量 X 和 Y 之间协方差为 0.031，方差分别为 0.04 和 0.09，据此可以判断 X 和 Y 之间是(　　)。

A. 极弱相关　　B. 相互独立　　C. 中度相关　　D. 高度相关

5. 模型中，根据拟合优度 R^2 与 F 统计量的关系可知，当 $R^2=0$ 时，有(　　)。

A. $F=-3$　　B. $F=0$　　C. $F=1$　　D. $F=\infty$

6. 对回归系数显著性进行 t 检验时，若给定显著性水平 α，双侧检验的临界值为 $t_{\alpha/2}(n-2)$，则当 $|t|>t_{\alpha/2}(n-2)$ 时(　　)。

A. 接受原假设，认为 β 显著不为 0　　B. 拒绝原假设，认为 β 显著不为 0

C. 接受原假设，认为 β 显著为 0　　D. 拒绝原假设，认为 β 显著为 0

7. 以 y 表示实际观测值，$\hat{y}$ 表示回归估计值，则普通最小二乘法估计参数的准则是使(　　)最小。

A. $\sum(y_i-\hat{y}_i)$　　B. $\sum(y_i-\hat{y}_i)^2$　　C. $\sum(y_i-\hat{y}_i)^3$　　D. $\sum(y_i-\hat{y}_i)^4$

二、组合型选择题

1. 若通过检验发现多元线性回归模型存在多重共线性，则应用模型会带来的后果是(　　)。

Ⅰ. 回归参数估计量非有效　　Ⅱ. 变量的显著性检验失效

Ⅲ. 模型的预测功能失效　　Ⅳ. 解释变量之间不独立

A. Ⅰ、Ⅱ、Ⅲ　　B. Ⅰ、Ⅱ、Ⅳ　　C. Ⅰ、Ⅲ、Ⅳ　　D. Ⅱ、Ⅲ、Ⅳ

2. 回归分析是期货投资分析中重要的统计分析方法，而线性回归模型是回归分析的基础。线性回归模型的基本假设是(　　)。

Ⅰ. 被解释变量与解释变量之间具有线性关系

Ⅱ. 随机误差项服从正态分布

Ⅲ. 各个随机误差项的方差相同

Ⅳ. 各个随机误差项之间不相关

A. Ⅰ、Ⅱ、Ⅲ　　B. Ⅰ、Ⅲ、Ⅳ　　C. Ⅱ、Ⅲ、Ⅳ　　D. Ⅰ、Ⅱ、Ⅲ、Ⅳ

3. 平稳时间序列的(　　)统计特征不会随着时间的变化而变化。

Ⅰ. 数值　　Ⅱ. 均值　　Ⅲ. 方差　　Ⅳ. 协方差

A. Ⅰ、Ⅱ、Ⅲ　　B. Ⅰ、Ⅱ、Ⅳ　　C. Ⅰ、Ⅲ、Ⅳ　　D. Ⅱ、Ⅲ、Ⅳ

4. 一般在多元线性回归分析中遇到的问题主要有(　　)。

Ⅰ. 多重共线性　　Ⅱ. 自相关　　Ⅲ. 异方差　　Ⅳ. 样本容量有限

A. Ⅰ、Ⅱ、Ⅲ　　B. Ⅰ、Ⅱ、Ⅳ　　C. Ⅰ、Ⅲ、Ⅳ　　D. Ⅱ、Ⅲ、Ⅳ

5. DW 检验的假设条件有(　　)。

Ⅰ. 回归模型不含有滞后自变量作为解释变量

Ⅱ. 随机扰动项满足 $\mu_i=\rho\mu_{i-1}+v_i$

Ⅲ. 回归模型含有不为零的截距项

Ⅳ. 回归模型不含有滞后因变量作为解释变量

A. Ⅱ、Ⅳ　　B. Ⅲ、Ⅳ　　C. Ⅰ、Ⅱ、Ⅲ　　D. Ⅱ、Ⅲ、Ⅳ

6. 异方差的检验方法有(　　)。

Ⅰ. DW 检验法　　Ⅱ. White 检验　　Ⅲ. Glejser 检验等　　Ⅳ. 残差图分析法

A. Ⅰ、Ⅱ、Ⅲ　　B. Ⅰ、Ⅱ、Ⅳ　　C. Ⅰ、Ⅲ、Ⅳ　　D. Ⅱ、Ⅲ、Ⅳ

7. 下列关于区间预测说法正确的有(　　)。

Ⅰ. 样本容量 n 越大，预测精度越高

Ⅱ. 样本容量 n 越小，预测精度越高

Ⅲ. 样本容量一定时，置信区间的宽度在 x 均值处最小

Ⅳ. 预测点 x_0 离 x 均值越远精度越高

A. Ⅰ、Ⅲ　　B. Ⅰ、Ⅳ　　C. Ⅱ、Ⅲ　　D. Ⅱ、Ⅳ

【答案及解析】

一、选择题

1. 【答案】C

【解析】由于 X 为连续型随机变量，所以 $P(X=a)=0$，已知 $P(X>a)=P(X<a)$，可得 $P(X<a)=P(X>a)=0.5$，即 a 处在正态分布的中心位置，根据题干中的条件可知该分布关于 $\mu=3$ 轴对称，所以 $a=3$。

2. 【答案】C

【解析】采用 t 检验法进行双边检验时，因为 $t=\dfrac{\bar{x}-\mu}{s/\sqrt{n}}\sim t_{\alpha/2}(n-1)$，所以在显著性水平 α 下，接受域为 $|t|<t_{\alpha/2}(99)$。

3. 【答案】C

【解析】在线性方程中，一元线性方程的斜率不变。当方程中有两个变量时，与简单的回归相同，可用直线描述线性方程。一般地，多元线性回归模型的表达式如下：

$$y=\beta_0+\beta_1x_1+\beta_2x_2+\cdots+\beta_kx_k+\mu$$

4. 【答案】C

【解析】根据公式，可得：$r_{xy}=\dfrac{\mathrm{Cov}(X,Y)}{\sqrt{\mathrm{Var}(X)\mathrm{Var}(Y)}}=\dfrac{0.031}{\sqrt{0.04\times0.09}}\approx0.517$。当 $|r|\geqslant0.8$ 时，可视为高度相关；$0.5\leqslant|r|<0.8$ 时，可视为中度相关；$0.3\leqslant|r|<0.5$，视为低度相关；$|r|<0.3$ 时，说明两个变量之间的相关程度极弱，可视为不相关。因此，本题中 X 和 Y 为中度相关。

5. 【答案】B

【解析】拟合优度 R^2 为回归平方和(ESS)占总离差平方和(TSS)的比例，其计算公式为：

$$R^2=\frac{ESS}{TSS}=\frac{\sum(\hat{y}_i-\bar{y})^2}{\sum(y_i-\bar{y})^2}=1-\frac{\sum(y_i-\hat{y}_i)^2}{\sum(y_i-\bar{y})^2}$$

F 统计量的计算公式为：

$$F=\frac{ESS/k}{RSS/(n-k-1)}\sim F(k,n-k-1)$$

当 $R^2=0$ 时，$ESS=0$，所以有 $F=0$。

6. 【答案】B

【解析】根据决策准则，如果 $|t|>t_{\alpha/2}(n-2)$，则拒绝 H_0：$\beta=0$ 的原假设，接受备择假设 H_1：$\beta\neq0$，表明回归模型中自变量 x 对因变量 y 产生显著的影响；否则，不拒绝 H_0，回归模型中自变量 x 对因变量 y 的影响不显著。

7. 【答案】B

【解析】最小二乘准则认为，$\hat{\alpha}$ 和 $\hat{\beta}$ 的选择应使得残差平方和最小，即：

$$Q=\sum_{i=1}^{n}\varepsilon_i^2=\sum_{i=1}^{n}(y_i-\hat{y}_i)^2=\sum_{i=1}^{n}[y_i-(\hat{\alpha}+\hat{\beta}x_i)]^2$$

上式达到最小即为最小二乘准则(原理)。这种估计回归参数的方法称为普通最小二乘

法(OLS)。

二、组合型选择题

1.【答案】A

【解析】在多元线性回归模型中，如果存在多重共线性，将会给回归方程的应用带来严重的后果，具体包括：①多重共线性使得参数估计值不稳定，并对于样本非常敏感；②使得参数估计值的方差增大；③由于参数估值的方差增加，导致对于参数进行显著性 t 检验时，会出现接受零假设的可能性增加，可能会出现舍去对因变量有显著影响的变量，导致模型错误；④由于参数估计值的方差增大，做预测时，会导致预测的置信区间过大，降低预测精度。

2.【答案】D

【解析】一元线性回归模型为：$y_i=\alpha+\beta x_i+u_i$，$(i=1, 2, 3, \cdots, n)$，其中 y_i 为被解释变量；x_i 为解释变量，u_i 是一个随机变量，称为随机项。要求随机项 u_i 和自变量 x_i 满足的统计假定如下：①每个 u_i 均为独立同分布，服从正态分布的随机变量，且 $E(u_i)=0$，$\mathrm{Var}(u_i)=\sigma^2=$ 常数；②随机项 u_i 与自变量的任一观察值 x_i 不相关，即 $\mathrm{Cov}(u_i, x_i)=0$。

3.【答案】D

【解析】平稳时间序列的统计特征不会随着时间的变化而变化，即反映统计特征的均值、方差和协方差等均不随时间的改变而改变，反之，为非平稳时间序列。

4.【答案】A

【解析】在经济和金融实务中，常常出现数据不能满足线性模型的系列假定，比如随机扰动项不能满足同方差的假定，或产生自相关现象等。一般在多元回归分析中遇到的较多问题主要有：多重共线性、异方差问题、序列相关性问题等。

5.【答案】D

【解析】DW 检验假设条件为：解释变量为非随机变量，随机扰动项满足一阶自回归形式 $\mu_i=\rho\mu_{i-1}+v_i$，回归模型中不应含有滞后因变量作为解释变量，回归模型含有不为零的截距项，数据序列无缺失项。

6.【答案】D

【解析】异方差的检验方法有很多，简单直观的方法是残差图分析法。其他专业的统计方法包括：等级相关系数检验法、Goldfeld - Quanadt 检验、White 检验、Glejser 检验等。I 项，DW 检验法是检验自相关的方法。

7.【答案】A

【解析】在预测时要注意预测点 x_0 与估计模型时用的样本 $x_1, x_2, \cdots, x_n$ 的距离，如果 x_0 与所估计模型的样本偏离太大，预测效果会很差。一般地：①样本容量 n 越大，预测精度越高，反之预测精度越低；②样本容量一定时，置信区间的宽度在 x 均值处最小，预测点 x_0 离 x 均值越近精度越高，越远精度越低。

第三部分　专业技能

第五章　基本分析

【知识结构】

- 基本分析
  - 宏观经济分析
    - 宏观经济分析信息
    - 评价宏观经济形势的基本指标
    - 宏观经济政策
    - 货币政策
    - 外汇
    - 财政政策
    - 证券市场
  - 行业分析
    - 行业分析概述
    - 行业分析方法
    - 行业分类
    - 描述行业基本状况的指标
    - 行业的市场结构
    - 行业供需分析方法
    - 行业集中度
    - 产业价值链
    - 行业的运行状态与经济周期
    - 行业生命周期
    - 行业兴衰的实质及影响因素
  - 公司分析
    - 公司市场调研
    - 公司法人治理
    - 公司盈利能力和成长性分析
    - 财务报表及财务分析
    - 资产重组和关联交易
  - 策略分析
    - 投资策略
    - 大势研判
    - 投资时钟与资产配置
    - 股票投资策略与主题投资

第一节　宏观经济分析

【大纲要求】

熟悉宏观经济分析的信息来源；熟悉宏观经济分析所需信息和数据的内容；熟悉宏观经济分析信息和数据的质量要求；熟悉宏观经济分析信息的收集与处理方法；熟悉宏观经济分析的总量分析法和结构分析法；熟悉长期分析和短期分析的应用与局限。

掌握国内生产总值的概念及计算方法；掌握经济增长率的概念及计算方法；掌握固定资产投资的概念及分类；熟悉工业增加值、社会消费品零售总额的概念；熟悉失业率与通货膨胀率的概念及衡量方式；掌握居民消费价格指数与生产者价格指数的概念及计算方法；掌握采购经理指数(PMI)的概念及应用；掌握国际收支中商品贸易、资本流动的概念；掌握各项指标变动对宏观经济的影响。

掌握主要的宏观经济政策；熟悉宏观调控的手段和目标；熟悉宏观调控对证券市场的影响；熟悉主要的产业政策工具及其对证券市场的影响。

掌握主要的货币政策工具；掌握货币供应量的三个层次；掌握社会融资总量的含义与构成；熟悉我国货币政策的传导机制；掌握货币政策变动对实体经济和证券市场的影响。

掌握汇率的概念；熟悉汇率制度及汇率变动对证券市场的影响；熟悉外汇储备与外汇占款的含义；了解货币当局和金融机构资产负债表的构成及含义；了解利率和汇率市场化改革的方向；了解资本账户改革方向；了解资本账户开放对证券市场的影响。

掌握主要的财政政策工具；掌握扩张性财政政策、中性财政政策和紧缩性财政政策对实体经济和证券市场的影响；熟悉财政收支以及财政赤字或结余的概念；熟悉主权债务的概念；熟悉主权债务相关的分析预警指标；掌握主要的税收制度；熟悉税收制度变化对实体经济和证券市场的影响；了解我国财税体制改革的方向。

掌握影响证券市场供给和需求的主要因素；熟悉股市制度改革的方向；熟悉股市制度变革对股市运行的影响；熟悉国际金融市场环境对我国证券市场的影响。

【要点详解】

一、宏观经济分析信息

1. 宏观经济分析信息的内容

宏观经济分析信息包括政府的重点经济政策与措施、一般生产统计资料、金融物价统计资料、贸易统计资料、每年国民收入统计与景气动向、突发性非经济因素等。

2. 对信息、数据的质量要求

对信息、数据的质量要求包括：①准确性；②系统性；③时间性；④可比性；⑤适用性。

3. 总量分析法与结构分析法

(1)总量分析法，是指为了说明整个经济的状态和全貌，对影响宏观经济运行总量指标的因素及其变动规律进行分析。总量分析法是从个量分析的加总中引出总量的分析方法，主要是一种动态分析，同时包括静态分析。

(2)结构分析法，是指对经济系统中各组成部分及其对比关系变动规律的分析。结构分析侧重于对一定时期经济整体中各组成部分相互关系的研究。

(3)总量分析和结构分析相互联系。总量分析需要结构分析来深化和补充；结构分析则要服从于总量分析的目标。

【例5.1】宏观经济学的总量分析方法是(　　)的分析方法。[2016年5月真题]

A. 从微观分析的加总中引出宏观　　B. 从宏观分析的分拆中引出微观

C. 从个量分析的加总中引出总量　　D. 从总量分析的分拆中引出个量

【答案】C

二、评价宏观经济形势的基本指标

1. 国内生产总值

国内生产总值(GDP)是指一个国家或地区所有常住居民在一定时期内(一般按年统计)

生产活动的最终成果。核算 GDP 的方法有生产法、支出法和收入法。其中，支出法和收入法较为常用。

(1)支出法

$$GDP = C + I + G + (X - M)$$

式中：C 代表消费(即常住居民的个人消费。其中，所有房屋，包括居民住房的购买，都属于固定资本形成，而不属于消费性支出)；I 为投资(包括净投资与折旧)；G 为政府支出(包括政府购买，但不包括政府转移支出，以避免重复计算)；X 为出口；M 为进口；$(X-M)$为净出口。

(2)收入法

国民收入 = 工资 + 利息 + 利润 + 租金 + 间接税和企业转移支付 + 折旧

2. 经济增长率

国内生产总值的增长速度一般用来衡量经济增长率(也称经济增长速度)，是反映一定时期经济发展水平变化程度的动态指标，也是反映一个国家经济是否具有活力的基本指标。

用 Y_t 表示 t 时期的总产量，Y_{t-1} 表示$(t-1)$时期的总产量，则增长率(g_Y)的公式为：

$$g_Y = \frac{Y_t - Y_{t-1}}{Y_{t-1}}$$

3. 固定资产投资

固定资产投资是固定资产再生产活动，包括建造和购置固定资产的经济活动。

(1)按照经济类型划分，固定资产投资可分为国有经济单位投资、城乡集体经济单位投资、其他各种经济类型的单位投资和城乡居民个人投资。

(2)按照我国现行管理体制划分，固定资产投资可分为基本建设、更新改造、房地产开发投资和其他固定资产投资。

4. 工业增加值

工业增加值是指工业行业在报告期内以货币表现的工业生产活动的最终成果。测算工业增加值的基础是工业总产值，反映一定时间内工业生产的总规模和总水平。工业总产值是以货币表现的工业企业在一定时期内生产的已出售或可供出售的工业产品总量。

工业增加值有两种计算方法：①生产法，即工业总产出减去工业中间投入；②收入法，又称要素分配法，从收入的角度出发，根据生产要素在生产过程中应得到的收入份额计算，具体构成项目有固定资产折旧、劳动者报酬、生产税净额、营业盈余。

5. 社会消费品零售总额

社会消费品零售总额是指国民经济各行业通过多种商品流通渠道向城乡居民和社会集团供应的消费品总额。社会消费品零售总额是研究国内零售市场变动情况、反映经济景气程度的重要指标。社会消费品零售总额的大小和增长速度也反映了城乡居民与社会集团消费水平的高低、居民消费意愿的强弱。

社会消费品零售总额按销售对象不同可分为以下两部分：①对居民的消费品零售额，它针对售给城乡居民用于生活消费的商品；②对社会集团的消费品零售额，针对企业、事业和行政等各种类型单位用公款购买的用作非生产、非经营用的消费品。

6. **失业率**

失业率是指劳动力人口中失业人数所占的百分比。在我国，劳动力人口是指年龄在16岁以上具有劳动能力的人的全体。目前，我国统计部门公布的失业率为城镇登记失业率：

城镇登记失业率=城镇登记失业人数/(城镇从业人数+城镇登记失业人数)

7. **通货膨胀率**

(1)含义、分类及产生原因

通货膨胀是指一般物价水平持续、普遍、明显的上涨。通过对一般物价水平上涨幅度的衡量可以得出通货膨胀的程度。

通货膨胀根据程度不同分为：①温和的通货膨胀，是指年通货膨胀率低于10%的通货膨胀；②严重的通货膨胀，是指两位数的通货膨胀；③恶性通货膨胀，是指三位数以上的通货膨胀。

对于通货膨胀产生的原因，传统的理论解释主要有三种：需求拉上的通货膨胀、成本推进的通货膨胀、结构性通货膨胀。

(2)通货膨胀对经济的影响

通货膨胀一般通过收入和财产的再分配以及通过改变产品产量与类型影响经济。具体影响主要有：引起收入和财富的再分配，扭曲商品相对价格，降低资源配置效率，引发泡沫经济乃至损害一国的经济基础和政权基础。

(3)衡量指标

①居民消费价格指数(CPI)

CPI反映消费者为购买消费品而付出的价格的变动情况。计算CPI需要确定一个固定的代表平均水平的一篮子商品和服务，然后用其当前价值除以基准年份的价值。t年CPI表示为：

$$CPI_t = \frac{\sum_{i}^{N} P_{it} \times q_i^*}{\sum_{i}^{N} P_i^* \times q_i^*}$$

式中：P_{it}为t年第i种最终商品或服务的价格；q_i^*为一篮子商品和服务中第i种最终商品或服务的数量；P_i^*为基准年第i种最终商品或服务的价格。

通货膨胀率(π_i^{CPI})是CPI在两个时期之间的变化率：

$$\pi_i^{CPI} = \frac{CPI_t - CPI_{t-1}}{CPI_{t-1}}$$

CPI是一个固定权重的价格指数，随着时间的推移，由于一篮子中的商品和服务会发生变化，其反映的价格变化与实际情况会有出入。在实际中通常采用下列方法对CPI进行修正或补充：

a. 调整基期和权重。

b. 核心CPI的计算。核心CPI，是指将受气候和季节因素影响较大的产品价格剔除之后的居民消费价格指数，其含义代表消费价格长期趋势。核心CPI被认为是衡量通货膨胀的最佳指标。

c. 计算不同消费层次的价格指数。

②生产者价格指数(PPI)

PPI 是衡量工业企业产品出厂价格变动趋势和变动程度的指数。我国生产者价格指数(PPI)的计算采用国际通行的链式拉氏公式，其方法与 CPI 的计算方法一致。

PPI 的上涨反映了生产者价格的提高，相应地生产者的生产成本增加，最终会转嫁到消费者身上，导致 CPI 的上涨。因此，PPI 是衡量通货膨胀的潜在性指标。

8. 采购经理指数(PMI)

采购经理指数(PMI)是根据企业采购与供应经理的问卷调查数据而编制的月度公布指数，由国家统计局和中国物流与采购联合会合作编制。汇丰中国制造业采购经理指数通常在次月的第 1 个工作日定期发布。

PMI 具有明显的先导性，对国家经济活动的监测和预测具有重要作用。通常以 50% 作为经济强弱的分界点，PMI 高于 50%，反映制造业经济扩张；低于 50%，则反映制造业经济衰退。

9. 国际收支

国际收支一般是一国居民在一定时期内与非本国居民在政治、经济、军事、文化及其他往来中所产生的全部交易的系统记录。国际收支主要反映：①一国与他国之间的商品、劳务和收益等交易行为；②该国持有的货币、黄金、特别提款权的变化以及与他国债权、债务关系的变化；③凡不需要偿还的单方转移项目和相应的科目，由于会计上必须用来平衡的尚未抵消的交易。

国际收支包括：

(1)经常项目，主要反映一国的贸易和劳务往来状况，包括贸易收支(也就是通常的进出口)、劳务收支(如运输、港口、通讯和旅游等)和单方面转移(如侨民汇款、无偿援助和捐赠、国际组织收支等)，是最具综合性的对外贸易的指标。

(2)资本项目，集中反映一国同国外资金往来的情况，反映一国利用外资和偿还本金的执行情况。资本项目一般分为：①长期资本是指合同规定偿还期超过 1 年的资本或未定偿还期的资本(如公司股本)，其主要形式有直接投资、政府和银行的长期借款及企业信贷等；②短期资本指即期付款的资本和合同规定借款期为 1 年或 1 年以下的资本。

进口和出口是国际收支中最主要的部分。进出口总量及其增长是衡量一国经济开放程度的重要指标，且进口和出口的数量与结构直接对国内总供需产生重大的影响。

实现国际收支平衡需要避免国际收支的过度逆差或顺差，可以维持适当的国际储备水平和相对稳定的汇率水平。

三、宏观经济政策

1. 宏观经济政策概述

宏观经济政策是指政府有意识有计划地运用一定的政策工具，调节控制宏观经济运行，以达到一定的政策目标。宏观经济政策主要包括货币政策、财政政策、信贷政策、债务政策、税收政策、利率与汇率政策、产业政策、收入分配政策等。

宏观经济政策的四大目标是经济增长、充分就业、物价稳定、国际收支平衡。

2. 宏观调控对证券市场的影响

证券市场是宏观经济的先行指标，是经济的晴雨表。宏观经济的走向决定证券市场的长期趋势。宏观经济运行对证券市场的主要影响如表 5 - 1 所示。

表 5－1　宏观经济运行对证券市场的主要影响

	影响
对企业经济效益	公司的经济效益会随着宏观经济运行周期、宏观经济政策、利率水平和物价水平等宏观经济因素的变动而变动。无论从长期还是从短期看，宏观经济环境是影响公司生存、发展的最基本因素
对居民收入水平	居民收入水平的提高会直接促进证券市场投资需求的提高。在经济周期处于上升阶段或在提高居民收入政策的作用下，居民收入水平提高将会在一定程度上拉动消费需求，从而增加相关企业的经济效益
对投资者股价预期	当宏观经济趋好时，投资者预期公司效益和自身的收入水平会上升，证券市场自然人气旺盛，从而推动市场平均价格走高；当宏观经济趋坏时，投资者对证券市场信心下降，从而促使市场平均价格走低
对资金成本	当国家经济政策发生变化，国家调整利率水平、征收利息税等政策以及实施消费信贷政策会影响居民、单位的资金持有成本。如征收利息税的政策和利率水平的降低，将会促使部分资金由银行储蓄变为投资，从而影响证券市场的走向

3．产业政策

产业政策是政府为了实现一定的经济和社会目标而对产业的形成和发展进行干预的各种政策的总和，是政府干预经济活动的重要调控手段。

(1)产业政策工具

产业政策的工具包括财政工具、税收工具、信贷工具、行政工具、法律工具、投融资工具等。

(2)产业政策工具对证券市场的影响

以财政工具和税收工具为例，产业政策工具对证券市场的影响如表 5－2 所示。

表 5－2　产业政策工具对证券市场的影响

产业政策工具		对证券市场的影响
财政工具	财政收入	国家财政收入的主要来源是税收，税收是国家宏观财政政策的基础。财政收入政策的运用，是通过调整税收比例，把一部分人的收入再分配，以协调各种经济利益关系，并按政府意图刺激经济增长，从而影响证券市场
	财政支出	当政府扩大财政支出，加大财政赤字，增加财政补贴时，就会扩大社会总需求，经济出现繁荣景象，企业利润增加，股价上升，证券市场活跃。反之，则证券市场价格下跌
	国债	政府增大国债发行规模，会使股票市场中的一部分资金流向国债市场。股市资金减少，必然导致股市进入下跌行情。反之，则导致股市进入上涨的行情
	政府投资	政府投资工具主要有：财政投资、财政补助、政策性金融和税收优惠。以上投资工具都会在不同程度上对证券市场造成影响，如低息贷款，将减少企业的融资成本，最终对上市公司经营和业绩产生积极作用
税收工具	税种	税种的增加会加大企业的融资成本，影响企业融资需求，最终对上市公司经营和业绩造成负面影响，从而对证券市场造成消极影响；反之，税种减少对证券市场则会产生积极作用
	税收减免	税收的减免会减小上市公司的融资成本，刺激投资者增加对证券市场的投资，从而使整个证券市场活跃
	税收优惠或处罚	税收优惠和处罚对证券市场起着正好相反的作用，税收优惠会使得证券市场更加活跃，而处罚则正好相反

四、货币政策

1．货币政策工具

货币政策工具是指中央银行为实现货币政策目标所采用的政策手段。货币政策工具可分为一般性政策工具和选择性政策工具。一般性政策工具包括法定存款准备金率、再贴现政策、公开市场业务；选择性政策工具包括直接信用控制、间接信用指导等。

(1)一般性政策工具

①法定存款准备金率，是指中央银行规定的金融机构为保证客户提取存款和资金清算需要而准备的在中央银行的存款占其存款总额的比例。

在通货膨胀时，中央银行可提高法定存款准备金率，商业银行可运用的资金减少，贷款能力下降，货币乘数变小，市场货币流通量便会相应减少。由于货币乘数的作用，这一政策工具效果过于猛烈。

②再贴现政策，是指中央银行对商业银行用持有的未到期票据向中央银行融资所作的政策规定。

再贴现政策一般包括再贴现率的确定和再贴现的资格条件。再贴现率主要着眼于短期政策效应。中央银行对再贴现资格条件的规定则着眼于长期的政策效用，以发挥抑制或扶持作用，并改变资金流向。

在通货膨胀时，中央银行可提高再贴现率，以增加商业银行借入资金成本，进而收缩商业银行对社会的信用量，从而减少货币供给总量。在传导机制上，提高再贴现率会导致商业银行提高对客户的贴现率或提高放款利率，其结果就会使信用量收缩，市场货币供应量减少；反之，则相反。

③公开市场业务，是指通过中央银行与指定交易商进行有价证券和外汇交易，实现货币政策调控目标的业务。公开市场业务操作是中央银行吞吐基础货币、调节市场流动性的主要货币政策工具。

中国公开市场业务包括人民币操作和外汇操作两部分。从交易品种看，中国人民银行公开市场业务债券交易主要包括回购交易、现券交易和发行中央银行票据。

【例 5.2】央行采取降低准备金率政策，其政策效应是(　　)。[2016 年 4 月真题]

A. 商业银行体系创造派生存款的能力上升

B. 商业银行可用资金减少

C. 证券市场价格下跌

D. 货币乘数变小

【答案】A

【解析】法定存款准备金率是中央银行经常采用的三大政策工具之一，降低法定准备金率，商业银行可运用的资金增加，贷款能力上升，货币乘数变大，市场货币流通量相应增加，证券市场价格趋于上涨。

(2)选择性政策工具

①间接信用指导。间接信用指导是指中央银行通过道义劝告、窗口指导等办法间接影响商业银行等金融机构行为的做法。

②直接信用控制。直接信用控制是指以行政命令或其他方式，直接对金融机构尤其是商业银行的信用活动进行控制。其具体手段包括：规定利率限额与信用配额、信用条件限制，规定金融机构流动性比率和直接干预等。

2. 货币供应量的层次

我国现行货币统计制度根据流动性将货币供应量划分为三个层次：

(1)流通中现金(M_0)，指单位库存现金和居民手持现金之和，其中“单位”指银行体系以外的企业、机关、团体、部队、学校等单位。

(2)狭义货币供应量(M_1)，指 M_0 加上单位在银行的可开支票进行支付的活期存款。

(3)广义货币供应量(M_2)，指 M_1 加上单位在银行的定期存款和城乡居民个人在银行的各项储蓄存款以及证券公司的客户保证金。M_2 与 M_1 的差额，通常称为准货币。

3. **社会融资总量**

社会融资总量是指一定时期内(每月、每季或每年)实体经济从金融体系获得的全部资金总额。它是全面反映金融与经济关系，以及金融对实体经济资金支持的总量指标。

4. **货币政策的传导机制**

不同的货币政策传导机制理论提出了不同的货币政策传导渠道，其传导渠道主要有利率渠道、信贷渠道、资产价格渠道、汇率渠道等，具体如表 5－3 所示。

表 5－3　货币政策传导渠道

渠道	传导过程
利率渠道	货币供应量↑→利率↓→投资支出↑、消费支出↑→社会总需求↑→总产出↑
信贷渠道	货币供应量↑→银行规模和结构(可贷资金)↑→实际经济(投资支出)↑
资产价格渠道	托宾效应：货币供应量↑→股票价格↑→企业的市场价值与资本的重置成本之比(q)↑→企业投资↑→社会总产出↑
	消费财富效应：货币供应量↑→股票价格↑→个人财富↑→消费支出↑→社会总产出↑
汇率渠道	货币供应量↑→利率↓→本国货币的需求↓→汇率↓→净出口↑→商品需求↑→总产出↑

5. **货币政策变动对实体经济和证券市场的影响**

(1)对实体经济的影响

①通过调控货币供应总量保持社会总需求与总供给的平衡；

②调节国民收入中消费与储蓄的比例；

③通过调控货币总量和利率控制通货膨胀，保持物价总水平的稳定；

④引导储蓄向投资的转化并实现资源的合理配置。

(2)对证券市场的影响

①中央银行提高基准利率时，股票价格会下降；反之则相反。

②中央银行购进有价证券，货币供给量增加，利率下调，资金成本降低，企业和个人的投资和消费热情高涨，生产扩张，利润增加，这又会推动股票价格上涨；反之则相反。

③中央银行提高再贴现率和法定存款准备金率，货币供应量相应减少，证券市场价格趋于下跌；反之则相反。

④当直接信用控制或间接信用指导降低贷款限额、压缩信贷规模时，证券市场行情呈下跌走势，但如果在从紧的货币政策前提下，实行总量控制，通过间接信用指导或直接信用控制区别对待，紧中有松，那么一些优先发展的产业和国家支柱产业以及农业、交通、能源、通信等基础产业及优先重点发展的地区的证券价格则可能不受影响，甚至逆势而上。

五、外汇

1. **汇率与汇率制度**

汇率是以一种货币表示另一种货币的价格。汇率是国际贸易中最重要的调节杠杆。汇率制度具体如表 5 - 4 所示。

表 5 - 4　四种汇率制度的内容

汇率制度	具体内容
目标区间管理	在该制度下，一个国家的中央银行将调整其货币政策以保持汇率在一个以中心汇率为基准上下浮动的区间内。此制度的可信性是中央银行在面临偏离目标区间的威胁时维护汇率的意愿和能力。该制度降低了由汇率波动造成的不稳定性
固定汇率	在该制度下，政府将汇率维持在某一个目标水平。这样的体系意味着各国货币政策必须保持一致。其主要缺点是缺乏灵活性，优点是减少了经济活动的不确定性，一个想稳定其物价的高通货膨胀国家可以选择加入固定汇率体系来恢复央行的信誉
自由浮动汇率（清洁浮动）	在该制度下，汇率由货币的供求关系决定，央行不对外汇市场实施任何干预措施，市场参与者根据物价水平变化、利差、经济增长和其他相关的变量决定买卖外汇。在该制度下，汇率往往很不稳定
有管理的浮动汇率（肮脏浮动）	我国的汇率制度为有管理的浮动汇率制度。为避免汇率大幅度波动，央行主要有三种干预措施：①央行为平滑汇率日常的波动，偶尔进入市场，但不会尝试干预货币的基本趋势；②逆经济风向而行，但仅仅是推延而非抵抗货币的基本趋势；③“非官方盯住”，指的是央行通过对市场的干预使汇率变化不得超出官方非公开的汇价上下限

2. 汇率变动对证券市场的影响

一般情况下，一国的经济开放程度越高，证券市场的国际化程度越高，证券市场受汇率的影响越大。这里汇率用单位外币的本币标值来表示。

以外币为基准，汇率上升，意味着本币贬值，本国产品竞争力增强，出口型企业收益将增加，因此企业的股票和债券价格将上涨；相反，依赖于进口的企业成本增加，利润减少，股票和债券的价格将下跌。汇率上升，本币贬值，还会导致资本流出本国，资本的流失将减少本国证券市场需求，从而市场价格下跌。同时，汇率上升，本币表示的进口商品价格提高，进而带动国内物价水平上涨，引起通货膨胀。

3. 外汇储备与外汇占款

(1)外汇储备

外汇储备是一国对外债权的总和，用于偿还外债和支付进口，是国际储备的一种。国际收支差额是外汇储备的变动原因。当国际收支出现顺差时，外汇储备就会增加，拥有外汇的企业或其他单位可能会把它兑换成本币，比如用来在国内市场购买原材料等，这样就形成了对国内市场的需求。

(2)外汇占款

外汇占款是指中央银行收购外汇资产而相应投放的本国货币。由于人民币是非自由兑换货币，外资引入后需兑换成人民币才能进入流通使用，国家为了外资换汇要投入大量的资金，增加了货币的需求量，形成了外汇占款。

外汇占款具有两种含义：①统一考虑银行柜台市场与银行间外汇市场两个市场的整个银行体系(包括央行和商业银行)收购外汇所形成的向实体经济的人民币资金投放；②中央银行在银行间外汇市场中收购外汇所形成的人民币投放。

其中后一种外汇占款属于央行购汇行为，反映在中央银行资产负债表中。前一种外汇占款属于整个银行体系(包括中央银行与商业银行)的购汇行为，反映在全部金融机构人民币信贷收支表中。

4. 利率和汇率市场化改革

(1)利率市场化改革

①在利率制度方面，国家应尽早建立并完善利率决定机制以及利率风险管理制度，保证利率决定机制在最大程度的灵活性和自主性的基础上实现利率风险水平的最小化；

②在金融市场方面，国家应努力朝着建立统一、开放、竞争、有序的金融体系的目标迈进，为市场上的各类竞争主体提供一个尽可能公平、公正的投融资环境，从而为利率市场化改革的最终实现创造条件；

③在规范微观主体行为方面，应首先解决长期以来困扰我国经济发展的问题，加速国有企业改革，逐步建立和完善现代企业管理制度，同时进一步推进国有商业银行的改革进程，在产权制度和银行治理结构等方面加大改革力度。

(2)汇率市场化改革

①人民币汇率浮动幅度要提高，汇率变化的频率要增加；

②培育新颖的外汇市场，将外汇储备疏导到外汇市场，推进藏汇于民；

③外汇管理政策从“奖入限出”改为“限入奖出”。

六、财政政策

财政政策是政府依据客观经济规律制定的指导财政工作和处理财政关系的一系列方针、准则和措施的总称。财政政策是当代市场经济条件下国家干预经济、与货币政策并重的一项手段。

1. 财政政策的手段

财政政策手段主要包括国家预算、税收、国债、财政补贴、财政管理体制、转移支付制度等。各种财政政策手段的具体内容如表5－5所示。

表5－5　财政政策手段

手段	具体内容
国家预算	①国家预算是政府的基本财政收支计划，是财政政策的主要手段； ②在一定时期，当其他社会需求总量不变时，财政采用结余政策和压缩财政支出具有减少社会总需求的功能；财政赤字具有扩张社会总需求的功能； ③财政投资的多少和投资方向直接影响和制约国民经济的部门结构，因而具有造就未来经济结构框架的功能，也有矫正当期结构失衡状态的功能
税收	①税制的设置可以调节和制约企业间的税负水平； ②税收还可以根据消费需求和投资需求的不同对象设置税种或在同一税种中实行差别税率，以控制需求数量和调节供求结构； ③进口关税政策和出口退税政策对于国际收支平衡具有重要的调节功能
国债	①国债用于农业、能源、交通和基础设施等国民经济的薄弱部门和瓶颈产业，可以调节国民收入的使用结构和产业结构，调整固定资产投资结构，促进经济结构的合理化； ②政府可以通过发行国债调节资金供求和货币流通量； ③国债的发行对证券市场资金的流向格局也有较大影响。如果一段时间内，国债发行量较大且具有一定的吸引力，将会分流证券市场的资金
财政补贴	①财政补贴是国家为了某种特定需要，将一部分财政资金无偿补助给企业和居民的一种再分配形式； ②我国财政补贴主要包括价格补贴、企业亏损补贴、房租补贴、财政贴息、职工生活补贴和外贸补贴等

续表

手段	具体内容
财政管理体制	财政管理体制主要功能是调节各地区、各部门之间的财力分配，是中央与地方、地方各级政府之间以及国家与企事业单位之间资金管理权限和财力划分的一种根本制度
转移支付制度	转移支付制度主要功能是调整中央政府与地方政府之间的财力纵向不平衡，调整地区间财力横向不平衡，它是中央财政将集中的一部分财政资金，按一定的标准拨付给地方财政的一项制度

2. **财政政策对实体经济及证券市场的影响**

财政政策分为扩张性财政政策、紧缩性财政政策和中性财政政策。扩张性财政政策将刺激经济发展，证券市场则将走强。紧缩性财政政策将使得过热的经济受到控制，证券市场也将走弱。中性财政政策对实体经济及证券市场的影响很微小。下面以积极财政政策为例分析其对证券市场的具体影响。

(1)扩大财政支出，加大财政赤字。扩大社会总需求，从而刺激投资，扩大就业，股票价格和债券价格上升。但过度使用此项政策，财政收支出现巨额赤字时，虽然进一步扩大了需求，但却进而增加了经济的不稳定因素。通货膨胀加剧，物价上涨，有可能使投资者对经济的预期不乐观，反而造成股价下跌。

(2)减少税收，降低税率，扩大减免税范围。增加微观经济主体的收入，刺激经济主体的投资需求，从而扩大社会供给，人们的收入增加，并同时增加了他们的投资需求和消费支出，证券市场价格上涨。

(3)增加财政补贴。扩大社会总需求和刺激供给增加，从而使整个证券市场的总体水平趋于上涨。

(4)减少国债发行(或回购部分短期国债)。该政策使债券市场供给量减少，从而对证券市场原有的供求平衡发生影响，导致更多的资金转向股市，推动证券市场上扬。

3. **财政收支**

(1)财政收入

财政收入是指国家财政参与社会产品分配所取得的收入。其内容主要包括：

①各项税收：增值税、消费税、城市维护建设税、土地增值税、城市土地使用税、资源税、印花税、关税、个人所得税、企业所得税、农牧业税和耕地占用税等。

②专项收入：征收城市水资源费收入、征收排污费收入、教育费附加收入等。

③其他收入：基本建设收入、基本建设贷款归还收入、捐赠收入等。

④国有企业计划亏损补贴为负收入，冲减财政收入。

(2)财政支出

财政支出是指国家财政将筹集起来的资金进行分配使用，以满足经济建设和各项事业的需要。可分为两部分：

①资本性支出，即政府的公共性投资支出，包括政府在基础设施上的投资、环境改善方面的投资以及政府储备物资的购买等。

②经常性支出，包括政府的日常性支出、公共消费产品的购买、经常性转移等。

资本性支出和经常性支出的变化对国内总供需的影响是不同的。经常性支出的扩大可以扩大消费需求，其中既有个人消费需求，也有公共物品的消费需求；资本性支出的扩大则扩大投资需求。

(3)赤字或结余

财政收入与财政支出的差额即为赤字(差值为负时)或结余(差值为正时)。核算财政收支总额主要是为了进行财政收支状况的对比。财政收不抵支则出现赤字，财政收入大于支出表现为结余。如果财政赤字过大，就会引起社会总需求的膨胀和社会总供求的失衡。

财政赤字或结余也是宏观调控中应用最普遍的一个经济变量。财政发生赤字的时候有两种弥补方式：①通过向银行借款来弥补；②通过举债即发行国债来弥补。

4. 主权债务

(1)概述

主权债务是指一国以自己的主权为担保向外借来的债务。一国适度举债，可以利用国外资本发展本国经济，但过度举债，超越国家的财政偿还能力就会引发主权债务危机。主权债务危机的实质是国家债务信用危机。一般对债务风险的判断都是基于国债负担率、债务依存度、赤字率、偿债率等指标。

①国债负担率，又称国民经济承受能力，是指国债累计余额占国内生产总值(GDP)的比重。国际公认的国债负担率的警戒线为发展中国家不超过45%，发达国家不超过60%。

②债务依存度，是指当年的债务收入与财政支出的比例关系。其计算公式是：

$$债务依存度=(当年债务收入额\div当年财政支出额)\times100\%$$

③偿债率，是指当年的还本付息额与当年出口创汇收入额之比，它是分析、衡量外债规模和一个国家偿债能力大小的重要指标。

国际上一般认为，国家的偿债率的警戒线为20%，发展中国家为25%，危险线为30%；当偿债率超过25%时，说明该国外债还本付息负担过重，有可能发生债务危机。

(2)主权债务危机的负面影响

主权债务危机一般会产生以下的负面影响：①导致新的贸易保护；②危机国货币贬值，资金外流；③危机国财政紧缩、税收增加和失业率增加，社会矛盾激化；④危机国国债收益率上升，筹资成本增加，甚至无法发行国债。

5. 税收制度

(1)概述

税收制度即税法体系，一个国家的税收制度是指在既定的管理体制下设置的税种以及与这些税种的征收、管理有关的，具有法律效力的各级成文法律、行政法规、部门规章等的总和。其主要内容如表5－6所示。

表5－6 税收制度的内容

项目		说明
分类	简单型税制	主要是指税种单一、结构简单的税收制度
	复合型税制	主要是指由多个税种构成的税收制度。世界各国一般都采用复税制税收制度
内容	不同的要素构成税种	构成税种的要素主要包括：征税对象、纳税人、税目、税率、纳税环节、纳税期限、减税免税等
	不同的税种构成税收制度	国与国之间构成税收制度的具体税种差异较大，但一般都包括所得税(直接税)、流转税(间接税)，及其他一些税种，如财产税、关税等
	规范税款征收程序的法律法规	如税收征收管理法等

政治经济条件和政治经济目标不同，税制结构也就不同。我国目前税制基本上是以间接

税和直接税为双主体的税制结构，直接税占全部税收收入的比例在40%左右。

(2)我国财税体制改革的方向

①深化税收制度改革，优化税制结构、完善税收功能、稳定宏观税负、推进依法治税，建立有利于科学发展、社会公平、市场统一的税收制度体系，充分发挥税收筹集财政收入、调节分配、促进结构优化的职能作用。

②改进预算管理制度，强化预算约束、规范政府行为、实现有效监督，加快建立全面规范、公开透明的现代预算制度。

③调整中央和地方政府间财政关系，在保持中央和地方收入格局大体稳定的前提下，进一步理顺中央和地方收入划分，合理划分政府间事权和支出责任，促进权力和责任、办事和花钱相统一，建立事权和支出责任相适应的制度。

七、证券市场

1. 证券市场供给和需求

(1)证券市场供给的主体——上市公司

①上市公司质量。上市公司的质量状况影响到投资者的收益及投资热情、证券市场的前景、个股价格及大盘指数变动，这些因素将直接或间接影响证券市场的供给。

②上市公司数量。上市公司的数量直接决定证券市场供给，而影响上市公司数量的主要因素包括制度因素、宏观经济环境和市场因素。其中，影响证券市场供给的制度因素主要有发行上市制度、股权流通制度和市场设立制度三大因素。

(2)证券市场需求的决定因素

①宏观经济环境；

②政策因素；

③居民金融资产结构的调整；

④机构投资者的培育和壮大；

⑤资本市场的逐步对外开放。

2. 股市制度改革

推进股市的市场化是我国股市的改革方向，主要指新股发行由核准制转向注册制。注册制对股市运行的影响体现为：①带来透明信息的完备披露；②带来市场定价的规则；③带来真正的退市制度。

3. 国际金融市场环境对我国证券市场的影响

(1)国际金融市场动荡通过人民币汇率预期影响证券市场；

(2)国际金融市场动荡通过宏观面间接影响我国证券市场；

(3)国际金融市场动荡通过微观面直接影响我国证券市场。

第二节　行业分析

【大纲要求】

熟悉行业分析的信息来源；熟悉行业分析所需信息和数据的内容；熟悉行业分析信息和数据的质量要求；熟悉行业分析信息的收集与处理方法；了解对所获得的行业部门、行业内部竞争、部门需求和供给数据进行分析的方法。

掌握行业分类方法；掌握描述行业基本状况的各种指标；掌握行业的市场结构；掌握行

业供需分析方法；熟悉行业盈利模式；熟悉行业集中度的概念；掌握以行业集中度为划分标准的产业市场结构分类；了解产业价值链概念；熟悉价值链上不同环节的各种特征及竞争策略；熟悉各类行业的运行状态与经济周期的变动关系、具体表现、产生原因及投资者偏好等；熟悉行业生命周期的含义、发展顺序、表现特征与判断标准；熟悉处于各周期阶段的企业的风险、盈利表现及投资者偏好。

掌握行业兴衰的实质及影响因素；熟悉技术进步的行业特征及影响；了解政府和行业监管、货币政策、财政政策对行业的影响；熟悉重组、并购等对行业的影响。

【要点详解】

一、行业分析概述

行业分析是指根据经济学原理，综合应用统计学、计量经济学等分析工具对行业经济的运行状况、产品生产、销售、消费、技术、行业竞争力、市场竞争格局、行业政策等行业要素进行深入的分析，从而发现行业运行的内在经济规律，进而预测未来行业发展的趋势。

行业分析所需信息和数据根据行业分析的内容所确定，行业分析的内容一般包括：①市场结构分析；②行业性质分析；③行业的生命周期；④行业稳定性分析；⑤其他有关因素。

行业分析信息和数据的质量要求包括：①完整性；②一致性；③准确性；④及时性。

信息收集是指通过各种方式获取所需要的信息。信息收集是信息得以利用的第一步，也是关键的一步。信息收集工作的好坏，直接关系到整个信息管理工作的质量。为了保证信息收集的质量，应坚持以下原则：①准确性；②全面性；③时效性。信息收集方法包括：①调查法；②观察法；③实验方法；④文献检索；⑤网络信息收集。

信息处理就是对信息的接收、存储、转化、传送和发布等。信息处理的目的主要是：①提高有效性；②提高抗干扰性；③改善主观感觉的效果；④对信息进行识别和分类；⑤分离和选择信息。

二、行业分析方法

行业分析方法包括：①历史资料研究法；②调查研究法；③归纳与演译法；④比较研究法；⑤数理统计法。

三、行业分类

1. 道·琼斯分类法

道·琼斯分类法将大多数股票分为三类：工业、运输业和公用事业。

2. 标准行业分类法

联合国经济和社会事务统计局曾制定了一个《全部经济活动国际标准行业分类》(简称《国际标准行业分类》)，为便于汇总各国统计资料并进行互相对比，建议各国采用。

3. 我国国民经济的行业分类

1985 年，我国国家统计局明确划分三大产业。

(1)第一产业为农业(包括林业、牧业、渔业等)；

(2)第二产业为工业(包括采掘业、制造业、自来水、电力、煤气)和建筑业；

(3)第一、第二产业以外的各行业为第三产业，主要是指向全社会提供各种各样劳务的服务性行业，具体包括交通运输业、仓储业、邮电通信业、餐饮业、金融保险业、社会服务业、房地产业等。

《国民经济行业分类》国家标准于1984年首次发布，分别于1994年、2002年和2011年进行修订。经过调整与修改，新标准基本反映出我国目前行业结构状况。

4. 我国上市公司的行业分类

中国证监会于2012年修订的《上市公司行业分类指引》中将我国上市公司分为19个门类，共90大类。

5. 上海证券交易所上市公司行业分类调整

上海证券交易所与中证指数有限公司依据沪市上市公司2006年年报显示的部分公司经营范围的改变，于2007年5月31日公布了调整后的沪市上市公司行业分类。

根据2007年最新行业分类，沪市841家上市公司分为金融地产、工业、原材料、主要消费、可选消费、能源、公用事业、医药卫生、电信业务、信息技术十大行业。

四、描述行业基本状况的指标

处于周期波动不同节点的行业将有明显的表现差异。处于周期下降期的行业出现需求萎靡、生产能力过剩、产品滞销、应收款增加、价格下跌和多数企业亏损的景象。处于周期上升期的行业出现需求旺盛、生产满负荷和买卖活跃的景象。

1. 行业景气指数

当行业处于不同的周期节点时呈现不同的市场景象，称之为行业景气。景气指数又称景气度，它是采用定量的方法综合反映某一特定调查群体或某一社会经济现象所处的状态或发展趋势的一种指标。

景气指数以100为临界值，范围在0～200点之间。处于景气状态时，景气指数高于100；处于不景气状态时，景气指数低于100。

2. 中经产业景气指数

中经产业景气指数是目前我国比较成熟和权威的行业类景气指数。中经产业景气指数是一个指数体系。各产业指数都包括景气指数、预警指数以及用红、黄、绿、浅蓝和蓝色灯号直观描述行业经济冷热状况的行业预警灯号。

五、行业的市场结构

市场结构是指市场竞争或垄断的程度。根据行业中进入限制程度、企业数量的多少和产品差别，行业基本上可分为四种市场结构：完全竞争、垄断竞争、寡头垄断、完全垄断。

1. 完全竞争

完全竞争型市场是指竞争不受任何阻碍和干扰的市场结构。其特点有：

(1)生产者众多，各种生产资料可以完全流动。

(2)没有一个企业能够影响产品的价格，企业永远是价格的接受者而不是价格的制定者。

(3)产品不论是有形或无形的，都是同质的、无差别的。

(4)生产者可自由进入或退出这个市场。

(5)市场信息对买卖双方都是畅通的，生产者和消费者对市场情况非常了解。

(6)企业的盈利基本上由市场对产品的需求来决定。

2. 垄断竞争

垄断竞争型市场是指既有垄断又有竞争的市场结构。在垄断竞争型市场上，每家企业都在市场上具有一定的垄断力，但它们之间的竞争又非常激烈。其特点是：

(1)生产者众多，各种生产资料可以流动。

(2)生产的产品之间存在着差异，同种但不同质。产品的差异性既包括产品之间存在着实际上的差异，也包括想象上的差异。这是垄断竞争与完全竞争的主要区别。

(3)生产者可以树立自己产品的信誉，从而对其产品的价格有一定的控制能力。该市场结构中，造成垄断现象的原因是产品差别；造成竞争现象的是产品同种，即产品的可替代性。

3. 寡头垄断

寡头垄断型市场是指相对少量的生产者在某种产品的生产中占据很大市场份额，从而控制了这个行业的供给的市场结构。其形成原因包括：

(1)这类产品只有在大规模生产时才能获得好的效益，这就会在竞争中自然淘汰大量的中小企业；

(2)这类行业初始投入资本较大，阻止了大量中小企业的进入。

4. 完全垄断

完全垄断型市场是指整个行业的市场完全处于一家企业所控制的市场结构，即独家企业生产某种特质产品的情形。分为私人完全垄断和政府完全垄断两种类型。其结构特点包括：

(1)产品没有或缺少相近的替代品；

(2)市场被独家企业所控制，其他企业不可以或不可能进入该行业；

(3)垄断者在制定产品的价格与生产数量方面的自由性是有限度的，要受到有关反垄断法和政府管制的约束；

(4)垄断者能够根据市场的供需情况制定理想的价格和产量，在高价少销和低价多销之间进行选择，以获取最大的利润。

公用事业(如发电厂、煤气公司、自来水公司和邮电通信等)和某些资本、技术高度密集型或稀有金属矿藏的开采等行业属于接近完全垄断的市场类型。

【例 5.3】一般而言，影响行业市场结构变化的因素包括(　　)。

Ⅰ. 企业的质量　　Ⅱ. 企业的数量　　Ⅲ. 进入限制程度　　Ⅳ. 产品差别

A. Ⅰ、Ⅱ、Ⅲ　　B. Ⅰ、Ⅲ、Ⅳ　　C. Ⅱ、Ⅲ、Ⅳ　　D. Ⅰ、Ⅱ、Ⅲ、Ⅳ

【答案】C

【解析】根据行业中企业数量的多少、进入限制程度和产品差别，行业基本上分为四种市场结构：完全竞争、垄断竞争、寡头垄断、完全垄断。

六、行业供需分析方法

行业供需分析方法，是利用行业内供给和需求情况来对行业进行分析预测的方法。

在实际的行业分析中，供需分析主要包括：

(1)供给与市场价格的关系。包括，供给法则、供给弹性 、供给量的构成和影响供给的一般因素。

(2)需求与市场价格的关系。包括，需求法则、需求弹性、需求量构成和影响需求的因素。

七、行业集中度

行业集中度是指某行业相关市场内前 N 家最大的企业所占市场份额(产值、产量、销售额、销售量、职工人数、资产总额等)的总和。

行业集中度(CR)一般以某一行业排名前 4 位的企业的销售额(或生产量等数值)占行业

总的销售额的比例来度量，表示为 CR_4。CR_4 越小，集中度越低，市场越趋向于竞争。CR_4 越大，说明这一行业的集中度越高，市场越趋向于垄断。集中度是衡量行业市场结构的一个重要指标。

已知某行业的企业的产值、销售额、产量、职工人数、销售量、资产总额等的情况下，CR 的计算公式为：

$$CR_n = \frac{\sum (X_i)_n}{\sum (X_i)_N}(N > n)$$

式中：CR_n 为规模最大的前几家企业的行业集中度；X_i 为第 i 家企业的产值、产量、销售额、销售量、职工人数、资产总额等；n 为产业内规模最大的前几家企业数；N 为产业内的企业总数。

通常 $n=4$ 或者 $n=8$，此时，行业集中度就分别表示产业内规模最大的前 4 家或者前 8 家企业的集中度。

行业集中度的缺点是没有指出这个行业相关市场中正在运营和竞争的企业总数。

根据美国经济学家贝恩和日本通产省对产业集中度的划分标准，将产业市场结构粗分为寡占型（$CR_8 \geqslant 40$）和竞争型（$CR_8 < 40\%$）两类。其中，寡占型又细分为极高寡占型（$CR_8 \geqslant 70\%$）和低集中寡占型（$40\% \leqslant CR_8 < 70\%$）；竞争型又细分为低集中竞争型（$20\% \leqslant CR_8 < 40\%$）和分散竞争型（$CR_8 < 20\%$）。

八、产业价值链

1. 概念

价值链理论是由美国哈佛商学院教授迈克尔·波特于 1985 年在《竞争优势》一书中提出的。他认为，一般企业都可以视为一个由管理、设计、采购、生产、销售、交货等一系列创造价值的活动所组成的链条式集合体，企业内部各业务单元的联系构成了企业的价值链。价值链在经济活动中无处不在，将企业价值链根据企业与相应供应方和需求方的关系，分别向其前、后延伸就形成了产业价值链。

2. 价值链上不同环节的各种特征及竞争策略

价值链的各环节之间相互关联，相互影响。一个环节经营管理的好坏可以影响到其他环节的成本和效益。企业的竞争优势也主要来源于它自身与竞争对手在价值链上的差异。

根据产品实体在价值链各环节的流转程序，企业的价值活动可以分为“上游环节”和“下游环节”。在企业的基本价值活动中，材料供应、产品开发、生产运行可以被称为“上游环节”；成品储运、市场营销和售后服务可以被称为“下游环节”。上游环节经济活动的中心是产品，与产品的技术特性紧密相关；下游环节的中心是顾客，成败优劣主要取决于顾客特点。

九、行业的运行状态与经济周期

1. 增长型行业

增长型行业主要依靠技术的进步、新产品推出及更优质的服务，从而使其经常呈现出增长形态。增长型行业的运行状态与经济活动总水平的周期及其振幅并不紧密相关。高增长的行业为投资者提供了一种财富套期保值的手段。在经济高涨时，高增长行业的发展速度通常高于平均水平；在经济衰退时期，其所受影响较小甚至仍能保持一定的增长。因为这些行业的股票价格不会明显地随着经济周期的变化而变化，所以使得投资者难以把握精确的购买时机。

2. 周期型行业

周期型行业的运行状态与经济周期紧密相关。当经济衰退时，这些行业也相应衰落；当经济处于上升时期，这些行业会紧随其扩张，且该类型行业收益的变化幅度往往会在一定程度上夸大经济的周期性。产生这种现象的原因是，当经济衰退时，这些行业相关产品的购买被延迟到经济改善之后；当经济上升时，对这些行业相关产品的购买相应增加。典型的周期性行业有消费品行业、耐用品制造业及其他需求收入弹性较高的行业。

3. 防守型行业

经济周期的上升和下降对防守型行业的经营状况的影响很小。其原因是该类型行业的产品需求相对稳定，需求弹性小，经济周期处于衰退阶段对这种行业的影响也比较小。有些防守型行业甚至在经济衰退时期还会有一定的实际增长。该类型行业的产品往往是必要的公共服务或是生活必需品，公众对其产品有相对稳定的需求，因而行业中有代表性的公司盈利水平相对较稳定。典型代表行业有食品业和公用事业。

【例 5.4】一般来说，下列行业中在衰退阶段表现较好的是(　　)。[2016 年 5 月真题]

A. 医疗保健、公共事业、日常消费　　B. 能源、金融、可选消费

C. 能源、材料、金融　　D. 电信服务、日常消费、医疗保健

【答案】A

十、行业生命周期

行业的生命周期指行业从出现到完全退出社会经济活动所经历的时间。行业的生命发展周期主要包括四个发展阶段：幼稚期、成长期、成熟期和衰退期。

1. 幼稚期

在幼稚期，新行业刚刚诞生或初建不久，投资于这个新兴的行业的投资公司较少且创业公司的研究和开发费用较高，而大众对其产品尚缺乏全面了解，产品市场需求狭小，销售收入较低，因此这些创业公司财务上可能没有盈利，甚至出现较大亏损。

2. 成长期

这一时期企业的利润增长很快，面临的竞争风险也非常大，破产率与被兼并率相当高。在市场竞争优胜劣汰规律的作用下，市场上生产厂商的数量会在一个阶段后出现大幅度减少，之后开始逐渐稳定下来。由于市场需求趋向饱和，产品的销售增长率减慢，迅速赚取利润的机会减少，整个行业便开始进入成熟期。

3. 成熟期

行业成熟表现在技术上的成熟、产品的成熟、产业组织上的成熟以及生产工艺的成熟。行业处于成熟期的特点主要有：

(1)企业规模空前、地位显赫，产品普及程度高。

(2)构成支柱产业地位，其生产要素份额、产值、利税份额在国民经济中占有一席之地。但通常在短期内很难识别一个行业何时真正进入成熟期。

(3)行业生产能力接近饱和，市场需求也趋于饱和，买方市场出现。

4. 衰退期

行业衰退可以分为偶然衰退和自然衰退。偶然衰退是指在偶然的外部因素作用下，提前

或者延后发生的衰退；自然衰退是一种自然状态下到来的衰退。行业衰退还可以分为相对衰退和绝对衰退。相对衰退是指因结构性原因或者无形原因引起行业地位和功能发生衰减的状况，而并不一定是行业实体发生了绝对的萎缩；绝对衰退是指行业本身内在的衰退规律起作用而发生的规模萎缩、功能衰退、产品老化。

衰退期出现在较长的稳定期之后。大量替代品出现，原行业产品的市场需求开始逐渐减少，产品的销售量也开始下降，同时某些厂商开始向其他更有利可图的行业转移资金，厂商数目减少、利润水平停滞不前或不断下降出现萧条景象。至此，整个行业便进入了衰退期。但在很多情况下，行业的衰退期往往比行业生命周期的其他三个阶段的总和还要长，大量的行业都是衰而不亡，甚至会与人类社会长期共存。典型行业有钢铁业、纺织业。

综上所述，在一个行业生命周期的不同阶段会表现出不同特点，如图 5－1 所示。

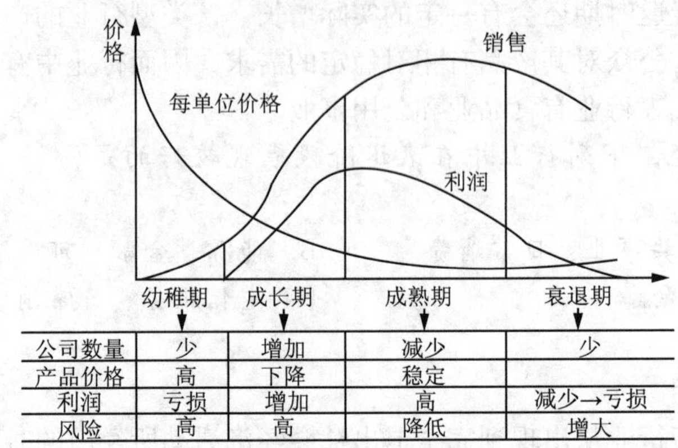

	幼稚期	成长期	成熟期	衰退期
公司数量	少	增加	减少	少
产品价格	高	下降	稳定	
利润	亏损	增加	高	减少→亏损
风险	高	高	降低	增大

图 5－1　行业生命周期不同阶段的特点

【例 5.5】以下关于行业所处的生命周期阶段的说法，正确的有(　　)。

Ⅰ. 太阳能、某些遗传工程等行业正处于行业生命周期的幼稚期

Ⅱ. 电子信息、生物医药等行业已进入成熟期阶段

Ⅲ. 石油冶炼、超级市场等行业处于行业生命周期的成长期

Ⅳ. 煤炭开采、自行车等行业已进入衰退期

A. Ⅰ、Ⅱ　　　B. Ⅰ、Ⅳ　　　C. Ⅱ、Ⅲ　　　D. Ⅲ、Ⅳ

【答案】B

【解析】Ⅱ项，电子信息(电子计算机及软件、通信)、生物医药等行业处于行业生命周期的成长期阶段；Ⅲ项，石油冶炼、超级市场和电力等行业已进入成熟期。

十一、行业兴衰的实质及影响因素

1. 实质

行业兴衰的实质是行业在整个产业体系中的地位变迁，也就是行业经历“幼稚产业——先导产业——主导产业——支柱产业——夕阳产业”的过程，是资本在某一行业领域“形成——集中——大规模聚集——分散”的过程，是新技术的“产生——推广——应用——转移——落后”的过程。

2. 影响因素

一个行业的兴衰受到技术进步、产业政策、产业组织创新、社会习惯改变和经济全球化等因素影响。

第三节　公司分析

【大纲要求】

熟悉上市公司调研的目的和对象；熟悉上市公司调研的分类内容和重点；熟悉上市公司调研的流程；熟悉公司分析所需信息和数据的来源；熟悉公司分析所需信息和数据的内容；熟悉公司分析信息和数据的质量要求；熟悉公司分析信息的收集与处理方法。

掌握公司法人治理结构、股权结构规范和相关利益者的含义；熟悉健全的法人治理机制的具体体现和独立董事制度的有关要求；熟悉监事会的作用及责任。

熟悉公司盈利能力和成长性分析的内容；掌握公司盈利预测的主要假设及实际预测方法；熟悉影响公司收益或增长预测的因素；了解经营战略的含义、内容和特征；熟悉公司规模变动特征和扩张潜力与公司成长性的关系；熟悉公司基本分析在上市公司调研中的实际运用。

熟悉资产负债表、利润分配表、现金流量表和股东权益变动表的含义、内容、格式、编制方式以及资产、负债和股东权益、现金流量的内在关系；熟悉建立、维持和更新公司财务表现的历史数据。

熟悉使用财务报表的主体、目的以及报表分析的功能、方法和原则；熟悉比较分析法和因素分析法；熟悉财务比率的含义与分类；掌握公司变现能力、营运能力、长期偿债能力、盈利能力、投资收益和现金流量的含义、影响因素及其计算；熟悉或有负债的概念及内容；熟悉影响企业存货结构及周转速度的指标；熟悉资产负债率与产权比率、有形资产净值债务率与产权比率的关系；熟悉融资租赁与经营租赁在会计处理方式上的区别；熟悉流动性与财务弹性的含义；了解本期到期债务的统计对象；熟悉财务指标的评价作用、变动特征与对应的财务表现以及各变量之间的关系；熟悉公司会计报表附注项目的主要项目；掌握会计报表附注对基本财务比率的影响。

熟悉预测公司潜在收益的方法；熟悉公司经营的安全边际；了解可能影响公司收益或增长预测的因素。

熟悉公司资产重组和关联交易的主要方式、具体行为、特点、性质以及与其相关的法律规定；熟悉资产重组和关联交易对公司业绩和经营的影响；熟悉会计政策的含义以及会计政策与税收政策变化对公司的影响；熟悉运用市场价值法、重置成本法、收益现值法评估公司资产价值的步骤和优缺点。

【要点详解】

一、公司市场调研

1. 上市公司调研的对象

公司调研的对象围绕上市公司的内部条件和外部环境进行。上市公司调研的对象包括：公司本部及子公司、公司管理层及员工、公司所处行业协会、公司车间及工地、公司客户、公司供应商和公司产品零售网点。

2. 上市公司调研的分类和内容

(1) 调研的分类

根据调研所涉及问题广度的不同，可以分为：①专项调查。在调研对象和范围上具有较为明确的指向性。②全面调查。覆盖上市公司经营活动的各个层面，调查项目多，动用的物力、人力都相对较大。

（2）调研的内容

上市公司调研的内容具体有：公司基本情况，业务与技术，同业竞争与关联交易，组织结构与内部控制，高级管理人员信息，业务发展目标，财务与会计信息，以及公司风险因素及其他重要事项。在结合特定或非特定的公司调研目标下，不同内容将不同程度地成为公司调研的重点内容。

3. 上市公司调研流程

（1）调研前的室内案头工作，包括资料收集和分析。

（2）编写调研计划，计划内容包括：调研对象、调研目的、调研参与人员、调研内容、调研费用、调研时间等。研究主管批准该计划后，才能开展室外调研。

（3）实地调研，包括考察、访谈、笔录。

（4）编写调研报告，调研成果和投资建议是调研报告的主要内容。

（5）发表报告。发表报告应当遵循相关的法律法规。

4. 公司分析所需数据和信息的来源

公司分析所需数据和信息的来源包括：①行业咨询报告；②市场调查报告；③上市公司财务报表；④媒体报道；⑤公开来源，如统计局、财政税务、海关等官方数据；⑥非正式来源，如实地考察、公司内部人员的告知等。

5. 公司分析所需信息和数据的内容

（1）基本分析，包括以下六个方面：①公司行业地位分析；②公司经济区位分析；③公司产品竞争能力分析；④公司经营能力分析；⑤公司盈利能力和公司成长性分析；⑥公司偿债能力分析。

（2）财务分析，包括公司主要的财务报表分析、公司财务比率分析、会计报表附注分析和财务状况综合分析。

（3）重大事项分析，包括《上市公司信息披露管理办法》规定的重大事件、公司的资产重组、公司的关联交易、会计政策和税收政策的变化。

6. 公司分析信息和数据的质量要求

公司数据是组织最具价值的资产之一。公司的数据质量与业务绩效之间存在着直接联系，高质量的数据可以使公司保持竞争力并在经济动荡时期立于不败之地。质量要求为：①精度；②准确性；③关联性；④及时性；⑤一致性；⑥最低成本。

7. 公司分析信息的收集与处理方法

（1）信息收集是指通过各种方式获取所需要的信息。收集方法有：①调查法，包括普查和抽样调查；②观察法，观察法是通过开会、深入现场、参加生产和经营、实地采样、进行现场观察并准确记录；③实验法，通过实验获取与管理或经济相关的信息；④文献检索；⑤网络信息收集。

（2）信息处理是指获取信息并对它进行加工处理，使之成为有用信息并发布出去的过程，主要包括信息的获取、储存、转化、传送和发布等。

二、公司法人治理

1. 法人治理结构

公司法人治理结构有广义和狭义两种。广义上的法人治理结构是指有关企业控制权和剩余索取权分配的一整套法律、文化和制度安排，包括人力资源管理、收益分配和激励机制、财务制度、内部制度和管理等等；狭义上的公司法人治理结构是指有关公司董事会的功能、结构和股东的权利等方面的制度安排。

2. 公司股权结构规范和相关利益者

股权结构是指股份公司总股本中，不同性质的股份所占的比例及其相互关系。

规范的股权结构包括三层含义：①降低股权集中度，改变“一股独大”局面；②流通股股权适度集中，发展机构投资者、战略投资者，发挥他们在公司治理中的积极作用；③股权的流通性。

相关利益者包括员工、供应商、债权人和客户等主要利益相关者。相关利益者共同参与的共同治理机制可以有效建立公司外部治理机制，弥补公司内部治理机制的不足。

3. 公司法人治理机制

健全的公司法人治理机制至少体现在以下七个方面：①有效的股东大会制度；②规范的股权结构；③完善的独立董事制度；④董事会权力的合理界定与约束；⑤优秀的职业经理层；⑥监事会的独立性和监督责任；⑦相关利益者的共同治理。

4. 独立董事制度

独立董事制度是指在董事会中设立独立董事、以形成权力制衡与监督的一种制度。独立董事是指不在公司担任除董事外的其他职务，并与其所受聘的上市公司及其主要股东不存在可能妨碍其进行独立客观判断的关系的董事。独立董事对上市公司及全体股东负责。

担任独立董事应当符合下列基本条件：

(1)根据法律、行政法规及其他有关规定，具备担任上市公司董事的资格；

(2)具有《指导意见》所要求的独立性；

(3)具备上市公司运作的基本知识，熟悉相关法律、行政法规、规章及规则；

(4)具有5年以上法律、经济或者其他履行独立董事职责所必需的工作经验；

(5)公司章程规定的其他条件。

5. 监事会的作用及责任

监事有权了解公司经营情况，并承担相应的保密义务。监事会应当制定规范的监事会议事规则，经股东会审议通过。监事会对公司财务以及公司董事、经理层人员履行职责的合法合规性进行监督，并向股东会负责。监事会可以检查公司财务，监督董事会、经理层履行职责的情况，对董事及经理层人员的行为进行质询，要求董事、经理层人员纠正其损害公司和客户利益的行为，提议召开临时股东会，组织对高级管理人员进行离任审计以及行使法律法规和公司章程规定的其他职权。监事会可根据需要对公司财务情况、合规情况进行专项检查，必要时可聘请外部专业人士协助，其合理费用由公司承担。

三、公司盈利能力和成长性分析

1. 公司盈利预测

对公司盈利进行预测，是判断公司估值水平及投资价值的重要基础。盈利预测是建立在对公司深入了解和判断之上的，通过对公司基本面进行分析，进而对公司的预测作出假设。这些假设主要包括销售收入预测、生产成本预测、管理和销售费用预测、财务费用预测等。

2. 经营战略分析

经营战略是在符合和保证实现企业使命的条件下，在充分利用环境中存在的各种机会和创造新机会的基础上，确定企业同环境的关系，规定企业成长方向和竞争对策、从事的经营范围，合理地调整企业结构和分配企业的资源。经营战略具有长远性、全局性和纲领性的特征。

3. 公司规模变动特征和扩张潜力分析

公司规模变动特征和扩张潜力一般与其所处的行业发展阶段、市场结构、经营战略密切相关，它是从微观方面具体考察公司的成长性，可以从以下几个方面进行分析：

(1)纵向比较公司历年的销售、利润、资产规模等数据，把握公司的发展趋势是加速发展、稳步扩张，还是停滞不前。

(2)公司规模的扩张是由供给推动还是由市场需求拉动引致，是通过公司的产品创造市场需求还是生产产品去满足市场需求，是依靠技术进步还是依靠其他生产要素等等，以此找出企业发展的内在规律。

(3)分析预测公司主要产品的市场前景及公司未来的市场份额，分析公司的投资项目，预测其销售和利润水平。

(4)将公司销售、利润、资产规模等数据及其增长率与行业平均水平及主要竞争对手的数据进行比较，了解自身及竞争对手行业地位的变化。

(5)分析公司的财务状况以及公司的投资和筹资潜力。

四、财务报表及财务分析

1. 四大报表

(1)资产负债表

资产负债表是反映企业在某一特定日期财务状况的会计报表，它表明权益在某一特定日期所拥有或控制的经济资源、所承担的现有义务和所有者对净资产的要求权。

我国资产负债表采用账户式，表的左方列示资产各项目，右方列示负债和所有者权益各项目。总资产 = 负债 + 净资产(资本、股东权益、所有者权益)，即资产各项目的合计等于负债和所有者权益各项目的合计。

(2)利润表

利润表是反映企业一定期间生产经营成果的会计报表，表明企业运用所拥有的资产进行获利的能力。我国一般采用多步式利润表格式，利润表把一定期间的营业收入与其同一会计期间相关的营业费用进行配比，以计算企业一定时期的净利润(或净亏损)。

利润表主要反映以下七个方面的内容：

①构成营业利润的各项要素。营业收入减去营业成本(主营业务成本、其他业务成本)、营业税金及附加、销售费用、管理费用、财务费用、资产减值损失，加上公允价值变动收益、投资收益，即为营业利润。

②构成营业收入的各项要素。营业收入由主营业务收入和其他业务收入组成。

③构成利润总额(或亏损总额)的各项要素。利润总额(或亏损总额) = 营业利润 + 营业外收入 - 营业外支出。

④构成净利润(或净亏损)的各项要素。净利润 = 利润总额 - 本期计入损益的所得税费用。

⑤其他综合收益。该项目反映企业根据企业会计准则规定未在损益中确认的各项利得和损失扣除所得税影响后的净额。

⑥每股收益。普通股或潜在普通股已公开交易的企业以及处于公开发行普通股或潜在普

通股过程中的企业，还应在利润表中列示每股收益的信息，包括基本每股收益和稀释每股收益两项指标。

⑦综合收益总额。该项目反映企业净利润与其他综合收益的合计金额。

(3)现金流量表

现金流量表反映企业一定期间现金的流入和流出，主要分经营活动、投资活动和筹资活动产生的现金流量三个部分。现金流量表的出现弥补了因使用权责发生制原则编制资产负债表和利润表而产生的不足。通过对现金流量表的分析，分析者可以更深入地了解企业当前和未来获得现金和现金等价物的能力及现金组成项目的变化趋势，有助于对诸如融资、股利分配和投资方面做出重要的决策。

(4)所有者权益变动表

所有者权益变动表又称股东权益变动表，是反映公司本期(年度或中期)内截至期末所有者权益各组成部分变动情况的报表。所有者权益变动表应当全面反映一定时期所有者权益变动的情况，包括所有者权益增减变动的重要结构性信息、所有者权益总量的增减变动、直接计入所有者权益的利得和损失。

所有者权益变动表的各项内容包括：①净利润；②会计政策变更和差错更正的累积影响金额；③直接计入所有者权益的利得和损失项目及其总额；④按照规定提取的盈余公积；⑤所有者投入资本和向所有者分配利润等；⑥实收资本(或股本)、资本公积、盈余公积、未分配利润的期初和期末余额及其调节情况。

2. **财务报表的使用**

(1)使用目的

财务报表分析的一般目的可以概括为三点：评价过去的经营业绩，衡量现在的财务状况，预测未来的发展趋势。

(2)报表分析的功能

①通过账户式资产负债表，可以反映资产、负债和所有者权益之间的内在关系，并达到资产负债表左方和右方平衡。同时，资产负债表还提供年初数和期末数的比较资料。

②现金流量表通过单独反映经营活动产生的现金流量，可以了解企业在不动用企业外部筹得资金的情况下，凭借经营活动产生的现金流量是否足以偿还负债、支付股利和对外投资。

③所有者权益变动表全面反映了企业的股东权益在年度内的变化情况，便于会计信息使用者深入分析企业股东权益的增减变化情况，并进而对企业的资本保值增值情况作出正确判断，提供对决策有用的信息。

(3)报表分析的方法

①比较分析法，是财务报表分析中最基本的方法，指对两个或几个有关的可比数据进行对比，揭示财务指标的差异和变动关系。

②因素分析法，是依据分析指标和影响因素的关系，从数量上确定各因素对财务指标的影响程度。

(4)报表分析的原则

①坚持全面原则。分析财务报表要坚持全面原则，将多个指标、比率综合在一起得出对公司全面客观的评价。

②坚持考虑个性原则。对公司进行财务分析时，要考虑公司的特殊性，不能简单地与同

行业公司直接比较。

3. **财务比率**

财务比率是指同一张财务报表的不同项目之间、不同类别之间、在同一年度不同财务报表的有关项目之间，各会计要素的相互关系。

比率分析涉及公司管理的各个方面，比率指标也特别多，大致可归为以下几大类：变现能力分析、营运能力分析、长期偿债能力分析、盈利能力分析、投资收益分析、现金流量分析等。

(1)变现能力分析

变现能力是公司产生现金的能力，是考察公司短期偿债能力的关键，它取决于可以在近期转变为现金的流动资产的多少。反映变现能力的财务比率主要有流动比率和速动比率。

①流动比率。其计算公式为：

$$流动比率 = \frac{流动资产}{流动负债}$$

流动比率是流动资产与流动负债的比值，反映短期偿债能力。公司能否偿还短期债务，要看债务以及可变现偿债资产的多少。流动资产越多，短期债务越少，则偿债能力越强。

【例 5.6】某公司的流动比率是 1.9，如果该公司用现金偿还部分应付账款，则该公司的流动比率将会(　　)。[2016 年 4 月真题]

A. 保持不变　　B. 无法判断　　C. 变小　　D. 变大

【答案】D

【解析】该公司用现金偿还部分应付账款，流动资产和流动负债减少相同的金额。由于该公司的流动比率为 1.9 >1，所以，流动比率会变大。

②速动比率，又称酸性测试比率。其计算公式为：

$$速动比率 = \frac{速动资产}{流动负债}$$

其中，速动资产 = 流动资产 − 存货，或速动资产 = 流动资产 − 存货 − 预付账款 − 待摊费用。计算速动比率时，流动资产中扣除存货，是因为存货在流动资产中变现速度较慢，有些存货可能滞销，无法变现。至于预付账款和待摊费用本不具有变现能力，只是减少企业未来的现金流出量，所以理论上也应加以剔除，但实务中，由于它们在流动资产中所占的比重较小，计算速动资产时也可以不扣除。

通常认为正常的速动比率为 1，低于 1 的速动比率被认为是短期偿债能力偏低。因为行业不同，速动比率会有很大差别，没有统一标准的速动比率。

(2)营运能力分析

营运能力是指公司经营管理中利用资金运营的能力，一般通过公司资产管理比率来衡量，主要表现为资产管理和资产利用的效率。资产管理比率通常又称运营效率比率，主要包括存货周转率(存货周转天数)、应收账款周转率(应收账款周转天数)、流动资产周转率和总资产周转率等。

①存货周转率和存货周转天数

存货的流动性一般用存货的周转速度指标来反映，即存货周转率或存货周转天数。存货周转率是营业成本与平均存货之比，即存货的周转次数。它是衡量和评价公司购入存货、投入生产、销售收回等各环节管理状况的综合性指标。用时间表示的存货周转率就是存货周转天数。其计算公式为：

$$存货周转率=\frac{营业成本}{平均存货}(次)$$

$$存货周转天数=\frac{360}{存货周转率}(天)=\frac{平均存货\times 360}{营业成本}(天)$$

公式中的“营业成本”数据来自利润表，“平均存货”数据来自资产负债表中的“存货”期初数与期末数的平均数。

提高存货周转率可以提高公司的变现能力，存货周转速度越慢则变现能力越差。

②应收账款周转率和应收账款周转天数

应收账款周转率反映年度内应收账款转为现金的平均次数，说明应收账款流动的速度。

增强公司的短期偿债能力以及提高公司管理应收账款方面的效率都需要及时收回应收账款。应收账款周转率和应收账款周转天数的计算公式分别为：

$$应收账款周转率=\frac{营业收入}{平均应收账款}(次)$$

$$应收账款周转天数=\frac{360}{应收账款周转率}(天)=\frac{平均应收账款\times 360}{营业收入}(天)$$

公式中的营业收入数据来自利润表。平均应收账款是指未扣除坏账准备的应收账款金额，是资产负债表中的应收账款期初数与期末数及对应坏账准备的平均数。一般来说，应收账款周转率越高，平均收账期越短，说明应收账款的收回越快。

③流动资产周转率

流动资产周转率是营业收入与全部流动资产的平均余额的比值。其计算公式为：

$$流动资产周转率=\frac{营业收入}{平均流动资产}(次)$$

公式中的平均流动资产=(资产负债表中的流动资产合计期初数+期末数)/2。

流动资产周转率反映流动资产的周转速度。延缓周转速度，需要补充流动资产参加周转，形成资金浪费，降低公司盈利能力；周转速度快，会相对节约流动资产，等于相对扩大资产投入，增强公司盈利能力。

④总资产周转率

总资产周转率是营业收入与平均资产总额的比值。其计算公式为：

$$总资产周转率=\frac{营业收入}{平均资产总额}(次)$$

公式中的平均资产总额=(资产负债表中的资产总计的期初数+期末数)/2。

该项指标反映资产总额的周转速度。周转越快，反映销售能力越强。公司可以通过薄利多销的方法，加速资产的周转，带来利润绝对额的增加。

(3)长期偿债能力分析

①相关比率

a. 资产负债率

资产负债率是负债总额除以资产总额的百分比，它反映在总资产中有多大比例是通过借债来筹资的，也可以衡量公司在清算时保护债权人利益的程度。其计算公式如下：

$$资产负债率=\frac{负债总额}{资产总额}\times 100\%$$

公式中的负债总额包括长期负债和短期负债。公式中的资产总额则是扣除累计折旧后的净额。

这项指标反映债权人所提供的资本占全部资本的比例，又称举债经营比率。

从股东的立场看，在全部资本利润率高于借款利息率时，负债比例越大越好；否则，负债比例越小越好。从债权人的立场看，债权人希望债务比例越低越好，公司偿债有保证，贷款不会有太大的风险。从经营者的立场看，借款比率越大（当然不是盲目地借款），越是显得公司具有活力。

b. 产权比率

产权比率又称债务股权比率，是负债总额与股东权益总额之间的比率。其计算公式如下：

$$产权比率=\frac{负债总额}{股东权益}\times 100\%$$

该项指标反映由债权人与股东提供的资本的相对关系，反映公司基本财务结构是否稳定。一般情况下，股东资本大于借入资本较好，但也并不绝对。产权比率低，是低风险、低报酬的财务结构；产权比率高，是高风险、高报酬的财务结构。

c. 有形资产净值债务率

有形资产净值债务率是公司负债总额与有形资产净值的百分比。有形资产净值是股东权益减去无形资产净值后的净值，即股东具有所有权的有形资产的净值。其计算公式为：

$$有形资产净值债务率=\frac{负债总额}{股东权益-无形资产净值}\times 100\%$$

有形资产净值债务率指标实质上是产权比率指标的延伸，其更为谨慎、保守地反映了公司清算时债权人投入的资本受到股东权益的保障程度。从长期偿债能力来讲，有形资产净值债务率越低越好。谨慎和保守，是指该指标不考虑无形资产——商标、商誉、非专利技术以及专利权等的价值。鉴于它们不一定能用来还债，为谨慎起见，一律视为不能偿债，将其从分母中扣除。

d. 已获利息倍数

已获利息倍数又称利息保障倍数，是指公司经营业务收益与利息费用的比率，用以衡量偿付借款利息的能力。其计算公式如下：

$$已获利息倍数=\frac{税息前利润}{利息费用}(倍)$$

已获利息倍数指标反映公司经营收益为所需支付的债务利息的多少倍。只要已获利息倍数足够大，公司就有充足的能力偿付利息；否则相反。

e. 长期债务与营运资金比率

公司在经营好的年度要偿债，而在经营不好的年度也要偿还大约等量的债务，因此选择最低指标年度的数据作为标准。采用指标最低年度的数据，可保证最低的偿债能力。结合这一指标，公司还可以测算长期负债与营运资金的比率。它是用公司的长期债务与营运资金相除计算的，其计算公式如下：

$$长期债务与营运资金比率=\frac{长期负债}{流动资产-流动负债}$$

一般情况下，长期债务不应超过营运资金。长期债务会随时间延续不断转化为流动负债，并需运用流动资产来偿还。保持长期债务不超过营运资金，就不会因这种转化而造成流动资产小于流动负债，从而使长期债权人和短期债权人感到贷款有安全保障。

【例5.7】以下指标中，属于对公司的长期偿债能力进行分析的指标有(　　)。

Ⅰ. 总资产周转率　Ⅱ. 净资产收益率　Ⅲ. 资产负债率　Ⅳ. 产权比率

A. Ⅰ、Ⅱ　B. Ⅲ、Ⅳ　C. Ⅱ、Ⅳ　D. Ⅰ、Ⅲ

【答案】B

【解析】长期偿债能力通常以反映债务与资产、净资产的关系的负债比率来衡量。负债比率主要包括：资产负债率、产权比率、有形资产净值债务率、已获利息倍数、长期债务与营运资金比率等。Ⅰ项是营运能力分析的指标；Ⅱ项是盈利能力分析的指标。

②不同比率间的比较

资产负债率与产权比率的比较、有形资产净值债务率与产权比率的比较如表5-7所示。

表5-7　不同比率间的比较

	资产负债率与产权比率	有形资产净值债务率与产权比率
联系	①两个比率对评价偿债能力的作用基本相同； ②资产负债率 = 1 - 1/(1 + 产权比率)	①有形资产净值债务率指标的分析与产权比率分析相同，负债总额与有形资产净值应维持1:1的比例； ②在使用产权比率时，必须结合有形资产净值债务率指标，做进一步分析
区别	①资产负债率侧重于分析债务偿付安全性的物质保障程度； ②产权比率侧重于揭示财务结构的稳健程度，以及自有资金对偿债风险的承受能力	①从公式的形式上看，有形资产净值债务率一定大于产权比率； ②有形资产净值债务率不需要考虑无形资产

③影响长期偿债能力的其他因素

影响长期偿债能力的其他因素包括长期租赁、担保责任和或有项目。

(4)盈利能力分析

①营业净利率

营业净利率是指净利润与营业收入的百分比，其计算公式为：

$$营业净利率 = \frac{净利润}{营业收入} \times 100\%$$

该指标反映每1元营业收入带来的净利润是多少，表示营业收入的收益水平。

净利润与营业净利率成正比关系，营业收入额与营业净利率成反比关系。公司在增加营业收入额的同时，必须相应获得更多的净利润，才能使营业净利率保持不变或有所提高。通过分析营业净利率的升降变动，可以促使公司在扩大营业业务收入的同时，注意改进经营管理，提高盈利水平。

②营业毛利率

毛利是营业收入与营业成本的差，营业毛利率是毛利占营业收入的百分比。其计算公式为：

$$营业毛利率 = \frac{营业收入 - 营业成本}{营业收入} \times 100\%$$

营业毛利率表示每1元营业收入扣除营业成本后，有多少钱可以用于各项期间费用和形成盈利。营业毛利率是公司营业净利率的基础，没有足够高的毛利率便不能盈利。

③资产净利率

资产净利率是公司净利润与平均资产总额的百分比。其计算公式如下：

$$资产净利率=\frac{净利润}{平均资产总额}\times 100\%$$

该指标越高，表明资产的利用效率越高，说明公司在增加收入和节约资金使用等方面取得了良好的效果，否则相反。资产净利率是一个综合指标，公司的资产是由投资人投资或举债形成的。为了正确评价公司经济效益的高低、挖掘提高利润水平的潜力，证券分析师可以用该项指标与计划、与本公司前期、与本行业内先进公司和本行业平均水平进行对比，分析形成差异的原因。影响资产净利率高低的因素主要有资金占用量的大小、产品的价格、产品的产量和销售的数量、单位成本的高低等。

④净资产收益率

净资产收益率又称净值报酬率或权益报酬率，是净利润与净资产的百分比。

(5)投资收益分析

①每股收益

每股收益是净利润与公司发行在外普通股总数的比值。

使用每股收益指标分析投资收益时要注意以下问题：每股收益不反映股票所含有的风险；每股收益多，不一定意味着多分红，还要看公司的股利分配政策；不同股票的每一股在经济上不等量，它们所含有的净资产和市价不同，即换取每股收益的投入量不同，限制了公司间每股收益的比较。

②市盈率

市盈率又称本益比，是(普通股)每股市价与每股收益的比率。其计算公式为：

$$市盈率=\frac{每股市价}{每股收益}(倍)$$

该指标是衡量上市公司盈利能力的重要指标，反映投资者对每 1 元净利润所愿支付的价格，可以用来估计公司股票的投资报酬和风险，是市场对公司的共同期望指标。一般说来，市盈率越高，表明市场对公司的未来越看好。在市价确定的情况下，每股收益越高，市盈率越低，投资风险越小；反之亦然。

使用市盈率指标时应注意以下问题：在每股收益很小或亏损时，由于市价不至于降为零，公司的市盈率会很高，如此情形下的高市盈率不能说明任何问题。该指标也不能用于不同行业公司的比较。同时，市盈率的高低受市价的影响，而影响市价变动的因素很多，包括投机炒作等，因此观察市盈率的长期趋势很重要。通常认为正常的市盈率为 5～20 倍。但市盈率的理想取值范围没有一个统一标准。

③股利支付率

股利支付率是普通股每股股利与每股收益的百分比。其计算公式为：

$$股利支付率=\frac{每股股利}{每股收益}\times 100\%$$

该指标反映公司股利分配政策和支付股利的能力。

与股利支付率指标关系比较紧密的一个指标是股票获利率，是指每股股利与股票市价的比率。其计算公式如下：

$$股票获利率=\frac{普通股每股股利}{普通股每股市价}\times 100\%$$

股票获利率主要应用于非上市公司的少数股权。在这种情况下，股东难以出售股票，也没有能力影响股利分配政策，他们持有公司股票的主要动机在于获得稳定的股利收益。

④每股净资产

每股净资产又称每股账面价值或每股权益，是年末净资产（即年末股东权益）与发行在外的年末普通股总数的比值。用公式表示为：

$$每股净资产=\frac{年末净资产}{发行在外的年末普通股股数}$$

这里的年末股东权益指扣除优先股权益后的余额。

该指标反映发行在外的每股普通股所代表的净资产成本即账面权益。每股净资产在理论上提供了股票的最低价值。因每股净资产是用历史成本计量的，既不反映净资产的变现价值，也不反映净资产的产出能力。每股净资产在理论上提供了股票的最低价值。

⑤市净率

市净率是每股市价与每股净资产的比值。其计算公式为：

$$市净率=\frac{每股市价}{每股净资产}（倍）$$

市净率是将每股股价与每股净资产相比，表明股价以每股净资产的若干倍在流通转让，评价股价相对于每股净资产而言是否被高估。市净率是证券分析师判断某股票投资价值的重要指标。市净率越大，投资价值越低；市净率越小，说明股票的投资价值越高，股价的支撑越有保证。

（6）现金流量分析

现金流量分析不仅要依靠现金流量表，还要结合资产负债表和利润表。

①流动性分析

流动性是指将资产迅速转变为现金的能力。根据资产负债表确定的流动比率也能反映流动性，但有很大的局限性。一般来讲，真正能用于偿还债务的是现金流量，所以，现金流量和债务的比较可以更好地反映公司偿还债务的能力。

a. 现金到期债务比。现金到期债务比是经营现金净流量与本期到期债务的比值，其计算公式如下：

$$现金到期债务比=\frac{经营现金净流量}{本期到期的债务}$$

公式中，经营现金净流量是现金流量表中的经营活动产生的现金流量净额；本期到期的债务是指本期到期的长期债务和本期应付的应付票据。

b. 现金债务总额比。现金债务总额比是经营现金净流量与负债总额的比值，其计算公式如下：

$$现金债务总额比=\frac{经营现金净流量}{债务总额}$$

此项比值越高，表明公司承担债务的能力越强。同时，该比值也体现了企业最大付息能力。

c. 现金流动负债比。现金流动负债比是经营现金净流量与流动负债的比值，其计算公式如下：

$$现金流动负债比=\frac{经营现金净流量}{流动负债}$$

此项比值越高，表明公司承担流动债务的能力越强。

②获取现金能力分析

获取现金能力是指经营现金净流入和投入资源的比值。投入资源可以是营业收入、营运资金、总资产、普通股股数或净资产等。

a. 营业现金比率

$$营业现金比率=\frac{经营现金净流量}{营业收入}$$

公式中的营业收入是指营业收入和应向购买者收取的增值税进项税额。该比率反映每1元营业收入得到的净现金，其数值越大越好。

b. 全部资产现金回收率

$$全部资产现金回收率=\frac{经营现金净流量}{资产总额}\times 100\%$$

该指标说明公司资产产生现金的能力。

c. 每股营业现金净流量

$$每股营业现金净流量=\frac{经营现金净流量}{普通股股数}$$

该指标反映公司最大的分派股利能力，超过此限度，就要借款分红。

③财务弹性分析

财务弹性是指公司适应经济环境变化和利用投资机会的能力。这种能力来源于支付现金需要和现金流量的比较，现金流量超过需要，有剩余的现金，适应性就强。财务弹性是用经营现金流量与支付要求进行比较，其中，支付要求可以是投资需求或承诺支付等。

a. 现金股利保障倍数

$$现金股利保障倍数=\frac{每股营业现金净流量}{每股现金股利}$$

该比率越大，说明支付现金股利的能力越强。

b. 现金满足投资比率

$$现金满足投资比率=\frac{近5年经营活动现金净流量}{近5年资本支出、存货增加、现金股利之和}$$

该比率越大，说明资金自给率越高。达到1时，说明公司可以用经营活动获取的现金满足扩充所需资金；若小于1，则说明公司是靠外部融资来补充。

④收益质量分析

收益质量是指报告收益与公司业绩之间的关系。如果收益不能很好地反映公司业绩，则认为收益的质量不好；如果收益能如实反映公司业绩，则认为收益的质量好。

从现金流量表的角度来看，收益质量分析主要是分析会计收益与现金净流量的比率关系，其主要的财务比率是营运指数。

$$营运指数=\frac{经营现金净流量}{经营所得现金}$$

经营所得现金=经营净收益+非付现费用=净利润-非经营收益+非付现费用

营运指数小于1，说明收益质量不够好。

4. 或有负债

或有负债是指公司有可能发生的债务，包括售出产品可能发生的质量事故赔偿、诉讼案件和经济纠纷案可能败诉并需赔偿、尚未解决的税额争议可能出现的不利后果等等。我国

《企业会计制度》和《企业会计准则》规定，只有预计很可能发生损失并且金额能够可靠计量的或有负债，才可在报表中予以反映，否则只需作为报表附注予以披露。这些没有记录的或有负债一旦成为事实上的负债，将会加大公司的偿债负担。

5. 影响企业存货结构及周转速度的指标

公司管理者和有条件的外部报表使用者，除了分析批量因素、季节性生产的变化等情况外，还应对存货的结构以及影响存货周转速度的重要项目进行分析，如分别计算原材料周转率、在产品周转率或某种存货的周转率等。其计算公式如下：

$$原材料周转率=\frac{耗用原材料成本}{平均原材料存货}$$

$$在产品周转率=\frac{制造成本}{平均在产品存货}$$

存货周转分析的目的是从不同的角度和环节上找出存货管理中的问题，使存货管理在保证生产经营连续性的同时，尽可能少占用经营资金，提高资金的使用效率，增强公司短期偿债能力，促进公司管理水平的提高。

6. 融资租赁与经营租赁在会计处理方式上的区别

（1）在经营租赁形式下，租入的固定资产并不作为固定资产入账，相应的租赁费作为当期的费用处理。如果公司经常发生经营租赁业务，应考虑租赁费用对偿债能力的影响。

（2）在融资租赁形式下，租入的固定资产作为公司的固定资产入账进行管理，相应的租赁费用作为长期负债处理。这种资本化的租赁，在分析长期负债能力时已经包括在债务比率指标计算之中。

7. 公司会计报表附注

会计报表附注是为了便于会计报表使用者理解会计报表的内容而对会计报表的编制基础、编制依据、编制原则和方法及主要项目等所作的解释。它是对会计报表的补充说明，是财务决算报告的重要组成部分。

（1）公司会计报表附注的主要项目

企业的年度会计报表附注一般披露如下内容：①重要会计政策和会计估计的说明；②不符合会计核算前提的说明；③重要会计政策和会计估计变更的说明以及重大会计差错更正的说明；④资产负债表日后事项的说明；⑤或有事项的说明；⑥对关联方关系及其交易的说明；⑦重要资产转让及其出售的说明；⑧企业合并、分立的说明；⑨会计报表重要项目的说明；⑩企业所有者权益中，国家所有者权益各项目的变化数额及其变化原因；⑪收入说明；⑫所得税的会计处理方法，即企业的所得税会计处理是采用应付税款法，还是采用纳税影响会计法；⑬企业执行国家统一规定的各项改革措施、政策，对财务状况发生重大事项的说明；⑭合并会计报表的说明；⑮企业主辅分离辅业改制情况的说明；⑯有助于理解和分析会计报表需要说明的其他事项。

（2）会计报表附注对基本财务比率的影响

会计报表附注提供与会计报表所反映的信息相关的其他财务信息。证券分析师通过分析会计报表附注对基本财务比率的影响，为其决策提供更充分的信息。

①对变现能力比率的影响

变现能力比率主要有流动比率和速动比率，其分母均为流动负债，不包括或有负债。或有负债在会计报表附注中披露，但不在会计报表中反映。只有同时满足如下三个条件才能将或有事项确认为负债，列示于资产负债表上：该义务的履行很可能导致经济利益流出企业；该义务是企业承担的现时义务；该义务的金额能够可靠地计量。

变现能力分析应该结合会计报表附注，如果存在或有负债，显然会减弱企业流动资产的变现能力。如果存在未披露的或有负债，更会令变现能力指标的准确性大打折扣。

②对运营能力比率的影响

运营能力比率是用来衡量公司在资产管理方面的效率的财务比率。运营能力比率包括应收账款周转率、存货周转率等。

a. 对存货周转率的影响

存货周转率是营业成本与平均存货的比值。正确理解其分子和分母的意义都应该仔细阅读会计报表附注。由于除了个别计价法外，存货的实物流转与价值流转并不一致，只有应用个别计价法计算出来的存货周转率才是“标准的”存货周转率。因而，其他存货流转假设都是采用一定技术方法在销售成本和期末存货之间进行分配。营业成本和平均存货存在着此消彼长的关系，这种关系在应用先进先出法和后进先出法时表现得特别明显。

现实经济生活中，通货膨胀不容忽视，物价普遍呈持续增长趋势，在先进先出法下销售成本偏低，而期末存货则高，这样计算出来的存货周转率偏低；而应用后进先出法则相反。

b. 对应收账款周转率的影响

应收账款周转率是营业收入与平均应收账款的比率。由于收入确认是一项重要的会计政策，因而本指标的分析不可避免地要参考会计报表附注。有关收入确认方法的规定包括收入准则(目前仅适用上市公司)和行业会计制度。对于同一笔业务是否确认收入，收入准则较行业会计制度要严格得多，因而对于同样的业务，按收入准则确认的收入一般较遵照行业会计制度确认的收入要少，因此其应收账款周转率也偏低。

③对负债比率的影响

由于或有负债的存在，资产负债表确认的负债并不一定完整反映了企业的负债总额。因而分析资产负债率时，不得不关注会计报表附注中的或有事项。不考虑或有负债的资产负债率夸大了企业的偿债能力。此外，还有一项重要因素影响企业的长期偿债能力，即长期租赁。

④对盈利能力比率的影响

盈利能力比率的分子都是净利润，影响利润的因素就是影响盈利能力的因素。一般来说，企业的盈利能力分析只涉及正常的营业状况。非正常的营业状况也会给企业带来收益或损失，但只是特殊状况下的个别结果，不能说明企业的盈利能力。这主要包括：证券买卖等非经常项目；已经或将要停止的营业项目；重大事故或法律更改等特别项目；会计准则和财务制度变更带来的累积影响等因素。以上这四个项目无一例外要从会计报表附注中获得资料。

此外，影响企业利润的因素主要有：

其一，存货流转假设。在物价持续上涨的情况下，采用后进先出法计算出的营业成本较高，其利润则偏低；采用先进先出法结转的营业成本较低，因而计算出的利润偏高。

其二，计提的损失准备。不同类型公司计提的准备不同，这些准备的计提方法和比例会影响利润总额。

其三，长期投资核算方法，即采用权益法还是成本法。权益法一般情况下每个会计年度都要根据本企业占被投资单位的投资比例和被投资单位所有者权益变动情况确认投资损益。而在采用成本法的情况下，只有实际收到分得的利润或股利时才确认收益。

其四，固定资产折旧是采用加速折旧法还是直线法。加速折旧法下末期的利润一般要大于直线法。在加速折旧法下的前几期，其利润要小于直线法。

其五，收入确认方法。按收入准则确认的收入较按行业会计制度确认的收入要保守，一般情况下其利润也相对保守。

其六，关联方交易。关联方交易的大比例变动往往存在着粉饰财务报告的可能。这些影响利润的因素，凡可能增加企业利润的，会增加企业的盈利能力；反之，则削弱企业的盈利能力。

其七，或有事项的存在。或有负债有可能导致经济利益流出企业，未作记录的或有负债将可能减少企业的预期利润。

8. 预测公司潜在收益的方法

(1)综合调整法。该方法是以企业收益现状为基础，考虑现有资产所决定的未来变化因素的预期影响，对收益进行调整以确定收益的方法。其公式为：

$$预期年收益 = 当前正常年收益额 + \sum Y_i - \sum Z_j$$

其中，Y_i 表示预期各有利因素增加收益额；Z_j 表示预期各不利因素减少收益额。

(2)产品周期法。产品周期法是根据企业主导产品生命周期的特点，评估企业收益增减变化趋势的方法。应用该方法预测企业收益，一般是为了预期获得产品高额盈利的持续时间，这主要适用三种情况：①企业产品单一且为高利产品；②企业拥有专利或专有技术，在未来将为企业带来超额利润；③企业处于垄断地位，可获高额利润。

(3)时间趋势法。时间趋势法是根据过去几年企业收益的增长变化总趋势，预计未来一定期限内各年度收益的方法，即将影响收益变动的各种因素均看为时间因素。

9. 公司经营的安全边际

安全边际是根据实际或预计的销售业务量与保本业务量的差量确定的定量指标。

财务管理中，安全边际是指正常销售额超过盈亏临界点销售额的差额，它表明销售量下降多少企业仍不致亏损。

投资领域中的安全边际是指证券的市场价格低于其内在价值的部分。对普通股而言，它代表了计算出的内在价值高于市场价格的部分，或者特定年限内预期收益或红利超过正常利息率的部分；就债券或优先股而言，它通常代表盈利能力超过利率或者必要红利率，或者代表企业价值超过其优先索偿权的部分。

10. 可能影响公司收益或增长预测的因素

(1)产品的需求因素；

(2)产品的经营、销售能力；

(3)新产品的开发能力；

(4)如果产品需求量大，生产所需要的资金、设备、运输、电力等能否满足；

(5)职工队伍的素质；

(6)行业、政府及社会的各项政策保证状况等。

五、资产重组和关联交易

1. 公司资产重组

(1)定义、分类

中国证监会颁布的自2014年11月23日起施行的《上市公司重大资产重组管理办法》，将重大资产重组定义为：上市公司及其控股或者控制的公司在日常经营活动之外购买、出售资产或者通过其他方式进行资产交易达到规定的比例，导致上市公司的主营业务、资产、收入发生重大变化的资产交易行为。

资产重组根据重组对象的不同可以分为不同的类型，具体如表5-8所示。

表5-8 资产重组的分类

对企业负债的重组	与银行之间的重组
	与债权人之间的重组
对企业资产的重组	收购资产
	资产出售
	资产置换
	受赠资产
	租凭和托管资产
对企业股权的重组	战略性资产重组
	战术性资产重组

战术性资产重组是指在企业层面发生的、根据授权情况经董事会或股东大会批准即可实现的重组。

战略性资产重组是指对企业股权的重组由于涉及股份持有人变化或股本增加，一般都需要经过有关主管部门的审核或核准，涉及国有股权的还需经国家财政部门批准的重组。

【例5.8】上市公司资产重组可能导致(　　)。

Ⅰ. 股价震荡　　Ⅱ. 所有权转移　　Ⅲ. 公司的分立　　Ⅳ. 控制权转移

A. Ⅰ、Ⅱ、Ⅲ　　B. Ⅰ、Ⅲ、Ⅳ　　C. Ⅱ、Ⅲ、Ⅳ　　D. Ⅰ、Ⅱ、Ⅳ

【答案】D

【解析】Ⅲ项属于上市公司资产重组的手段和方法之一，不属于资产重组的影响。

(2)重组手段和方法

资产重组有很多种手段和方法，如表5-9所示。

表5-9 资产重组的手段和方法

手段和方法	含义	特点
购买资产	指购买债权、房地产、生产线、业务部门、商标等有形或无形的资产	①收购方不必承担与该部分资产有关联的债务和义务； ②通常以多元化发展为目标的扩张不采取收购资产而大多采取收购公司的方式
收购公司	指获取目标公司全部股权，使其成为全资子公司或者获取大部分股权处于绝对控股或相对控股地位的重组行为	①可获得目标公司拥有的某些专有权利，能快速获得由公司特有组织资本产生的核心能力； ②获得公司的产权与相应的法人财产

续表

手段和方法	含义	特点
收购股份	指以获取参股地位而非目标公司控制权为目的的股权收购行为	①通常是试探性的多元化经营的开始和策略性的投资； ②为了强化与上游、下游企业之间的协作关联
合资或联营组建子公司	属于调整型重组	可将公司与其他具有互补技能和资源的合作伙伴联系起来，获得共同竞争优势
公司合并	指两家以上的公司结合成一家公司，原有公司的资产、负债、权利和义务由新设或存续的公司承担	①有吸收合并和新设合并两种形式； ②目的是实现战略伙伴之间的一体化，进行资源、技能的互补，从而形成更强、范围更广的公司核心能力，提高市场竞争力
股权置换	指把两家以上的公司通过互换股权来达到降低有关公司的国有股比例、改善公司的股本结构、促使投资主体的多元化等目的	①不涉及控股权的变更，目的通常在于引入战略投资者或合作伙伴； ②结果是实现公司控股股东与战略伙伴之间的交叉持股，以建立利益关联
股权–资产置换	是由公司原有股东以出让部分股权为代价，使公司获得其他公司或股东的优质资产的方式	公司不用支付现金便可获得优质资产，扩大公司规模
资产出售或剥离	指公司将其拥有的某些子公司、部门、产品生产线、固定资产等出售给其他的经济主体的方式	资产剥离并未减少资产的规模，而只是公司资产形式的转化，即从实物资产转化为货币资产
资产置换	指公司重组中为了使资产处于最佳配置状态获取最大收益，或出于其他目的而对其资产进行交换的方式	双方通过资产置换，能够获得与自己核心能力相协调的、相匹配的资产
公司分立	指公司将其资产与负债转移给新建立的公司，把新公司的股票按比例分配给母公司的股东，从而在法律上和组织上将部分业务从母公司中分离出去，形成一个与母公司有着相同股东的新公司	①包括并股和裂股两种方式； ②母公司以子公司股权向母公司股东回购母公司股份，而子公司则成为由母公司原有股东控股的、与母公司没有关联的独立公司
资产配负债剥离	指将公司资产配上等额的负债一并剥离出公司母体，而接受主体一般为其控股母公司的方式	①对资产接受方来说，实质是以承担债务为支付手段的收购行为； ②对剥离方来说，甩掉劣质资产的同时能迅速减小公司总资产规模，降低负债率，而公司的净资产不会发生改变
股权的无偿划拨	国有股的无偿划拨通常发生在属同一级财政范围或同一级国有资本运营主体的国有企业和政府机构之间	①目的是为调整和理顺国有资本运营体系或为了利用优势企业的管理经验来重振处于困境中的上市公司； ②国有股受让方一定为国有独资企业； ③实际是公司控制权的转移和管理层的重组

续表

手段和方法	含义	特点
股权的协议转让	指股权的出让与受让双方是通过面对面的谈判方式，在交易所外进行交易，故通常称之为场外交易	引入战略合作者或被有较强实力的对手善意收购等是这些交易的特定的目的
公司股权托管和公司托管	指公司股东将其持有的股权以契约的形式，在一定条件和期限内委托给其他法人或自然人，由其代为行使对公司的表决权	当委托人为公司的控股股东时，公司股权托管就演化为公司的控制权托管，使受托人介入公司的管理和运作，成为整个公司的托管
表决权委托书	指中小股东通过征集其他股东的委托书来召集临时股东大会以达到改组公司董事会控制公司目的的方式	——
表决权信托	指许多分散股东集合在一起设定信托，将自己拥有的表决权集中于受托人，使受托人可以通过集中原本分散的股权实现对公司的控制	——
股份回购	指公司以债权换股权，或用现金，或以优先股换普通股的方式购回其流通在外的股票的行为	原有大股东的控股地位得到强化
交叉控股	指母、子公司之间互相持有绝对控股权或相对控股权，使母、子公司之间可以互相控制运作	企业产权模糊化，找不到最终控股的大股东，公司的经理人员取代公司所有者成为公司的主宰，从而形成内部人控制

(3)资产重组对公司业绩和经营的影响

①有利影响：可以促进资源的优化配置，有利于产业结构的调整，增强公司的市场竞争力，从而使一批上市公司由小变大、由弱变强。

②不利影响：在实践中，许多上市公司进行资产重组后，其经营和业绩并没有得到持续、显著的改善。究其原因，最关键的是重组后的整合不成功。

2. 公司的关联交易

关联方交易是指关联方之间转移资源、劳务或义务的行为，而不论是否收取价款。《企业会计准则第36号——关联方披露》第三条对关联方进行了界定，即“一方控制、共同控制另一方或对另一方施加重大影响，以及两方或两方以上同受一方控制、共同控制或重大影响的，构成关联方”。

(1)关联交易方式

按照交易的性质划分，关联交易主要可划分为资产重组中的关联交易和经营往来中的关联交易。常见的关联交易主要有以下几种：

①关联购销。关联购销类关联交易，主要集中在以下几个行业：一种是市场集中度较高的行业，如家电、汽车和摩托车行业等；另一种是资本密集型行业，如冶金、有色、石化和电力行业等。

②资产租赁。包括商标等无形资产的租赁和厂房、土地使用权、设备等固定资产的

租赁。

③托管经营、承包经营等管理方面的合同。

④担保。上市公司与其主要股东，特别是控股股东之间的关联担保可以是双向的，既可能是上市公司担保主要股东的债务，也可能反过来是主要股东为上市公司提供担保。

⑤关联方共同投资。通常是指上市公司与关联公司就某一具体项目联合出资，并按事前确定的比例分配收益。这种投资方式达成交易的概率较高，但操作透明度较低，特别是分利比例的确定。

(2)关联交易对公司业绩和经营的影响

关联交易的主要作用是促进生产经营渠道的畅通，提供扩张所需的优质资产，降低交易成本，有利于实现利润的最大化等。与市场竞争、公开竞价的方式不同，关联交易有其非经济特性，容易成为企业调节利润、避税和一些部门及个人获利的途径，结果往往损害中小投资者利益。交易价格如果不能按照市场价格来确定，就有可能成为利润调节的工具。

3. 会计政策的含义以及会计政策与税收政策变化对公司的影响

会计政策是指企业在会计核算时所遵循的具体原则以及企业所采纳的具体会计处理方法。一般情况下企业会选择最恰当的会计政策反映其经营成果和财务状况。

企业基本上是在法规所允许的范围内选择适合本企业实际情况的会计政策。企业的会计政策发生变更将影响公司年末的资产负债表和利润表。如果采用追溯调整法进行会计处理，则会计政策的变更将影响公司年初及以前年度的利润、净资产、未分配利润等数据。

税收政策的变更也会对上市公司的业绩产生一定的影响。

4. 市场价值法、重置成本法、收益现值法评估公司资产价值的步骤和优缺点

(1)市场价值法

市场价值法即市场法，是指按照市场上近期发生的类似资产的交易价来确定被评估资产价值的方法。上市公司股票的市场价格代表了投资者对该公司未来经营业绩和风险的预期。上市公司股票的市场总值，就是用现金流量折现法得出的公司价值。因此，市场价值法假设公司股票的价值是某一估价指标乘以比率系数。估价可以是现金流量、税后利润、股票的账面价值或主营业务收入。不同的指标采用不同的系数。

市场价值法的优点在于：①简单易懂，容易使用；②市场价值法是从统计的角度总结出相同类型公司的财务特征，得出的结论有一定的可靠性。但是市场价值法也缺乏明显的理论依据。

(2)重置成本法

①重置成本法及其理论依据

重置成本法又称成本法，是指在评估资产时按被评估资产的现时重置成本扣减其各项损耗价值来确定被评估资产价值的方法。采用重置成本法对资产进行评估的理论依据是：资产的价值取决于资产的成本，并受各种因素的影响，是一个变量。

②重置成本法中各类指标的估算

重置成本法的基本计算公式为：

被评估资产评估值 = 重置成本 - 实体性贬值 - 功能性贬值 - 经济性贬值

被评估资产评估值 = 重置成本 × 成新率

第一，重置成本一般可以分为更新重置成本和复原重置成本，可以采用直接法、物价指

数法和功能价值法进行估算。

第二，实体性贬值是由于使用和自然力损耗形成的贬值，一般可以采用的方法有公式计算法和观察法。

第三，功能性贬值是由于技术相对落后造成的贬值。

第四，经济性贬值是由于外部环境变化造成资产的贬值。计算经济性贬值时，主要是根据因产品销售困难而开工不足或停止生产等情况，确定其贬值额。当资产使用基本正常时，不计算经济性贬值。

第五，成新率的估算方法有使用年限法、观察法、修复费用法等。

③运用重置成本法评估资产的优缺点分析

优点：评估结果更加公平合理，比较充分地考虑了资产的损耗，在不易计算资产未来收益或难以取得市场参照物条件下可广泛应用，有利于单项资产和特定用途资产的评估，有利于企业资产保值。

缺点：工作量巨大。它是以历史资料为依据确定目前价值，必须充分分析这种假设的可行性。另外，经济性损耗(贬值)也不易全面准确计算。

(3)收益现值法

①收益现值法及其适用前提条件

收益现值法是通过估算被评估资产未来预期收益并折算成现值，借以确定被评估资产价值的一种资产评估方法。

应用收益现值法对资产进行评估必须具备的前提条件包括：资产所有者所承担的风险必须是能用货币计量的；被评估资产必须是能用货币衡量其未来期望收益的单项或整体资产。

②收益现值法应用的形式

收益现值法的应用，实际上是对评估资产未来预期收益进行折现或本金化的过程。分为以下两种情况。

在资产未来收益期有限的情形下，资产的未来预期收益在具体的特定时期，通过预测有限期限内各期的收益额，以适当的折现率进行折现后求和获得，各年预期收益折现之和即为评估值。基本公式是：

$$\text{资产评估值} = \sum_{i=1}^{n} \frac{R_i}{(1+r)^i}$$

式中：R_i 表示未来第 i 个收益期的预期收益额，收益期有限时 R_i 还包括期末资产剩余净额；n 为收益年限；r 为折现率。

在资产未来收益期无限期的情形下，有两种情形，即未来收益年金化情形和未来收益不等额情形。

在未来收益年金化情形下，首先预测其年收益额，然后对其年收益额进行本金化处理，即可确定其评估值。基本公式为：

$$\text{资产评估值(收益现值)} = \frac{\text{年收益}}{\text{本金化率}}$$

在资产未来收益不等额的情形下，首先预测若干年内(一般为 5 年)各年预期收益额，再假设若干年的最后一年开始，以后各年预期收益额均相同，最后，将企业未来预期收益进行折现和本金化处理。基本公式为：

$$\begin{matrix}\text{资产评估值}\\ \text{（预期收益现值）}\end{matrix} = \sum \frac{\text{前若千年}}{\text{各年收益额}} \times \frac{\text{各年折}}{\text{现系数}} + \frac{\text{以后各年的年金化收益}}{\text{本金化率}} \times \frac{\text{前若千年最后}}{\text{一年的折现系数}}$$

③收益额的确定

收益额指的是资产使用带来的未来收益期望值，是通过预测分析获得的。收益额必须是评估资产直接形成的，而不是由评估资产直接形成的收益分离出来的。

④收益现值法评估资产的程序及优缺点

收益现值法评估资产的程序如下：首先，收集验证有关经营、财务状况的信息资料；其次，计算和对比分析有关指标及其变化趋势；再次，预测资产未来预期收益，确定折现率或本金化率；最后，将预期收益折现或本金化处理，确定被评估资产价值。

采用收益现值法评估资产的优点在于：与投资决策相结合，用此评估法评估资产的价格，易为买卖双方接受；能真实和较准确地反映企业本金化的价格。

采用收益现值法评估资产的缺点在于：在评估中适用范围较小，一般适用于企业整体资产和可预测未来收益的单项资产评估；预期收益额预测难度较大，受较强的主观判断和未来不可预见因素的影响。

第四节　策略分析

【大纲要求】

掌握投资策略的分类；熟悉积极型投资策略、消极型投资策略及混合型投资策略。

掌握投资策略研究大势研判的方法；熟悉大势研判的超预期理论；熟悉驱动市场变动的重要因素和维度。

熟悉投资时钟的方法、逻辑和结论；熟悉全球资产配置和大类资产配置的方法和逻辑；了解投资时钟理论的局限性。

熟悉股票投资策略的含义与分类；掌握趋势型策略、事件驱动型策略、相对价值型策略、套利型策略的概念；掌握主题投资的含义和特征；熟悉主题投资的主要类型和特点；掌握主题投资的方法；熟悉主题投资介入时机的因素。

掌握行业比较的目的；掌握利用景气、估值进行行业基本面分析与行业比较的基本分析框架；熟悉行业板块绝对估值与相对估值的概念及计算方法；熟悉行业景气与估值变化的主要影响因素；了解主要行业景气与估值历史变动情况；了解行业比较方法的局限性。

【要点详解】

一、投资策略

证券投资策略是指导投资者进行证券投资时所采用的投资规则、行为模式、投资流程的总称，根据不同的分类标准，可以将投资策略大致分为以下类别。具体如表5－10所示。

表5－10　投资策略的类型

分类标准	类型	具体内容
投资策略的灵活性	被动型投资策略	①定义：根据事先确定的投资组合构成及调整规则进行投资，不根据对市场环境的变化主动地实施调整的策略； ②主要理论依据：市场有效性假说； ③代表策略：指数化投资策略
	主动型投资策略	①定义：要求投资者根据市场情况变动对投资组合进行积极调整，并通过灵活的投资操作获取超额收益的策略； ②假设前提：市场有效性存在瑕疵； ③常见策略：根据板块轮动、市场风格转换调整投资组合

续表

分类标准	类型	具体内容
策略适用期限	战略性投资策略	①定义：着眼较长投资期限，追求收益与风险最佳匹配的投资策略； ②常见策略：固定比例策略、买入持有策略、投资组合保险策略
	战术性投资策略	①定义：基于对市场前景预测的短期主动型投资策略； ②常见策略：多－空组合策略、交易型策略、事件驱动型策略
投资品种	股票投资策略	①按照投资风格，可分为价值型投资策略、成长型投资策略和平衡型投资策略。 ②按收益与市场比较基准的关系，可分为市场中性策略、指数化策略、指数增强型策略以及绝对收益策略。 ③按照投资决策的层次，可分为配置策略、选股策略和择时策略
	另类产品投资策略	通常将除股票、债券之外的其他投资品称为另类投资，如大宗商品、贵金属、房地产、艺术品、古玩、金融衍生品等
	债券投资策略	①消极投资策略，如指数化投资策略、现金流匹配策略、阶梯形组合策略、久期免疫策略、哑铃型组合策略等； ②积极投资策略，如子弹型策略、或有免疫策略、收益曲线骑乘策略、债券互换策略等

【例 5.9】关于证券投资策略，下列说法正确的是(　　)。[2016 年 4 月真题]

A. 选择什么样的投资策略与市场是否有效无关

B. 如果市场是有效的，可以采取主动型投资策略

C. 如果市场是有效的，可以采取被动型投资策略

D. 如果市场是无效的，可以采取被动型投资策略

【答案】C

【解析】被动型策略是指根据事先确定的投资组合构成及调整规则进行投资，不根据对市场环境的变化主动地实施调整，其理论依据主要是市场有效性假说；主动型策略的假设前提是市场有效性存在瑕疵，有可供选择的套利机会，通常将战胜市场作为基本目标。

二、大势研判

1. 股市大势研判的方法

(1)用 K 线判断短期走势；

(2)量能决定趋势方向；

(3)空间决定趋势大小；

(4)权重股对指数的撬动作用(市场的二八现象)；

(5)市场强弱度(采用 A 股指数与个股涨跌进行比较，以周为单位)；

(6)利用市场重心判断大势；

(7)指标判断。

2. 大势研判的超预期理论

超预期理论的中心思想是：市场是由超预期决定的，投资也只有围绕着超预期事件进行分析和操作才能盈利。

投资即对未来、预期进行投资，目前的市场普遍预期都已经反应在了目前的价格上面，

符合市场预期的事件的发生对市场的影响作用很小，只有超过市场普遍预期的事件才会对市场影响很大。

三、投资时钟与资产配置

美林投资时钟理论是由美林证券提出的根据成熟市场的经济周期进行资产配置的投资方法。美林投资时钟理论用时钟形象地描绘了经济周期周而复始的四个阶段：衰退、复苏、过热、滞涨，并在各个阶段中找到表现相对优良的资产类(如图5－2所示)。

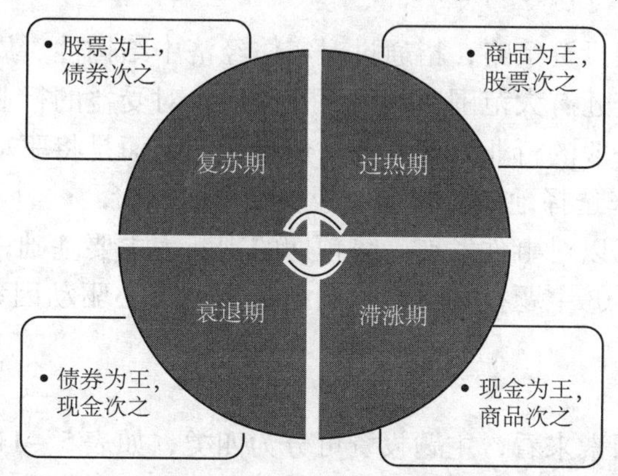

图5－2 美林时钟与大类资产配置

(1)衰退阶段：对应美林时钟的6～9点。在此阶段，公司产能过剩，盈利能力下降，在去库存压力下商品的价格下行，表现为低通货膨胀甚至通货紧缩。在此阶段，政府会实施较为宽松的货币政策并引导利率走低以提振经济。在衰退阶段，债券是表现最好的资产类，但股票的吸引力逐步增强。

(2)复苏阶段：对应美林时钟的9～12点。经济开始增长，但是由于过剩产能还没有完全消化，因此通货膨胀程度依然较低。随着需求回暖，企业经营状况得到改善，股票类资产迎来黄金期。

(3)过热阶段：对应美林时钟的12～3点。产能不断增加，通货膨胀高企，大宗商品类资产是最好的选择。

(4)滞涨阶段：对应美林时钟的3～6点。此时经济增长已经降低到合理水平以下，而通货膨胀仍然继续，工资成本和资金成本的上升不断挤压企业利润空间，股票和债券的表现都比较差，现金是投资的首选。

美林投资时钟为宏观、中观和市场研究找到了好的契合点，有较强的逻辑性和操作性，易于逐月追踪和实时进行组合调整。其缺点在于，经济周期的运行并不是一成不变的，相反，可能出现经济阶段的跳跃和反复。

四、股票投资策略与主题投资

1. 股票投资策略

(1)趋势型策略，主要分析宏观经济走向、行业趋势和企业的经营形势，通过选择和把握基本趋势来获得预期的收益。

(2)事件驱动型策略，又称主题投资，往往依赖于某些事件或某种预期，引发投资热点。

(3)相对价值型策略、套利型策略可理解为上述策略类型下的延伸。当某类股票上涨或下跌以后，会出现脱离其所属群体的情况，从而使得相关股票出现相对低估或高估的情形，从而提供新的盈利机会。

(4)套利策略，是指利用一种或多种证券在不同市场上的价格差异，通过买入和卖出相应证券，赚取价差收益的交易方式。可以实行套利策略的市场包括：股票、基金、期货、可转债和权证市场。相应的套利策略有 ETF 套利、LOF 套利、封基套利、分级基金套利、股指期货套利、可转债套利、权证套利、市场中性套利和商品期货套利。

2. 主题投资

(1)含义和特征

主题投资是国际新兴投资策略，指通过对实体经济中结构性、周期性及制度性变动趋势的分析，挖掘出对经济变迁有大范围影响的潜在因素，对受益的行业和公司进行投资。

主题投资并不按照一般的行业划分方法来选择股票，而是将驱动经济体长期发展趋势的某个因素作为"主题"，来选择地域、行业、板块或个股。

主题投资的特点：①以对事件发展趋势预期的判断为主要基础；②投资过程体现预期趋势持续发展或偏差纠正；③主题投资更加强调把握主题核心驱动因素；④主题投资策略"核心假设变量"相对较少。

(2)主要类型

从投资机会的触发因素来看，主题投资可分为四类，如表 5－11 所示。

表 5－11　主题投资类别

主题	投资机会来源	例子
宏观性主题(趋势型)	可以促进经济长期发展趋势或短期变化及结构性变化的宏观驱动因素	中国城镇化、区域经济振兴
事件性主题(事件型)	某些确定性事件会提升相关企业的资产价值或盈利水平所衍生的主题性机会	奥运会、央企重组
制度性主题(制度型)	因制度性变革所促发的红利性投资机会	医疗制度改革
产业性主题(政策型)	来自政策扶持或者产业升级的驱动作用所引发的行业性投资机会	低碳经济、互联网

(3)主题投资的步骤

①投资主题分析。从宏观经济、确定性事件、政策制度、技术进步等多个角度挖掘投资主题。

②预期趋势判断。把握经济发展、事件确定性、企业盈利等趋势因素，锁定具有长期发展前景的主题。

③投资目标选择。通过主题行业配置、主题行业内个股精选构建组合，并对主题配置进行动态调整。

④投资组合卖出。密切跟踪投资主题驱动因素的强弱变化，选择合适的时点卖出组合。

(4)主题投资介入时机的基本考量因素

①催化剂：具有持续、升温驱动力的因素显现，且获得市场认同的概率较大。一般具有影响范围广、程度深的特点。

②爆炸性：符合可行性的客观现实，同时，至少理论或逻辑上存在巨大成长空间。

③新颖性：首次出现在资本市场上的新兴命题，具有率先爆发和较高集中度的可能性。

【本章练习】

一、选择题

1. 货币政策的最终目标之间存在矛盾，根据菲利普斯曲线，(　　)之间就存在矛盾。

A. 稳定物价与充分就业　　B. 稳定物价与经济增长
C. 稳定物价与国际收支平衡　　D. 经济增长与国际收支平衡

2. 根据我国货币供给层次划分口径，属于 M_1 的是(　　)。
A. 定期存款　　B. 活期存款
C. 储蓄存款　　D. 住房公积金中心存款

3. 下列不属于财政政策手段的是(　　)。
A. 转移支付　　B. 公开市场业务
C. 国家预算支出　　D. 国债发行

4. 在行业分析方法中，归纳法是从(　　)的研究方法。
A. 整体到一般　　B. 一般到个别　　C. 一般到整体　　D. 个别到一般

5. 财务报表分析的原则主要有两个，一是坚持全面原则，二是坚持(　　)原则。
A. 考虑个性　　B. 均衡性　　C. 非流动性　　D. 流动性

6. 关于行业集中度，下列说法错误的是(　　)。
A. 在分析行业的市场结构时，通常会使用到这个指标
B. 行业集中度(*CR*)一般以某一行业排名前 4 位的企业的销售额(或生产量等数值)占行业总的销售额的比例来度量
C. CR_4 越大，说明行业集中度越低
D. 行业集中度的缺点是没有指出这个行业相关市场中正在运营和竞争的企业的总数

7. 公司的经营战略分析属于(　　)分析内容之一。
A. 公司技术水平　　B. 公司成长性
C. 公司财务　　D. 公司生命周期

8. 下列关于速动比率的说法，错误的是(　　)。
A. 影响速动比率可信度的重要因素是应收账款的变现能力
B. 低于 1 的速动比率是不正常的
C. 季节性销售可能会影响速动比率
D. 应收账款较多的企业，速动比率可能要大于 1

二、组合型选择题

1. 以下属于宏观经济指标中的主要经济指标的是(　　)。
Ⅰ. 失业率　　Ⅱ. 货币供应量　　Ⅲ. 国内生产总值　　Ⅳ. 价格指数
A. Ⅰ、Ⅱ　　B. Ⅰ、Ⅲ　　C. Ⅱ、Ⅲ、Ⅳ　　D. Ⅰ、Ⅲ、Ⅳ

2. 关于防守型行业，下列说法错误的是(　　)。
Ⅰ. 该类型行业的产品需求相对稳定，需求弹性大
Ⅱ. 该类型行业的产品往往是生活必需品或是必要的公共服务
Ⅲ. 有些防守型行业甚至在经济衰退时期还是会有一定的实际增长
Ⅳ. 投资于防守型行业一般属于资本利得型投资，而非收入型投资
A. Ⅰ、Ⅲ　　B. Ⅰ、Ⅳ　　C. Ⅱ、Ⅲ、Ⅳ　　D. Ⅰ、Ⅲ、Ⅳ

3. 治理通货紧缩的政策包括(　　)。
Ⅰ. 扩张性的财政政策　　Ⅱ. 扩张性的货币政策
Ⅲ. 加快产业结构的调整　　Ⅳ. 减少信贷资金投入
A. Ⅰ、Ⅱ、Ⅲ　　B. Ⅰ、Ⅲ、Ⅳ　　C. Ⅱ、Ⅲ、Ⅳ　　D. Ⅰ、Ⅱ、Ⅲ、Ⅳ

4. 分析行业的一般特征通常考虑的主要内容包括(　　)。

Ⅰ. 行业的竞争结构　　Ⅱ. 行业的文化

Ⅲ. 行业的生命周期　　Ⅳ. 行业与经济周期关联程度

A. Ⅰ、Ⅲ　B. Ⅱ、Ⅲ、Ⅳ　C. Ⅰ、Ⅲ、Ⅳ　D. Ⅰ、Ⅳ

5. 财务比率分析的基本内容包括(　　)。

Ⅰ. 偿债能力分析　Ⅱ. 营运能力分析　Ⅲ. 周转能力分析　Ⅳ. 盈利能力分析

A. Ⅰ、Ⅱ、Ⅲ　B. Ⅰ、Ⅲ、Ⅳ　C. Ⅱ、Ⅲ、Ⅳ　D. Ⅰ、Ⅱ、Ⅳ

6. 下列关于市盈率的论述，正确的有(　　)。

Ⅰ. 不能用于不同行业之间的比较

Ⅱ. 市盈率低的公司没有投资价值

Ⅲ. 一般情况下，市盈率越高的公司未来的成长潜力越大

Ⅳ. 市盈率的高低受市价的影响

A. Ⅰ、Ⅱ、Ⅲ　B. Ⅰ、Ⅲ、Ⅳ　C. Ⅱ、Ⅲ、Ⅳ　D. Ⅰ、Ⅱ、Ⅳ

7. 资产重组常用的评估方法包括(　　)。

Ⅰ. 重置成本法　Ⅱ. 历史成本法　Ⅲ. 现行市价法　Ⅳ. 收益现值法

A. Ⅰ、Ⅱ、Ⅲ　B. Ⅰ、Ⅲ、Ⅳ　C. Ⅱ、Ⅲ、Ⅳ　D. Ⅰ、Ⅱ、Ⅲ、Ⅳ

8. 债券投资策略种类比较复杂，通常可以按照投资的主动性程度，把债券投资策略分为消极投资策略和积极投资策略两类，下列属于消极投资策略的有(　　)。

Ⅰ. 指数化投资策略　Ⅱ. 久期免疫策略　Ⅲ. 现金流匹配策略　Ⅳ. 或有免疫策略

A. Ⅰ、Ⅱ、Ⅲ　B. Ⅰ、Ⅲ、Ⅳ　C. Ⅱ、Ⅲ、Ⅳ　D. Ⅰ、Ⅱ、Ⅲ、Ⅳ

【答案及解析】

一、选择题

1. **【答案】**A

【解析】菲利普斯通过研究得出结论：失业率与物价上涨之间存在着一种此消彼长的关系，即采取减少失业或实现充分就业的政策措施，就可能导致较高的通货膨胀率；反之，为了降低物价上涨率或稳定物价，就往往得以较高的失业率为代价。

2. **【答案】**B

【解析】根据中国人民银行公布的货币供给层次划分口径，我国的货币供应量分为三个层次：①M_0 = 流通中现金；②$M_1 = M_0$ + 单位活期存款；③$M_2 = M_1$ + 个人储蓄存款 + 单位定期存款。

3. **【答案】**B

【解析】财政政策手段主要包括国家预算、税收、国债、财政补贴、财政管理体制、转移支付制度等。B 项属于货币政策的手段。

4. **【答案】**D

【解析】归纳法是从个别出发以达到一般性，从一系列特定的观察中发现一种模式，使之在一定程度上代表所有给定事件的秩序。

5. **【答案】**A

【解析】分析财务报表要坚持全面原则，将多个指标、比率综合在一起得出对公司全面客观的评价。同时，要坚持考虑个性原则，在对公司进行财务分析时，要考虑公司的特殊性，不能简单地与同行业公司直接比较。

6. **【答案】**C

【解析】C 项，CR_4 越大，说明行业集中度越高，市场越趋向于垄断；反之，集中度越

低，市场越趋向于竞争。

7.【答案】B

【解析】公司的成长性分析包括公司经营战略分析和公司规模变动特征及扩张潜力分析。

8.【答案】B

【解析】通常认为正常的速动比率为1，低于1的速动比率被认为是短期偿债能力偏低。但因为行业不同，速动比率会有很大差别，没有统一标准的速动比率。例如，采用大量现金销售的商店，几乎没有应收账款，大大低于1的速动比率是很正常的。

二、组合型选择题

1.【答案】D

【解析】宏观经济指标中的主要经济指标包括：①国内生产总值；②失业率、非农就业数据；③消费者价格指数、生产者价格指数；④采购经理人指数。Ⅱ项，货币供应量属于货币金融指标。

2.【答案】B

【解析】Ⅰ项，防守型行业的产品需求相对稳定，需求弹性小；Ⅳ项，投资于防守型行业一般属于收入型投资，而非资本利得型投资。

3.【答案】A

【解析】治理通货紧缩的政策主要包括以下几方面：①扩张性的财政政策；②扩张性的货币政策；③加快产业结构的调整；④其他措施，譬如对工资和物价的管制，对股票市场的干预等。Ⅳ项属于治理通货膨胀的政策。

4.【答案】C

【解析】分析行业的一般特征通常从以下几方面入手：①行业的市场结构分析；②行业的竞争结构分析；③经济周期与行业分析；④行业生命周期分析；⑤行业景气分析。

5.【答案】D

【解析】财务比率分析大致可归为以下几大类：变现能力分析、营运能力分析、长期偿债能力分析、盈利能力分析、投资收益分析、现金流量分析等。

6.【答案】B

【解析】Ⅱ项，成长性好的新兴行业的市盈率普遍较高，而传统行业的市盈率普遍较低，但这并不说明后者的股票没有投资价值。

7.【答案】B

【解析】根据《国有资产评估管理办法》，我国国有资产在兼并、出售、股份经营、资产拍卖、清算、转让时的评估方法包括：①收益现值法；②重置成本法；③现行市价法；④清算价格法；⑤国务院国有资产管理主管行政部门规定的其他评估方法。

8.【答案】A

【解析】消极投资策略包括指数化投资策略、久期免疫策略、现金流匹配策略、阶梯形组合策略、哑铃型组合策略等。

第六章　技术分析

【知识结构】

技术分析
- 基本概念
  - 技术分析的含义、要素、假设和理论基础
  - 量价关系变化规律
  - 道氏理论的原理
- 主要理论及应用
  - K线理论
  - 切线理论
  - 趋势的定义和类型
  - 技术支撑和阻力的含义及作用
  - 趋势线、通道线、黄金分割线、百分比线的画法及应用
  - 形态理论
  - 各种缺口类型的定义、特性和应用
- 技术分析方法及应用
  - 技术分析方法的分类及其特点
  - 技术分析的适用范围
  - 技术分析方法的局限性

第一节　基本概念

【大纲要求】

熟悉技术分析的含义、要素、假设和理论基础；熟悉量价关系变化规律；掌握道氏理论的原理。

【要点详解】

一、技术分析的含义、要素、假设和理论基础

技术分析是应用数学和逻辑方法，分析证券市场过去和现在的市场行为，得到一些典型变化规律，以此来预测证券市场未来变化趋势的方法。在证券市场中，技术分析的要素有价格、成交量、时间和空间。成交价和成交量是市场行为最基本的表现。

许多技术分析方法的基本思想都来自于道氏理论，它是技术分析的理论基础。道氏理论的创始人是美国人查尔斯·亨利·道。他还与爱德华·琼斯创立了能够反映市场总体趋势的道·琼斯平均指数。

技术分析的假设主要包括三点：①市场行为涵盖所有信息；②证券价格沿着趋势移动；③历史会重演。

二、量价关系变化规律

通常，成交量的大小反映了买卖双方对价格的认同程度。认同程度小，分歧大，成交量小；认同程度大，分歧小，成交量大。买卖双方的这种市场行为反映在价、量上往往呈现出一种趋势规律，即价升量增，价跌量减。

依据趋势规律，若价格上升，成交量却不再继续增加，说明价格得不到买方确认，价格的上升趋势将会改变；反之，若价格下跌，成交量缩减到一定程度就不再降低，说明卖方不再认同价格继续下降，价格下跌趋势将会改变。

三、道氏理论的原理

作为技术分析的理论基础，道氏理论的主要原理有：

(1)市场的大部分行为可以由市场平均价格指数来解释和反映。这是道氏理论对证券市场的重大贡献。道氏理论认为最重要的价格是收盘价，并以此来计算平均价格指数。

(2)市场的波动具有趋势性。道氏理论将价格波动分为三种趋势：主要趋势、次要趋势

和短暂趋势。主要趋势是指持续1年或1年以上的趋势，看起来像大潮；次要趋势是对主要趋势的调整，一般持续3周~3个月，看起来像波浪；短暂趋势波动幅度更小，持续时间不超过3周，看起来像波纹。

(3)主要趋势有三个阶段。以上升趋势为例，第一个阶段是累积阶段；第二个阶段是上涨阶段；市场价格达到顶峰后出现的又一个累积期则属于第三个阶段。当出现下降趋势，并又回到累积期，第三个阶段结束。

(4)各种平均价格指数必须相互验证。除非两个平均指数都同样发出看涨或看跌的信号，否则就不可能发生大规模的上升或下跌。

(5)趋势必须得到交易量的确认。

(6)一个趋势形成后将持续，直到趋势出现明显的反转信号。这是趋势分析的基础，然而，确定趋势的反转比较困难。

【例6.1】道氏理论中，最重要的价格是(　　)。[2016年5月真题]

A. 最低价　　B. 开盘价　　C. 最高价　　D. 收盘价

【答案】D

第二节　主要理论及应用

【大纲要求】

熟悉K线理论；掌握K线的主要形状及其组合的应用；熟悉切线理论；熟悉趋势的定义和类型；熟悉技术支撑和阻力的含义和作用；掌握趋势线、通道线、黄金分割线、百分比线的画法及应用；熟悉形态理论；掌握各主要反转形态和整理形态的定义、特性及应用；熟悉各种缺口类型的定义、特性及应用。

【要点详解】

一、K线理论

K线起源于日本，又称日本线，最初是用于米市交易，现在已经形成了一整套K线分析理论，被投资者广泛应用于各类市场。

1. K线的主要形状

K线是一条由影线和实体组成的柱状线条。影线在实体下方的部分为下影线，影线在实体上方的部分为上影线。实体表示一日的收盘价和开盘价。下影线的下端顶点表示一日的最低价，上影线的上端顶点表示一日的最高价。根据收盘价和开盘价的关系，K线又分为阴(黑)线和阳(红)线两种，收盘价低于开盘价时为阴线，收盘价高于开盘价时为阳线。如图6-1所示。

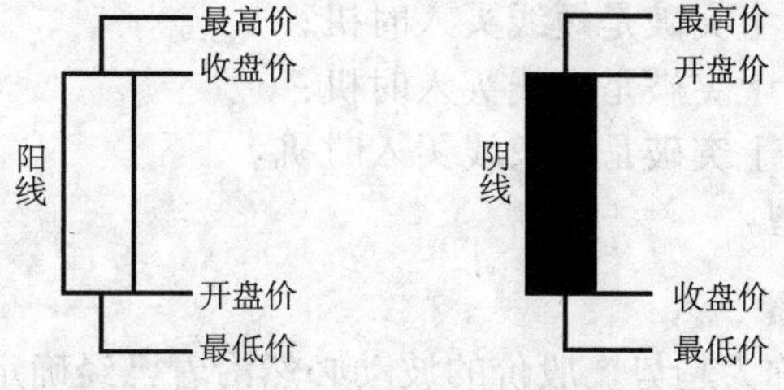

图6-1　两种常见的K线形状

除了图6-1所画的K线形状外，由于4个价格的取值不同，还会形成其他形状的K线，如图6-2所示。

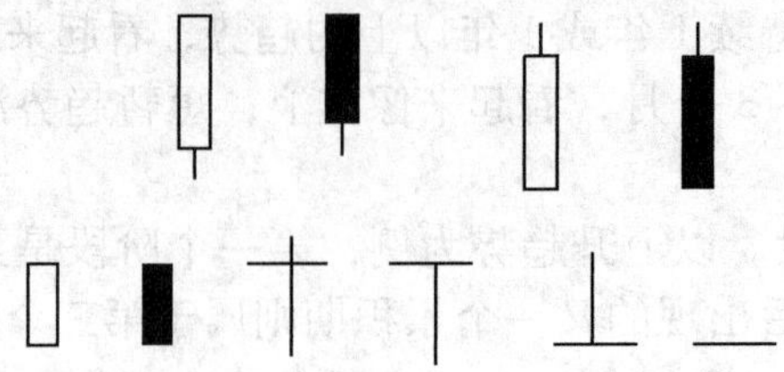

图6－2　K线的其他几种形状

对K线主要形状的介绍如表6－1所示。

表6－1　K线的主要形状

K线形状	出现情形
光头阴线或光头阳线	收盘价或开盘价＝最高价
光脚阴线或光脚阳线	收盘价或开盘价＝最低价
光头光脚的阳线或阴线	收盘价＝最高价或最低价，开盘价＝最低价或最高价
十字形K线	开盘价＝收盘价
T字形K线	开盘价＝收盘价＝最高价
倒T字形K线	开盘价＝收盘价＝最低价
一字形K线	开盘价＝收盘价＝最低价＝最高价

2. K线的组合应用

K线的组合应用体现在以下两个方面：

(1)应用单根K线研判行情，主要从实体的阴阳、长短与上下影线长短之间的关系等几个方面进行。

(2)运用多根K线的组合推测行情。K线组合的情况非常多，要综合考虑各根K线的高低、阴阳、上下影线的长短等。无论是两根K线、三根K线还是多根K线，都是以各根K线的阴阳和相对位置来推测行情的。

二、切线理论

切线理论是在“股票价格呈趋势变动”的理论前提下，用一系列直线(切线)来描述和分析股票价格的变动趋势(包括受到的压力或支撑及运动方向)，从而为趋势投资者提供决策依据的理论。

切线理论表明股票投资的“顺势而为”是极为重要的，“势”即趋势，为股票价格波动方向。趋势有上升、下降和水平三个方向。利用切线理论能够简单有效地区分短期、中期和长期趋势的转变，从而判断出短期、中期和长期买入时机。具体的方法如下：

(1)短期下降趋势线向上突破是短线买入时机；

(2)中期下降趋势线向上突破是中线买入时机；

(3)长期下降趋势线向上突破是中长线买入时机。

三、趋势的定义和类型

1. 趋势的定义

股票价格的波动方向称为趋势。股价的波动必然沿着已经确定的一段上升或下降的趋势运动。在上升的行情中，股价虽然也存在下降的情况，但不影响上升的大方向；同样，在下降的行情中股价也可能上升，但不断出现的新低价使下降趋势不变。

2. 趋势的类型

道氏理论将趋势分为以下三个类型：

(1)主要趋势，作为趋势的主要方向，是对股票投资者的投资决策最重要的信息。只有了解了主要趋势，才能顺势而为。

(2)次要趋势，是在主要趋势过程中进行的调整，是其中局部的调整和回撤。

(3)短暂趋势，是在次要趋势中进行的调整。短暂趋势与次要趋势的关系类似于次要趋势与主要趋势的关系。

【例 6.2】道氏理论中，主要趋势、次要趋势和短暂趋势的最大区别在于(　　)。[2016 年 4 月真题]

Ⅰ. 趋势持续时间的长短　　Ⅱ. 趋势波动的幅度大小

Ⅲ. 趋势的变动方向　　Ⅳ. 趋势线斜率的变动

A. Ⅰ、Ⅱ　　B. Ⅰ、Ⅳ

C. Ⅰ、Ⅱ、Ⅳ　　D. Ⅰ、Ⅱ、Ⅲ、Ⅳ

【答案】A

【解析】道氏理论将股票的价格波动分为三种趋势：主要趋势、次要趋势和短暂趋势。趋势持续时间的长短和趋势波动的幅度大小是三种趋势的最大区别。

四、技术支撑和阻力的含义及作用

1. 支撑线和压力线的含义

(1)支撑线又称抵抗线，是指当股价下跌到某个价位附近时，会出现买方增加、卖方减少的情况，从而使股价停止下跌，甚至有可能回升。

(2)压力线又称阻力线，是指当股价上涨到某价位附近时，会出现卖方增加、买方减少的情况，股价会停止上涨，甚至回落。

2. 支撑线和压力线的作用

支撑线和压力线的作用是阻止或暂时阻止股价朝一个方向继续运动。支撑线起阻止股价继续下跌的作用；压力线起阻止股价继续上升的作用。

(1)支撑线和压力线存在被突破的可能，它们只不过是暂时的停顿而已，不足以长久地阻止股价保持原来的变动方向。如图 6－3 所示。

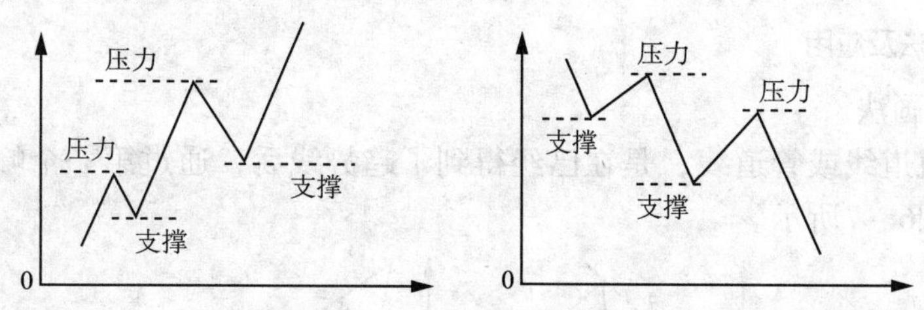

图 6－3　支撑线和压力线

(2)支撑线和压力线又存在彻底阻止股价按原方向变动的可能。在一个趋势已经终结，不可能创出新的高价或新的低价的情况下，支撑线和压力线非常重要。如图 6－4 所示。

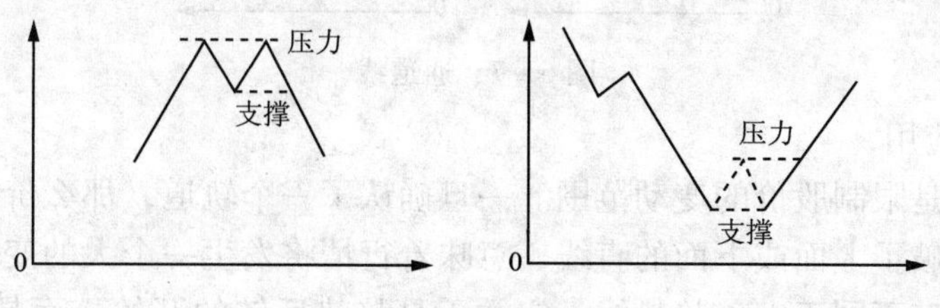

图 6－4　支撑线和压力线

五、趋势线、通道线、黄金分割线、百分比线的画法及应用

1. 趋势线的画法及应用

趋势线是用来表示证券价格变化的趋势方向的直线。

(1)趋势线的画法

连接一段时间内价格波动的高点或低点可画出一条趋势线。上升趋势线是在上升趋势中，将两个低点连成一条直线而得到的；下降趋势线是在下降趋势中，将两个高点连成一条直线而得到的。如图6－5所示。

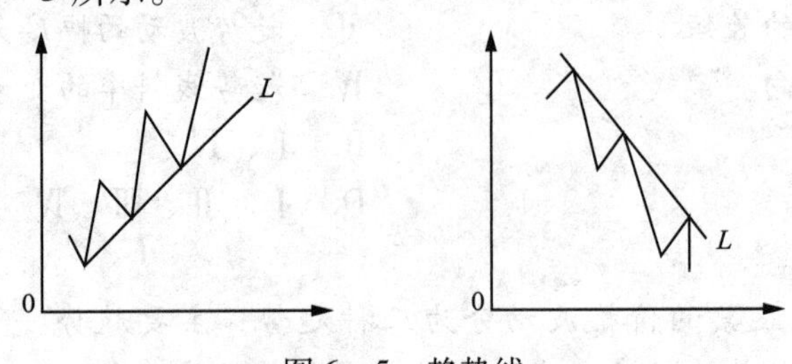

图6－5　趋势线

(2)趋势线的应用

①趋势线起支撑和压力的作用，能够约束今后价格的变动，使价格总保持在这条趋势线的下方(下降趋势线)或上方(上升趋势线)。

②趋势线可以提示价格的反转。当趋势线被突破后，说明股价下一步的走势将发生反转。越重要、越有效的趋势线被突破，其反转的信号越强烈。被突破的趋势线原来所起的压力和支撑作用将相互交换角色。如图6－6所示。

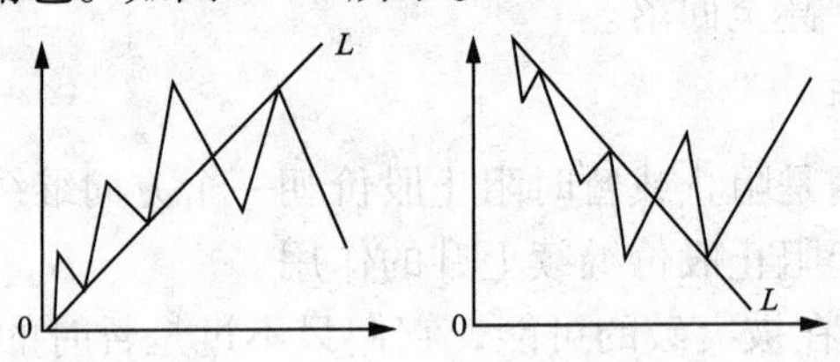

图6－6　趋势线突破后起反转作用

2. 通道线的画法及应用

(1)通道线的画法

通道线又称轨道线或管道线，是在已经得到了趋势线后，通过第一个峰和谷画出的趋势线的平行线。如图6－7所示。

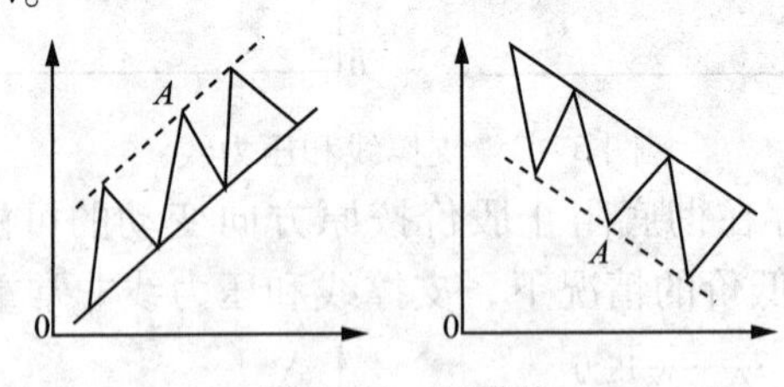

图6－7　通道线

(2)通道线的应用

通道线的作用是限制股价的变动范围。一旦确认了一个轨道，那么价格将在这个通道里变动。如果价格突破了上面或下面的直线，意味着行情将发生一个大的变化。

对通道线的突破不同于突破趋势线，它并不是趋势反转的开始，而是趋势加速的开始，

即趋势线的方向将会更加陡峭，原来的趋势线的斜率将会增加。如图6－8所示。

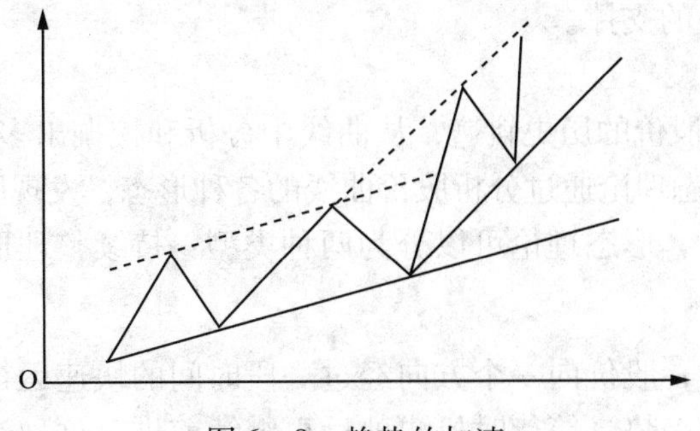

图6－8 趋势的加速

3. 黄金分割线的画法及应用

黄金分割线是利用黄金分割比率的原理对行情进行分析，并依此给出各相应的切线位置，主要用来揭示上涨行情的调整支撑位或下跌行情中的反弹压力位。黄金分割的原理源自菲波纳奇数列，是菲波纳奇在13世纪发现的一组数列，黄金分割比率是菲波纳奇数列中相邻两个数值的比率。比较重要的黄金分割比率有0.191、0.382、0.618、0.809等。

黄金分割线中最重要的两条线为0.382、0.618，在反弹中0.382为弱势反弹位、0.618为强势反弹位，在回调中0.382为强势回调位、0.618为弱势回调位。

4. 百分比线的画法及应用

(1)百分比线的画法

百分比线是将上一次行情中重要的高点(天)和低点(地)之间的涨跌幅按1/8(12.5%)、2/8(25%)、1/3(33%)、3/8(37.5%)、4/8(50%)、5/8(62.5%)、2/3(67%)、6/8(75%)、7/8(87.5%)的比率生成的百分比线，如图6－9所示。

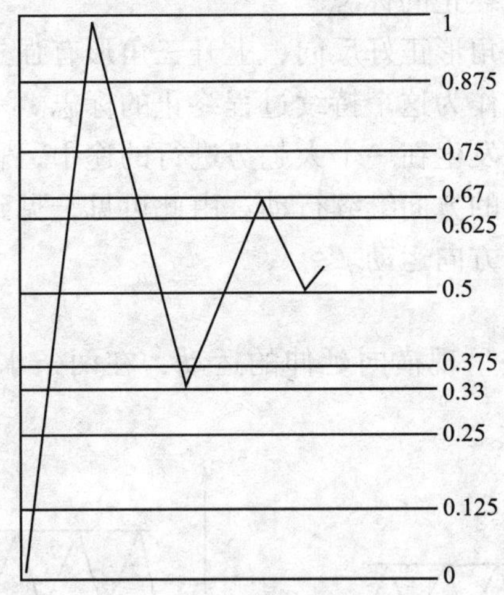

图6－9 百分比线

对于百分比线而言，最重要的是1/2、1/3、3/8、5/8和2/3，这几条线具有较强的支撑与压力作用。

(2)百分比线的应用

如果目前的盘势处于谷地回升阶段，可将这个谷地当作“地”，回溯到波段的起跌点(峰顶)作为“天”，据此两点画出的百分比线，可被视为本次上升波即将遭遇的压力。反之，若处于峰顶反转阶段，可将这个头部当作“天”，回溯到起涨点作为“地”，画出的百分比线可视为本次下跌波即将获得的支撑。

六、形态理论

形态理论是通过研究股价的历史轨迹，从曲线中分析和挖掘出多空双方力量的对比结果，以此来指导投资行动。形态理论通过分析股价曲线的各种形态，发现股价当前的行动方向。

根据股价移动的规律，形态理论可以分为两种类型：持续整理形态和反转突破形态。

1. 持续整理形态

持续整理形态表现为，股价向一个方向经过一段时间的快速运行后，在一定区域内上下窄幅波动，而不再继续原趋势，等待时机成熟后再继续前进。这种运行所留下的轨迹称为整理形态。著名的整理形态有：三角形、矩形、旗形和楔形。

(1)三角形

三角形整理形态主要分为三种：下降三角形、上升三角形和对称三角形。前两种合称直角三角形，最后一种有时也称正三角形。如图 6－10 所示。

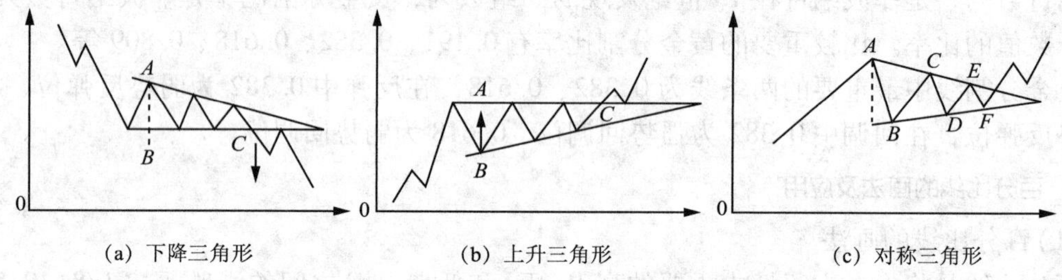

图 6－10　下降三角形、上升三角形和对称三角形

①下降三角形是看跌的形态，有强烈的下降意识，空方比多方更为积极。通常以三角形的向下突破作为这个持续过程终止的标志。

②上升三角形，同下降三角形正好反向，上升三角形有强烈的上升意识，多方比空方更为积极，以三角形的向上突破作为这个持续过程终止的标志。

③对称三角形情况大多是发生在一个大趋势进行的途中，它表示原有的趋势暂时处于休整阶段，之后还要随着原趋势的方向继续行动。由此可见，见到对称三角形后，股价今后走向最大的可能是沿原有的趋势方向运动。

(2)矩形

矩形整理形态中股票价格呈现横向延伸的运动，在两条水平直线之间上下波动。如图 6－11所示。

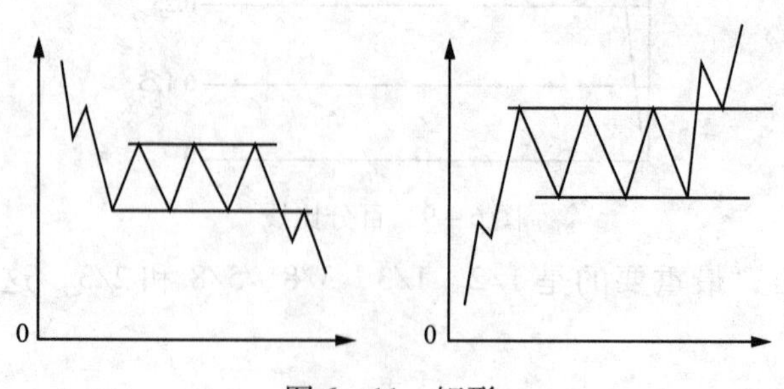

图 6－11　矩形

①如果原来的趋势是下降，那么经过一段矩形整理后，会继续原来的趋势，空方会占优势并采取主动，使股价向下突破矩形的下界，如图 6－11 左图；

②如果原来是上升趋势，则多方会采取行动，突破矩形的上界，如图6-11右图。

(3)旗形

当市场极度活跃、股价运动近乎直线上升或下降的情况下，就容易出现旗形。旗形走势是在市场大幅而又急速的波动中，股价经过一连串紧密的短期波动后，形成一个略微与原趋势呈相反方向倾斜的长方形。如图6-12所示。

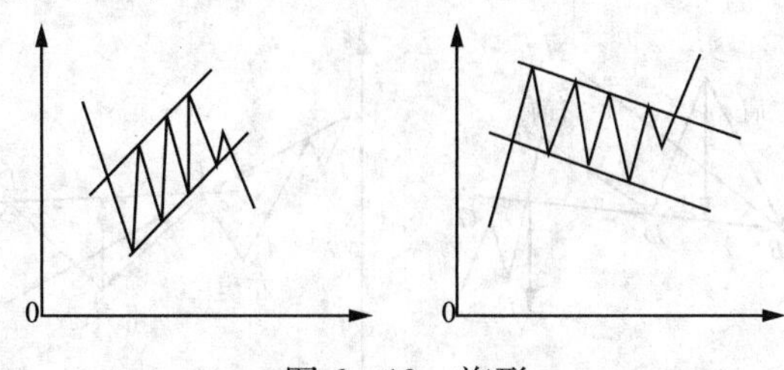

图6-12　旗形

旗形的上下两条平行线具有压力和支撑作用，旗形完成的标志是两条平行线的其中一条被突破。

应用旗形的注意事项有：①旗形形成之前和被突破之后，成交量都很大；②旗形持续的时间不能太长，时间一长，保持原来趋势的能力将下降；③旗形出现之前，一般应有一个旗杆，这是由于价格的直线运动形成的。

(4)楔形

楔形与旗形的不同之处在于旗形中上倾或下倾的平行四边形变成了楔形中上倾或下倾的三角形。通常，在趋势的途中会遇到楔形形态。它同旗形一样，也有保持原有趋势方向的功能。楔形可分为两种类型：下降楔形和上升楔形。如图6-13所示。

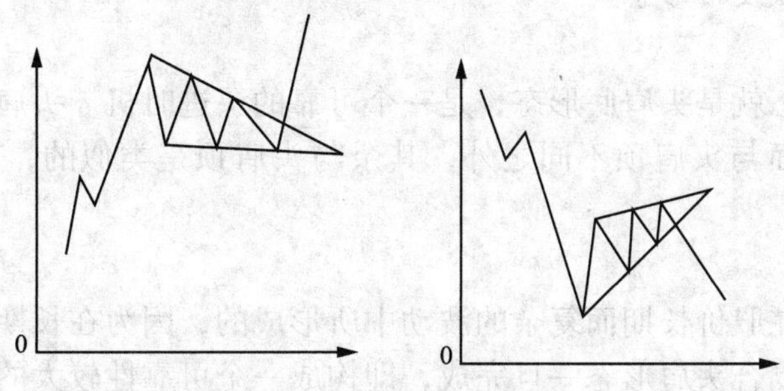

图6-13　上升楔形和下降楔形

①下降楔形常出现于中长期升市的回落调整阶段；

②上升楔形表示一个技术性反弹渐次减弱的市况，常在跌市中的回升阶段出现，显示股价尚未见底，只是一次跌后技术性的反弹。

【例6.3】下列属于持续整理形态的有(　　)。[2016年5月真题]

Ⅰ. 喇叭形形态　　Ⅱ. 楔形形态　　Ⅲ. V形形态　　Ⅳ. 旗形形态

A. Ⅰ、Ⅱ　　B. Ⅰ、Ⅲ　　C. Ⅱ、Ⅳ　　D. Ⅲ、Ⅳ

【答案】C

【解析】持续整理形态包括三角形、矩形、旗型和楔形。Ⅰ、Ⅲ两项均属于反转形态。

2. 反转突破形态

反转突破形态描述的是趋势方向的反转变化，在投资分析中应该重点关注这种变化形态。反转突破形态包括头肩形态、双重顶(底)形态、三重顶(底)形态、圆弧顶(底)形态、喇叭形以及V形反转形态等多种形态。

(1)头肩形态

头肩形态在实际股价形态中出现最多，也是最著名和最可靠的反转突破形态。它一般可分为三种类型，即：头肩顶、头肩底以及复合头肩形态。如图6-14所示。

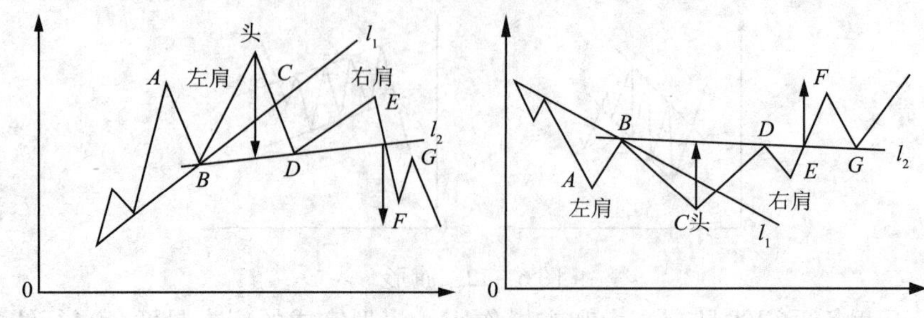

图6-14　头肩顶和头肩底

①头肩顶形态

一般通过连续的3次起落构成头肩顶形态的3个部分，即要出现3个局部的高点：中间的高点比另外两个都高，称为头；左右两个相对较低的高点称为肩。头肩顶形态的名称由此而来，它是一个可靠的沽出时机。如图6-14左图所示。

头肩顶形态中极为重要的直线是颈线，即图中的直线 l_2。它是头肩顶形态的支撑线，起支撑作用。当头肩顶形态走到 E 点并掉头向下时，还不能说已经反转向下了，只能说是原有的上升趋势已经转化成了横向延伸。只有当股价向下突破了颈线，即走到了 F 点时，才能说已经形成了头肩顶反转形态。

②头肩底形态

头肩顶的倒转形态就是头肩底形态，是一个可靠的买进时机。头肩底形态的构成和分析方法，除在成交量方面与头肩顶不同之外，其余与头肩顶是类似的，只是方向相反，如图6-14右图所示。

③复合头肩形态

复合头肩形态是在股价长期而复杂的波动中所形成的，因为在长期中形成的可能不只是标准的头肩型形态。复合头肩形态一旦完成，即构成一个可靠性较大的买进或沽出时机。这种形态与头肩形态大体相似，只是头部或者左右肩部出现不止一次。其形成过程也与头肩形态类似，分析意义也和普通的头肩形态一样，往往出现在长期趋势的底部或顶部。

(2)双重顶形态和双重底形态

市场上众所周知的M头和W底就是双重顶形态和双重底形态。与头肩形态相比，双重顶(底)形状没有头部，只是由两个高度大致相等的峰或谷组成。如图6-15所示。

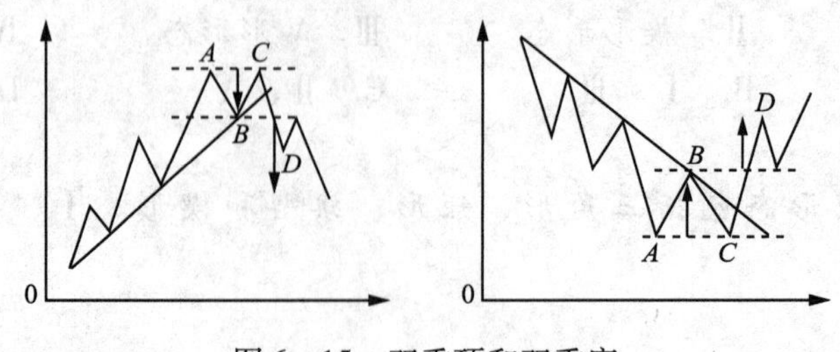

图6-15　双重顶和双重底

①双重顶形态

如图6－15左图所示，双重顶反转突破形态在M头形成后，股价突破 B 点的支撑位置继续下行时出现。过 B 点画平行于 A、C 连线的平行线，得到一条非常重要的直线——颈线，它在这里起支撑作用。A、C 连线是趋势线，颈线是与这条趋势线对应的通道线。

双重顶反转形态一般具有如下特征：双重顶的两个高点不一定在同一水平，两者相差少于3%就不会影响形态的分析意义；向下突破颈线时不一定有大成交量伴随，但日后继续下跌时成交量会扩大；双重顶形态完成后的最小跌幅度量方法是由颈线开始，至少会下跌从双头最高点到颈线之间的差价距离。

②双重底形态

对双重底的介绍与双重顶类似，只需将“向下”变为“向上”，“高点”变为“低点”，“支撑”变为“压力”。需要注意的是，双重底的颈线突破时必须有大成交量的配合，否则即可能为无效突破。

(3)三重顶形态和三重底形态

三重顶(底)形态由三个一样高或一样低的顶和底组成，是双重顶(底)形态的扩展形式，也是头肩顶(底)形态的变形。与头肩形态的不同之处是头的价位回缩到与肩部大致相等的位置，有时会低于或高于肩部一点。如图6－16所示。

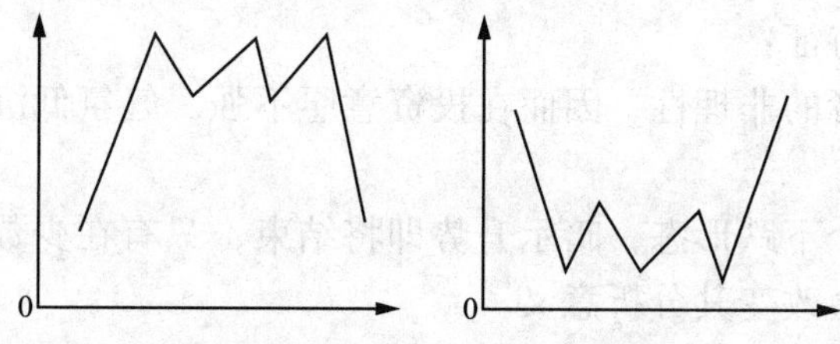

图6－16　三重顶和三重底

三重顶(底)的特征是它的颈线与顶部(底部)连线大致是水平的，三个顶(底)也大致是相同的高度。与头肩形态相比，三重顶(底)更容易演变成持续形态，而不是反转形态。

(4)圆弧形态

将股价在一段时间内的每一个局部的高点用折线连接起来，可能得到一条类似于圆弧的弧线，盖在股价之上；用折线将每个局部的低点连在一起也能得到一条弧线，托在股价之下。如图6－17所示。

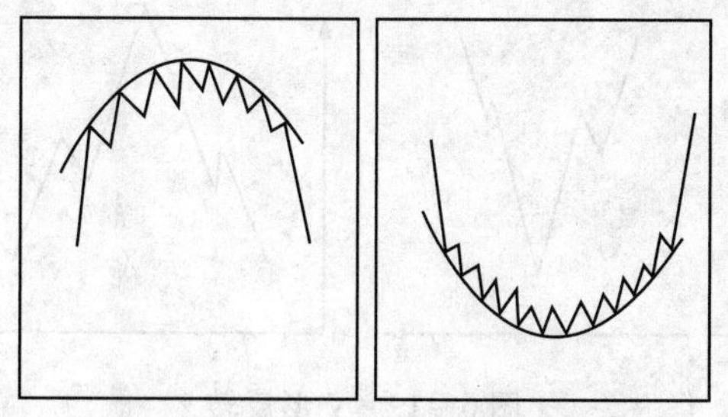

图6－17　圆弧顶和圆弧底

圆弧形态具有如下特征：

①在圆弧顶或圆弧底形态的形成过程中，成交量的变化都是中间少，两头多。越靠近顶或底成交量越少，到达顶或底时成交量最少。在突破后，都有非常大的成交量。

②形态完成、股价反转后，行情多属暴发性，涨跌急速，持续时间很短，一般是一口气

走完，中间极少出现反弹或回档。所以，一旦确信形态，应立即顺势而为，防止踏空或套牢。

③形成圆弧形态的时间越长，以后反转的力度就越强，就越值得人们去相信。通常，应该与一个头肩形态形成的时间相当。

同前面几种形态不同的是，在实际中圆弧形态出现的机会较少，一旦出现就是绝好的机会，它的反转高度和深度是不可测的。

(5)喇叭形

喇叭形大多出现在顶部，也是一种重要的反转形态，并且是一种较可靠的看跌形态。喇叭形在形态完成后，不存在突破是否成立的问题，而几乎总是下跌。在实际中这种形态出现的次数很少，但是一旦出现，则极为有用。喇叭形如图 6－18 所示。

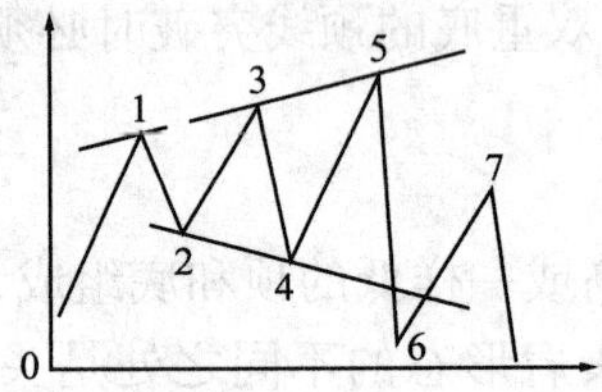

图 6－18　喇叭形

喇叭形态具有如下特征：

①喇叭形源于投资者的非理性，因而在投资意愿不强、气氛低沉的市道中，不可能形成该形态。

②喇叭形一般是一个下跌形态，暗示升势即将结束，只有在少数情况下股价在高成交量配合下向上突破时，才会改变其分析意义。

③喇叭形走势的跌幅是不可量度的，通常跌幅都会很大。

④在成交量方面，整个喇叭形态形成期间都会保持不规则的大成交量，否则难以构成该形态。

(6)V 形反转

V 形走势往往出现在市场剧烈的波动之中，是一种很难预测的反转形态。与其他反转形态的不同之处是，无论 V 形底还是 V 形顶的出现，都没有明显的形成过程，因此往往让投资者感到突如其来甚至难以置信。V 形反转如图 6－19 所示。

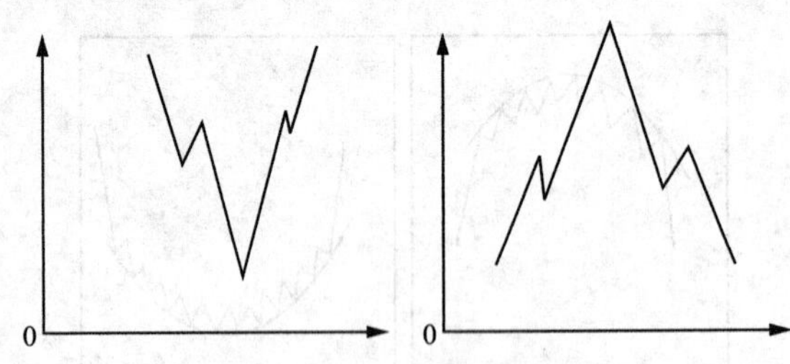

图 6－19　V 形反转

V 形走势有一个重要特征，即在转势点必须有大成交量的配合，并且成交量在图形上要形成倒 V 形。如果没有大成交量，则 V 形走势不可信。

V 形在应用时要特别小心，它是一种失控的形态。

【例 6.4】实际股价形态中出现最多的一种形态是(　　)。[2016 年 4 月真题]

A. 双重顶(底)形态　　　　B. 喇叭形以及 V 形反转形态

C. 头肩形态　　　　　　　　　　D. 圆弧顶(底)形态

【答案】C

【解析】头肩形态在实际股价形态中出现最多，也是最著名和最可靠的反转突破形态。它一般可分为三种类型，即：头肩顶、头肩底以及复合头肩形态。

七、各种缺口类型的定义、特性和应用

缺口，即跳空，是指证券价格在快速大幅波动中没有留下任何交易的一段真空区域。缺口的出现往往伴随着向某个方向运动的一种较强动力。缺口通常可以分为四种形态，即普通缺口、持续性缺口、突破缺口和消耗性缺口。

1. 普通缺口

普通缺口经常出现在股价整理形态中，特别是出现在矩形或对称三角形等整理形态中。由于股价仍处于盘整阶段，因此，在形态内的缺口并不影响股价短期内的走势。

普通缺口的支撑或阻力效能一般较弱，一般会在3日内回补，这是它的一个明显特征；同时，很少有主动的参与者，成交量很小。普通缺口的这种短期内必补的特征，给投资者短线操作带来了一个机会：当向下方向的普通缺口出现之后，在缺口下方的相对低点买入证券，待普通缺口封闭之后卖出证券；当向上方向的普通缺口出现之后，在缺口上方的相对高点抛出证券，待普通缺口封闭之后再买回证券。

2. 持续性缺口

在证券价格向某一方向有效突破后，由于急速运动而在途中出现的缺口称为持续性缺口。持续性缺口是一个趋势的持续信号。在缺口产生时，成交量可能不会增加，一旦增加，则通常表明一个强烈的趋势。

持续性缺口一般不会在短期内被封闭，因此，投资者不必担心是否会套牢或者踏空，可在向上运动的持续性缺口附近买入证券或者在向下运动的持续性缺口附近卖出证券。

3. 突破缺口

突破缺口是由于证券价格向某一方向急速运动，从而跳出原有形态所形成的缺口。突破缺口一般预示行情走势将要发生重大变化。它蕴含较强的动能，常常表现为激烈的价格运动。

突破缺口形态确认以后，无论价位(指数)的升跌情况如何，投资者都必须立即作出买入或卖出的指令，即向上突破缺口被确认立即买入，向下突破缺口被确认立即卖出。

4. 消耗性缺口

消耗性缺口表明股价变动的结束，一般发生在行情趋势的末端。如果在一轮行情走势中已出现持续性缺口与突破缺口，那么随后出现的缺口就很可能是消耗性缺口。

消耗性缺口短期内封闭，伴随着大的成交量。由于消耗性缺口形态表明行情走势即将结束，因此，在上升行情出现消耗性缺口时投资者应及时卖出证券，而在下跌趋势中出现消耗性缺口时应买入证券。

【例6.5】下列对于缺口的描述，正确的是(　　)。[2016年5月真题]

Ⅰ. 缺口也是一种形态

Ⅱ. 缺口宽度表明股价向某个方向运动的强弱

Ⅲ. 缺口将成为日后较强的支撑或阻力区域

Ⅳ. 持续性缺口一般会在短期内被封闭

A. Ⅰ、Ⅱ、Ⅳ　　B. Ⅰ、Ⅲ、Ⅳ　　C. Ⅱ、Ⅲ、Ⅳ　　D. Ⅰ、Ⅱ、Ⅲ

【答案】D

【解析】Ⅳ项，持续性缺口是一个趋势的持续信号，一般不会在短期内被封闭。

第三节　技术分析方法及应用

【大纲要求】

熟悉技术分析方法的分类及其特点；了解技术分析的应用前提和适用范围；了解技术分析方法的局限性。

【要点详解】

一、技术分析方法的分类及其特点

1. 指标类

指标类是基于价、量的历史资料，通过建立数学模型并给出数学计算公式，得出一个能够体现证券市场某方面内在实质的指标值。

常见的指标有能量潮(OBV)、相对强弱指标(RSI)、乖离率(BIAS)、趋向指标(DMI)、平滑异同移动平均线(MACD)、随机指标(KDJ)、心理线(PSY)等。

2. 切线类

切线类是依据一定的方法和原则，在基于股票价格数据而绘制的图表中画出一些直线，之后再根据这些直线的情况对股票价格的未来趋势进行推测，为投资操作提供参考。切线即在图表中画出的这些直线。

常见的切线有黄金分割线、趋势线、甘氏线、轨道线、角度线等。

3. 形态类

形态类是依据图表中过去一段时间价格的轨迹形态来预测股价未来运行趋势的方法。

主要形态有头肩顶、头肩底、M 头、W 底等。

4. K 线类

K 线类是依据若干天 K 线的组合情况，推测证券市场上多空双方力量对比，从而判断出证券市场行情的方法。K 线图是技术分析中最重要的图表。

5. 波浪类

波浪理论把股价的上下变动和不同时期的持续上涨、下跌比作波浪的上下起伏，认为股票的价格运动规律与波浪起伏的规律是相同的，只要数清楚各个浪就能准确地预见到牛市、熊市的变更。

二、技术分析的适用范围

技术分析适用于预测未来一段较短的时间的行情，要进行周期较长的分析必须依靠其他因素。通过技术分析所得到的结论并由此进行的交易操作以概率的形式为投资者带来收益。

三、技术分析方法的局限性

(1)技术分析所得到的结论仅是一种建议，是以概率的形式出现的。

(2)技术分析所用信息都是已有的信息，滞后于行情的发展，得出的买卖信号存在超前或滞后的可能，无法指导人们长期投资。

(3)技术分析眼光太短，考虑问题较短浅，对市场长远的趋势不能进行有益的判断。因此，技术分析只能给出相对较短的结论。

【本章练习】

一、选择题

1. 当收盘价、开盘价、最高价、最低价相同的时候，K 线的形状为(　　)。

A. 光头光脚阴线　　B. 光头光脚阳线

C. 一字形　　D. 十字形

2. 关于圆弧形态，下列各项中表述正确的是(　　)。

A. 圆弧形态又被称为圆形形态

B. 圆弧形态形成的时间越短，今后反转的力度可能就越强

C. 圆弧形态形成过程中，成交量的变化没有规律

D. 圆弧形态是一种持续整理形态

3. 支撑线和压力线之所以能起支撑和压力作用，很大程度是由于(　　)。

A. 机构主力斗争的结果　　B. 支撑线和压力线的内在抵抗作用

C. 投资者心理因素的原因　　D. 证券市场的内在运行规律

4. 关于上升三角形和下降三角形，下列说法正确的是(　　)。

A. 上升三角形是以看跌为主

B. 上升三角形在突破顶部的阻力线时，不必有大成交量的配合

C. 下降三角形的成交量一直十分低沉，突破时不必有大成交量配合

D. 下降三角形同上升三角形正好反向，是看涨的形态

5. (　　)往往出现在行情趋势的末端，而且伴随着大的成交量。

A. 普通缺口　B. 突破缺口　C. 持续性缺口　D. 消耗性缺口

二、组合型选择题

1. 下列各项中，属于波浪理论不足的有(　　)。

Ⅰ. 对同一个形态，不同的人会产生不同的判断

Ⅱ. 波浪理论中子波浪形态复杂多变

Ⅲ. 波浪理论忽视了成交量的影响

Ⅳ. 浪的层次和起始点不好确认、应用困难

A. Ⅰ、Ⅱ、Ⅲ　　B. Ⅰ、Ⅱ、Ⅳ

C. Ⅰ、Ⅲ、Ⅳ　　D. Ⅱ、Ⅲ、Ⅳ

2. 下列有关趋势线和轨道线的描述，正确的有(　　)。

Ⅰ. 两者都可独立存在并起作用

Ⅱ. 股价对两者的突破都可认为是趋势反转的信号

Ⅲ. 两者是相互合作的一对，但趋势线比轨道线重要

Ⅳ. 先有趋势线，后有轨道线

A. Ⅰ、Ⅱ　B. Ⅰ、Ⅳ　C. Ⅱ、Ⅲ　D. Ⅲ、Ⅳ

3. 关于矩形形态，下列说法中正确的有(　　)。

Ⅰ. 矩形形态是典型的反转突破形态

Ⅱ. 矩形形态表明股价横向延伸运动

Ⅲ. 矩形形态又被称为箱形

Ⅳ. 矩形形态是典型的持续整理形态

A. Ⅱ、Ⅳ　　B. Ⅲ、Ⅳ　　C. Ⅰ、Ⅱ、Ⅲ　　D. Ⅱ、Ⅲ、Ⅳ

4. 根据K线理论，K线实体和影线的长短不同所反映的分析意义不同，譬如，在其他条件相同时，(　　)。

Ⅰ. 实体越长，表明多方力量越强　　Ⅱ. 上影线越长，越有利于空方

Ⅲ. 下影线越短，越有利于多方　　Ⅳ. 上影线长于下影线，有利于空方

A. Ⅰ、Ⅱ　　B. Ⅰ、Ⅲ　　C. Ⅱ、Ⅳ　　D. Ⅲ、Ⅳ

5. 股票价格走势的压力线是(　　)。

Ⅰ. 阻止股价上升的一条线　　Ⅱ. 一条直线

Ⅲ. 一条曲线　　Ⅳ. 只出现在上升行情中

A. Ⅰ、Ⅱ　　B. Ⅰ、Ⅲ　　C. Ⅰ、Ⅳ　　D. Ⅲ、Ⅳ

6. 短期内可能回补或被封闭的股价缺口一般是下列各项中的(　　)。

Ⅰ. 普通缺口　　Ⅱ. 突破缺口　　Ⅲ. 持续性缺口　　Ⅳ. 消耗性缺口

A. Ⅰ、Ⅱ　　B. Ⅰ、Ⅳ　　C. Ⅱ、Ⅲ　　D. Ⅲ、Ⅳ

【答案及解析】

一、选择题

1. **【答案】**C

【解析】A项，当开盘价等于最高价，收盘价等于最低价时，就会出现光头光脚阴线；B项，当收盘价等于最高价，开盘价等于最低价时，就会出现光头光脚阳线；D项，当开盘价等于收盘价，最高价大于开盘价，最低价小于收盘价时，就会出现十字形K线。

2. **【答案】**A

【解析】A项，圆弧形又称为碟形、圆形或碗形等；B项，圆弧形态形成所花的时间越长，今后反转的力度就越强；C项，在圆弧顶或圆弧底形态的形成过程中，成交量的变化都是两头多，中间少；D项，圆弧形态是反转突破形态的一种。

3. **【答案】**C

【解析】支撑线和压力线之所以能起支撑和压力作用，两者之间之所以能相互转化，很大程度上是心理因素方面的原因，这也是支撑线和压力线理论上的依据。

4. **【答案】**C

【解析】A项，下降三角形是以看跌为主；B项，上升三角形在突破顶部的阻力线时，必须有大成交量的配合，否则为假突破；D项，下降三角形同上升三角形正好反向，是看跌的形态。

5. **【答案】**D

【解析】A项，普通缺口经常出现在股价整理形态中，特别是出现在矩形或对称三角形等整理形态中；B项，突破缺口是证券价格向某一方向急速运动，跳出原有形态所形成的缺口；C项，持续性缺口是在证券价格向某一方向有效突破之后，由于急速运动而在途中出现的缺口。

二、组合型选择题

1. **【答案】**B

【解析】波浪理论最大的不足是应用上的困难，从理论上讲是波浪结构完成一个完整的过程，但主浪的变形和调整浪的变形会产生复杂多变的形态，波浪所处的层次又会产生大浪套小浪、浪中有浪的多层次形态，这些都会使应用者在具体数浪时发生偏差。浪的层次的确定和浪的起始点的确认是应用波浪理论的两大难点。该理论的第二个不足是面对同一个形

态，不同的人会产生不同的数法，而且都有道理，谁也说服不了谁。

2.【答案】D

【解析】Ⅰ项，趋势线可以单独存在，而轨道线则不能单独存在；Ⅱ项，趋势线被突破后，就说明股价下一步的走势将要反转。与突破趋势线不同，对通道线的突破并不是趋势反转的开始，而是趋势加速的开始。

3.【答案】D

【解析】Ⅰ项，矩形又称为箱形，也是一种典型的整理形态，股票价格在两条横着的水平直线之间上下波动，呈现横向延伸的运动。

4.【答案】C

【解析】一般说来，上影线越长，下影线越短，阳线实体越短或阴线实体越长，越有利于空方；上影线越短，下影线越长，阴线实体越短或阳线实体越长，越有利于多方。上影线长于下影线，利于空方；下影线长于上影线，则利于多方。

5.【答案】A

【解析】压力线又称为阻力线，是平行于横轴的一条直线，既可以出现在上升的行情中，也可以出现在下降的行情中，在一定条件下还可以与支撑线相互转化。

6.【答案】B

【解析】普通缺口具有的一个比较明显的特征是，它一般会在3日内回补；同时，成交量很小，很少有主动的参与者。消耗性缺口一般发生在行情趋势的末端，表明股价变动的结束。判断消耗性缺口最简单的方法就是考察缺口是否会在短期内封闭。若缺口封闭，则消耗性缺口形态可以确立。

第七章　量化分析

【知识结构】

- 量化分析
  - 理论基础
    - 量化投资分析的特点
    - 量化投资分析的理论基础
    - 量化投资分析的主要内容和方法
  - 量化投资技术
    - 量化选股
    - 量化择时
    - 股指期货套利
    - 商品期货套利
    - 统计套利
    - 算法交易
    - 资产配置及风险控制
  - 量化分析的应用
    - 量化投资技术的应用前提和适用范围
    - 量化分析的主要应用

第一节　理论基础

【大纲要求】

熟悉量化投资分析的特点；了解量化投资分析的理论基础；了解量化投资分析的主要内容和方法。

【要点详解】

一、量化投资分析的特点

量化分析法是利用统计、数值模拟和其他定量模型进行证券市场相关研究的一种方法，具体来说，有如下五大方面的特点：

(1)纪律性。量化投资需要严格执行模型给出的投资建议，从而可以克服人性的弱点以及认知偏差，也可以起到跟踪和修正的目的。

(2)系统性。系统性主要表现在多层次的量化模型、多角度的观察及海量数据的观察等。

(3)及时性。量化投资模型能够及时快速地跟踪市场变化，不断发现能够提供超额收益的新的投资机会。

(4)准确性。量化投资分析能够准确客观评价投资机会，克服主观情绪偏差，妥善运用套利的思想。

(5)分散化。量化投资分析能够在控制风险的基础上，准确实现分散化投资。

【例 7.1】量化分析法的特点不包括(　　)。[2016 年 5 月真题]

A. 纪律性　　B. 系统性　　C. 及时性　　D. 集中化

【答案】D

二、量化投资分析的理论基础

量化投资是一种主动型投资策略，主动型投资的理论基础是市场非有效或弱有效。因此，基金经理可以通过对个股、行业及市场的分析研究建立投资组合，获取超额收益。

指数化投资等被动投资的理论基础是市场有效，任何企图战胜市场的努力都是徒劳的，投资者只能取得市场收益，不如被动复制指数。

三、量化投资分析的主要内容和方法

1. 量化投资分析的主要内容

量化投资分析的主要内容是将投资理念及策略通过具体指标、参数的设计，体现到具体的模型中，让模型对市场进行不带任何情绪的跟踪。相对于传统投资方式来说，量化投资分析具有快速高效、客观理性、收益与风险平衡和个股与组合平衡等四大特点。

2. 量化投资分析的方法

量化投资涉及很多数学和计算机方面的方法，比如人工智能、数据挖掘、小波分析、支持向量机、分形理论、随机过程等。

第二节　量化投资技术

【大纲要求】

了解量化选股、量化择时、股指期货套利、商品期货套利、统计套利、算法交易、资产配置及风险控制等量化投资技术。

【要点详解】

一、量化选股

1. 量化选股的含义

量化选股是指利用数量化的方法选择股票组合，期望该股票组合能够获得超越基准收益率的投资行为。

2. 量化选股的方法

(1)公司估值法

公司估值方法是上市公司基本面分析的重要应用，在“基本面决定价值，价值决定价格”的基本逻辑下，通过公司估值方法得出公司理论股票价格，与市场价格比较，从而判断股票的市场价格是否被高估或者低估，寻找出价值被低估或被高估的股票，指导投资者的具体投资行为。

(2)趋势法

趋势法是指根据市场表现做出对应的投资行为的方法。市场有强势、弱势、盘整等不同的形态，投资行为可以追随趋势，也可以逆趋势反转操作。

(3)资金法

资金法的本质是追随市场主力资金的方向，资金流入伴随着价格上涨；资金流出伴随着价格下跌。也可以通过持仓筹码的分布来判断未来股价的上涨和下跌情况。

二、量化择时

量化择时是指利用数量化的方法，通过分析各种宏观微观指标，试图找到影响大盘走势的关键信息，从而预测未来走势。

量化择时的方法包括趋势择时、市场情绪择时、有效资金模型、牛熊线等。

三、股指期货套利

股指期货套利是指利用股指期货市场存在的不合理价格，同时参与股指期货与股票现货市场交易，或者同时进行不同期限，不同(但相近)类别股票指数合约交易，以赚取差价的行为。股指期货套利主要分为期现套利和跨期套利两种。股指期货套利的研究主要包括现货构建、套

利定价、保证金管理、冲击成本、成分股调整等内容。

四、商品期货套利

相关商品在不同时间、地点对应着一个合理的价差。由于价格的波动性，价差经常出现不合理的情况，但不合理的价差最终都会回到合理的范围之内，不合理回到合理的这部分价格区间就是盈利区间。基于以上逻辑，商品期货套利才得以存在。

历史数据的统计分析对于成功实施商品期货套利来说非常重要。商品期货套利过程成功实施的重要前提是对相关合约之间的价差数据变化规律进行科学的统计分析。

五、统计套利

1. 统计套利的含义

统计套利是用统计方法挖掘套利机会的投资策略，在不依赖于经济环境的情况下，运用数量手段构建资产组合，从而对市场风险进行免疫，获取一个稳定、无风险的 alpha(超额收益率)。

2. 统计套利的方法

(1)成对交易

成对交易，即价差交易，是统计套利最常用的策略，指在构建某一资产多头的同时，构建另一种资产的空头，并在将来某一时刻同时了结两种资产的头寸。这是一种市场中性策略，可以免疫市场风险，通过捕捉两个或者多个资产之间的相对错误定价机会来获得低风险收益。

(2)多因素模型

多因素模型通过分析与股票收益率相关的多种因素，建立回归模型，通过分析资产实际价格和模型预测价格之间的差异来获利。当实际资产价格高于模型预测价格时，资产被高估，卖出该资产，待到实际资产价格与模型预测价格相等时，再买入该资产以对冲之前的空头头寸。反之则进行相反操作。

(3)均值回归策略

均值回归策略建立在股票价格是均值回归的这一假设条件之上。如果股票价格超过它的平均价格，它被预计在未来将朝反方向运行。依照该策略，应该卖出超越市场表现的股票(预期下跌)，买入低于市场表现的股票(预期上涨)。

(4)协整策略

协整策略是利用股票价格序列的协整关系建模。该策略基于累计收益率对均衡关系的偏离。

六、算法交易

算法交易又被称为自动交易、黑盒交易，是指利用电子平台，通过使用计算机程序来发出交易指令，执行预先设定好的交易策略。在交易中，程序可以决定的范围包括交易时间的选择、交易的价格，甚至可以包括最后需要成交的证券数量。

根据各个算法交易中算法的主动程度不同，算法交易可以分为：(1)被动型算法交易；(2)主动型算法交易；(3)综合型算法交易。

七、资产配置及风险控制

资产配置是指根据投资需求将投资资金在不同资产类别之间进行分配，通常是将资产在低风险、低收益证券与高风险、高收益证券之间进行分配。

风险控制是指风险管理者采取各种措施和方法，消灭或减少风险事件发生的各种可能性，或者减少风险事件发生时造成的损失。

加入了量化投资管理的现代资产配置理论突破了传统积极型投资和指数型投资的局限，将投资方法建立在对各种资产类股票公开数据的统计分析上，通过比较不同资产类的统计特征，建立数学模型，进而确定组合资产的配置目标和分配比例。

第三节　量化分析的应用

【大纲要求】

了解量化投资技术的应用前提和适用范围；了解量化分析的主要应用。

【要点详解】

一、量化投资技术的应用前提和适用范围

量化分析法较多采用复杂的数理模型和计算机数值模拟，能够提供较为精细化的分析结论。但它对使用者的定量分析技术有较高要求，不易为普通公众所接受。此外，量化分析法所采用的各种数理模型本身存在模型风险，一旦外部环境发生较大变化，原有模型的稳定性就会受影响。最后，量化分析法往往需要和程序化交易技术相结合，对交易系统的速度和市场数据的精确度有较高要求，这也在一定程度上限制了其应用范围。

二、量化分析的主要应用

1. 估值与选股

(1)估值

对上市公司的估值包括两种方法：

①相对估值法，主要采用乘数方法，如市盈率 P/E 估值法、市净率 P/B 估值法、企业价值倍数法等；

②绝对估值法，主要采用折现的方法，如股利折现模型、折现现金流模型(公司自由现金流模型和股权自由现金流模型)等。

(2)选股

数量化选股策略是在基本面研究的基础上结合量化分析的手段构建出来的，主要的选股方法如下：

①基本面选股

通过对上市公司财务指标的分析，找出影响股价的重要因子，通过建立股价与因子之间的关系模型得出对股票收益的预测。

股价与因子的关系模型分为结构模型和统计模型，其中，结构模型是给出股票的收益和因子之间的直观表达，包括三种选股方法：价值型、成长型、价值成长型。统计模型是用统计方法提取出近似线性无关的因子建立模型，包括：主成分法、极大似然法等。

②多因素选股

通过寻找引起股价共同变动的因素，建立收益与联动因素间线性相关关系的多因素模型。

影响股价的共同因素包括宏观因子、市场因子和统计因子。通过逐步回归和分层回归的方法对三类因素进行选取，然后通过主成分分析选出解释度较高的某几个指标来反映原有的大部分信息。

③动量、反向选股

动量选股策略是指事先对股票收益和交易量设定条件，然后分析股票在过去短期时间内的表现，当条件满足时买进或卖出股票的投资策略。

反向选股策略基于投资者的锚定和过度自信的心理特征，认为投资者会对上市公司的业绩状况做出持续过度反应，形成对业绩差的公司业绩过分低估和业绩好的公司业绩过分高估的现象，从而反向投资存在套利机会。实行反向选股策略的投资者买进过去表现差的股票而卖出过去表现好的股票。

2. 资产配置

资产配置是指资产类别选择、投资组合中各类资产的配置比例以及对这些混合资产进行实时管理。

资产配置一般包括战略资产配置、战术资产配置和资产混合配置。

资产配置包括三大层次，分别是全球资产配置、大类资产配置和行业风格配置。

【例 7.2】下列属于资产配置三大层次的是(　　)。

Ⅰ. 全球资产配置　　Ⅱ. 大类资产配置

Ⅲ. 行业风格配置　　Ⅳ. 公司风格配置

A. Ⅰ、Ⅱ、Ⅲ　　B. Ⅰ、Ⅱ、Ⅳ　　C. Ⅰ、Ⅲ、Ⅳ　　D. Ⅱ、Ⅲ、Ⅳ

【答案】A

3. 基金绩效评估

基金是一种集合投资产品，它具有风险分散、专业化管理、变现性强等特点，要对基金有一个全面的评价，绩效评估能够提供较好的视角与方法。

对基金的绩效进行评估的指标和方法包括：风险调整收益、择时/股能力、业绩归因分析、业绩持续性和 Fama 的业绩分解等。

4. 基于行为金融学的投资策略

股票市场的一系列与理性人假设不符合的异常现象，如：日历效应、股权溢价之谜、期权微笑、封闭式基金折溢价之谜、小盘股效应等，使得诸多研究学者放松关于投资者是完全理性的严格假设，形成了具有重要影响力的学术流派——行为金融学。

目前国际金融市场中比较常见且相对成熟的行为金融投资策略包括动量投资策略、反向投资策略、小盘股策略和时间分散化策略等。

5. 程序化交易

程序化交易是指任何含有 15 只股票以上或单值为一百万美元以上的交易。目前程序化交易策略主要包括：①数量化程序交易策略；②动态对冲策略；③指数套利策略；④配对交易策略；⑤久期平均策略等。

【本章练习】

一、选择题

1. 下列关于量化投资分析的说法，不正确的是(　　)。

A. 量化投资是一种主动型投资策略

B. 量化投资的理论基础是市场有效

C. 基金经理在量化投资中可能获取超额收益

D. 量化分析法是利用统计、数值模拟等进行证券市场相关研究的一种方法

2. 资产配置是资产组合管理过程中的重要环节之一，是决定(　　)的主要因素。

A. 上市公司业绩　　B. 投资组合相对业绩

C. 套期保值效果　　D. 投资者风险承受力

3. “所有的决策都是依据模型做出的”体现了量化投资分析的(　　)。

A. 纪律性　　B. 系统性　　C. 套利思想　　D. 概率取胜

4. 统计套利的主要内容有配对交易、股指对冲、融券对冲和(　　)。

A. 风险对冲　　B. 期权对冲　　C. 外汇对冲　　D. 期货对冲

5. 在量化投资中，数据挖掘的主要技术不包括(　　)。

A. 分类　　B. 关联分析　　C. 预测　　D. 机器学习

二、组合型选择题

1. 量化选股的方法有(　　)。

Ⅰ. 公司估值法　　Ⅱ. 趋势法　　Ⅲ. 资金法　　Ⅳ. 价量分析法

A. Ⅰ、Ⅱ、Ⅲ　　B. Ⅰ、Ⅱ、Ⅳ　　C. Ⅰ、Ⅲ、Ⅳ　　D. Ⅱ、Ⅲ、Ⅳ

2. 量化选股的模型有很多种，总的来说主要有(　　)。

Ⅰ. 多因子模型　　Ⅱ. 资产定价模型

Ⅲ. 风格轮动模型　　Ⅳ. 行业轮动模型

A. Ⅰ、Ⅲ、Ⅳ　　B. Ⅰ、Ⅱ、Ⅲ　　C. Ⅱ、Ⅲ、Ⅳ　　D. Ⅰ、Ⅱ、Ⅲ、Ⅳ

3. 在量化投资分析中，可以借鉴人工智能的技术包括(　　)。

Ⅰ. 专家系统　　Ⅱ. 机器学习　　Ⅲ. 神经网络　　Ⅳ. 遗传算法

A. Ⅰ、Ⅲ　　B. Ⅰ、Ⅱ、Ⅲ　　C. Ⅱ、Ⅳ　　D. Ⅰ、Ⅱ、Ⅲ、Ⅳ

4. 下列上市公司的估值方法中，属于相对估值法的有(　　)。

Ⅰ. P/E 估值法　　Ⅱ. 股利折现模型

Ⅲ. P/B 估值法　　Ⅳ. 股权自由现金流模型

A. Ⅱ、Ⅳ　　B. Ⅰ、Ⅱ、Ⅳ　　C. Ⅰ、Ⅲ　　D. Ⅰ、Ⅱ、Ⅲ、Ⅳ

【答案及解析】

一、单选题

1. **【答案】**B

【解析】量化投资是一种主动型投资策略，主动型投资的理论基础为市场是非有效或弱式有效。因此，基金经理可以通过对个股、行业及市场的分析研究建立投资组合，获取超额收益。

2. **【答案】**B

【解析】资产配置是指根据投资需求将投资资金在不同资产类别之间进行分配，通常是将资产在低风险、低收益证券和高风险、高收益证券之间进行分配。资产配置是投资过程中最重要的环节之一，也是决定投资组合相对业绩的主要因素。

3. **【答案】**A

【解析】量化投资管理是“定性思想的量化应用”，更加强调数据，并有以下四个特点：①纪律性，所有的决策都是依据模型做出的，纪律性首先表现在依靠模型和相信模型；②系统性，具体表现为“多层次、多角度、多数据”；③妥善运用套利的思想；④靠概率取胜。

4. **【答案】**C

【解析】统计套利的主要内容有配对交易、股指对冲、融券对冲和外汇对冲。

5. **【答案】**D

【解析】在量化投资中，数据挖掘的主要技术包括：①关联分析；②分类；③预测；④聚类分析。

二、组合型选择题

1.【答案】A

【解析】量化选股就是采用数量的方法选择公司股票，期望能获得超额收益的行为。量化选股的方法主要有：①公司估值法；②趋势法；③资金法。

2.【答案】A

【解析】量化选股的模型有很多种，总的来说主要有多因子模型、风格轮动模型、行业轮动模型、资金流模型、动量反转模型、一致预期模型、趋势追踪模型。

3.【答案】D

【解析】金融投资是一项复杂的、综合各种知识与技术的学科，对智能的要求很高。所以在量化投资分析中可以借鉴人工智能的很多技术，包括专家系统、机器学习、神经网络、遗传算法等。

4.【答案】C

【解析】对上市公司的估值包括两种方法：①相对估值法，主要采用乘数方法，如市盈率 P/E 估值法、市净率 P/B 估值法、企业价值倍数法等；②绝对估值法，主要采用折现的方法，如股利折现模型、折现现金流模型(包括公司自由现金流模型和股权自由现金流模型)等。

第四部分 证券估值

第八章 股 票

【知识结构】

股票
- 基本理论
  - 股票估值原理
  - 风险和预期收益率的含义和计算
  - 股票估值方法及特点
  - 公司价值和股权价值的概念及计算方法
- 绝对估值法
  - 现金流贴现法的原理
  - 自由现金流的含义
  - 公司自由现金流(FCFF)、股权自由现金流(FCFE)、股利贴现模型(DDM)等现金流贴现法的步骤
  - 贴现率的内涵
  - 股权资本成本与公司整体平均资金成本(WACC)的概念
  - 公司整体平均资金成本(WACC)的计算公式
  - 两阶段、三阶段模型的特点及参数设置的规则
  - 各种绝对估值法的区别
- 相对估值法
  - 相对估值法的原理与步骤
  - 可比公司的特征
  - 市盈率估价方法
  - 市盈率倍数
  - 企业价值倍数(EV/EBITDA)
  - 市盈率相对盈利增长比率(PEG)法
  - 市净率估价方法
  - 市售率估价方法

第一节 基本理论

【大纲要求】

熟悉股票估值原理；熟悉预期收益率和风险的含义和计算；掌握各类估值方法的特点；掌握公司价值和股权价值的概念及计算方法。

【要点详解】

一、股票估值原理

1. 价值与价格的基本概念

证券估值是指对证券价值的评估。证券估值是证券交易的前提和基础。

(1)虚拟资本及其价格

虚拟资本是以有价证券形态存在的资本，如股票、债券等。其价格运动形式表现为：

①预期收益和市场利率决定证券的市场价值；

②有价证券的市场价值与预期收益的多少成正比，与市场利率的高低成反比；

③有价证券的供求和货币的供求决定有价证券的价格波动。

(2)市场价格、内在价值、公允价值与安全边际

①市场价格，即证券在市场中的交易价格，反映了市场参与者对该证券价值的评估。根据产生市场价格的证券交易发生时间，市场价格可以分为：历史价格、当前价格和预期市场价格。

②内在价值的两层含义：内在价值取决于证券自身的内在属性或者基本面因素；市场价格基本上是围绕内在价值形成的。

③公允价值，如果存在活跃交易的市场，则以市场报价为金融工具的公允价值；否则，采用估值技术确定公允价值。

④安全边际，是指证券的市场价格低于其内在价值的部分，任何投资活动均以之为基础。

2. 货币的时间价值、复利、现值与贴现

(1)货币的时间价值

货币的时间价值是指货币随时间的推移而发生的增值。

(2)复利

由于货币时间价值的存在，资金的借贷具有利上加利的特性，所以将其称为复利。

①在复利条件下，可以用以下公式计算一笔资金的期末价值(或称为终值、到期值)：

$$FV = PV \cdot (1+i)^n$$

式中：FV 为终值；PV 为本金(现值)；i 为每期利率；n 为期数。

②若每期付息 m 次，则到期本利和变为：

$$FV = PV \cdot \left(1+\frac{i}{m}\right)^{mn}$$

(3)现值和贴现

贴现是对给定的终值计算现值的过程。现值(PV)计算公式为：

$$PV = \frac{FV}{(1+i)^n}$$

(4)现金流与净现值

现金流指在不同时点上流入或流出相关投资项目(或企业，或有价证券)的一系列现金。

将现金流入的现值(正数)和现金流出的现值(负数)相加，即得到该投资项目的净现值。

二、风险和预期收益率的含义和计算

1. 风险

(1)风险的含义

风险指对投资者预期收益的背离，或者说是证券收益的不确定性。证券投资的风险指证券预期收益变动的可能性及变动幅度。与证券投资相关的所有风险被称为总风险，总风险可分为：

①系统风险，又称市场风险，也称不可分散风险，是指由于某种因素的影响和变化，导致股市上所有股票价格的下跌，从而给股票持有人带来损失的可能性。系统性风险主要由政治、经济及社会环境等宏观因素造成，投资人无法通过多样化的投资组合来化解。

②非系统风险，一般是指对某一个股或某一类股票发生影响的不确定因素。如上市公司的经营管理、财务状况、市场销售、重大投资等因素，它们的变化都会对公司的股价产生影响。此类风险主要影响某一种股票，与市场的其它股票没有直接联系。

(2)风险的计算

一般来讲，有三种方法可以衡量证券投资的风险：

①计算证券投资收益低于其期望收益的概率。

②计算证券投资出现负收益的概率。

③计算证券投资的各种可能收益与其期望收益之间的离差，即证券收益的方差或标准差。

2. 预期收益率

投资者投资的目的是为了得到收益，预期收益率是投资者承受各种风险应得的补偿，预期收益率为无风险收益率和风险补偿的加总，资产的预期收益率计算公式如下：

$$E(r_i)=r_f+\beta_i[E(r_m)-r_f]$$

式中：$E(r_i)$为资产 i 的预期收益率；r_f 为无风险收益率；β_i 为资产的贝塔系数；$E(r_m)$为市场平均收益率。

三、股票估值方法及特点

1. 绝对估值

绝对估值是指通过对证券基本财务要素的计算和处理得出该证券的绝对金额。公司自由现金流贴现模型、股权自由现金流贴现模型等基于现金流贴现的方法均属绝对估值。

2. 相对估值

相对估值是参考可比证券的价格，相对地确定待估证券的价值。常见的相对估值方法如表 8－1 所示。

表 8－1　相对估值法

方法	适用	不适用
市盈率(P/E)	周期性较弱企业、一般制造业、服务业	亏损公司、周期性公司
市净率(P/B)	周期性公司、重组型公司	重置成本变动较大的公司、固定资产较少的服务行业
市售率(P/S)	销售收入和利润率较稳定的公司	销售不稳定的公司
企业价值倍数(EV/EBIDA)	资本密集、准垄断或具有巨额商誉的收购型公司	固定资产更新变化较快的公司
市盈率相对盈利增长比率(PEG)	IT 等成长性行业	成熟行业

3. 其他估值方法

(1)无套利定价

一价定律是无套利定价的理论基础，即相同的商品在同一时刻只能以相同的价格出售，否则市场参与者就会低买高卖，最终导致价格趋同。根据该原理，合理的金融资产价格应该消除套利机会。

(2)风险中性定价

由于投资者有不同的风险偏好，导致金融资产在估值时必须选择不同的贴现率。风险中性定价假设投资者具有相同的风险偏好，对风险均持中性态度，从而简化了分析过程，可以采用无风险利率作为贴现率。

四、公司价值和股权价值的概念及计算方法

1. 公司价值

公司价值，或称企业价值，是该企业预期自由现金流量以其加权平均资本成本为贴现率折现的现值，它与企业的财务决策密切相关，体现了企业资金的时间价值、风险以及持续发展能力。

公司价值的计算公式为：公司价值 = 普通股的市值 + 少数股东权益的市值 - 关联公司股权的市值 + 优先股股权的市值 - 现金与现金等价物。

2. 股权价值

根据预期企业自由现金流数值，用加权平均资本成本作为贴现率，计算企业的总价值，然后减去企业的负债价值，得到企业股权价值。即：股权价值 = 公司价值 - 负债。

第二节　绝对估值法

【大纲要求】

熟悉现金流贴现法的原理；掌握自由现金流的含义；掌握各种口径自由现金流的计算方式；熟悉公司自由现金流(FCFF)、股权自由现金流(FCFE)、股利贴现模型(DDM)等现金流贴现法的步骤；了解贴现率的内涵；掌握股权资本成本与公司整体平均资金成本(WACC)的概念；掌握公司整体平均资金成本(WACC)的计算公式；掌握资本资产定价模型(CAPM)参数的确定方式；熟悉终值的概念；掌握增长率法和可比法计算终值的原理和公式；熟悉两阶段、三阶段模型的特点及参数设置的规则；熟悉各种绝对估值法的区别和优缺点。

【要点详解】

一、现金流贴现法的原理

现金流贴现模型运用收入的资本化定价方法来决定普通股票内在价值。常用的现金流贴现模型有红利贴现模型和自由现金流贴现模型。

【例 8.1】下列表述正确的是(　　)。[2016 年 5 月真题]

Ⅰ. 按照现金流贴现模型，股票的内在价值等于预期现金流之和

Ⅱ. 现金流贴现模型中的贴现率又称为必要收益率

Ⅲ. 当股票净现值大于零，意味着该股票股价被低估

Ⅳ. 现金流贴现模型是运用收入的资本化定价方法决定普通股票内在价值的方法

A. Ⅰ、Ⅱ　　B. Ⅰ、Ⅲ、Ⅳ

C. Ⅱ、Ⅲ、Ⅳ　　D. Ⅰ、Ⅱ、Ⅲ、Ⅳ

【答案】C

【解析】Ⅰ项，现金流贴现模型下，一种资产的内在价值等于预期现金流的贴现值，对股票而言，预期现金流即为预期未来支付的股息，因此，股票的内在价值等于预期现金流的贴现值之和。

二、自由现金流的含义

自由现金流量，指企业产生的、在满足了再投资需要之后剩余的现金流量，这部分现金流量是在不影响公司持续发展的前提下可供分配给企业资本供应者(股东和债权人)的最大现金额。自由现金流可以分为企业自由现金流和股东自由现金流两种。

三、公司自由现金流(FCFF)、股权自由现金流(FCFE)、股利贴现模型(DDM)等现金流

贴现法的步骤

1. 公司自由现金流贴现模型

(1)计算公式

与红利贴现模型相似，公司自由现金流的计算也分为零增长、固定增长、多阶段几种情况。公司自由现金流计算公式如下：

$$\begin{aligned} FCFF &= EBIT \times (1-T) + D\&A - \Delta NWC - CapEx + Other \\ &= \text{息税前利润} \times (1-\text{所得税率}) + \text{折旧和摊销} - \text{净营运资本量} \\ &\quad - \text{资本性投资} + \text{其他现金来源} \end{aligned}$$

式中：$EBIT$ 为息税前利润(扣除所得税和利息前的利润)；$D\&A$ 为折旧和摊销；ΔNWC 为净营运资本量。

(2)贴现率

公司自由现金流贴现模型以公司加权平均资本成本为贴现率。

(3)计算步骤

①根据预期公司自由现金流数值，用加权平均资本成本作为贴现率，计算公司的总价值；

②公司的总价值减去公司的负债价值，得到公司股权价值；

③用公司股权价值除以发行在外的总股数，即可获得每股价格。

2. 股权自由现金流贴现模型

(1)股权自由现金流的定义与计算

股权自由现金流($FCFE$)，是指公司经营活动中产生的现金流量，扣除掉公司业务发展的投资需求和对其他资本提供者的分配后，可以分配给股东的现金流量。计算公式如下：

$$FCFE = FCFF - \text{用现金支付的利息费用} + \text{利息税收抵减} - \text{优先股股利}$$

(2)贴现率

股权自由现金流贴现模型以股东要求的必要回报率作为贴现率。

(3)计算步骤

①计算未来各期期望 $FCFE$；

②确定股东要求的必要回报率，作为贴现率计算企业的权益价值 VE；

③计算出股票的内在价值。

3. 股利贴现模型

(1)一般公式

大多数人投资股票的目的主要是为了获取未来支付的红利以及买卖差价，预期现金流即为预期未来支付的股息以及未来的卖出价格。因此，股利贴现现金流模型的一般公式如下：

$$V = \frac{D_1}{1+k} + \frac{D_2}{(1+k)^2} + \frac{D_3}{(1+k)^3} + \cdots + \frac{D_\infty}{(1+k)^\infty} = \sum_{t=1}^{\infty} \frac{D_t}{(1+k)^t}$$

式中：V 为股票在期初的内在价值；D_t 为时期 t 末以现金形式表示的每股股息；k 为一定风险程度下现金流的适合贴现率，即必要收益率。

该公式假定所有时期内的贴现率都是一样的。

根据一般公式，可以得到净现值(NPV)的计算公式：

$$NPV = V - P = \sum_{t=1}^{\infty} \frac{D_t}{(1+k)^t} - P$$

式中：P 为在 $t=0$ 时购买股票的成本。

(2)内部收益率

内部收益率是指使得投资净现值等于零的贴现率。如果用 k^* 代表内部收益率，则有：

$$NPV = V - P = \sum_{t=1}^{\infty} \frac{D_t}{(1+k^*)^t} - P = 0$$

因此：

$$P = \sum_{t=1}^{\infty} \frac{D_t}{(1+k^*)^t}$$

由此可知，使未来股息流贴现值恰好等于股票市场价格的贴现率实际上就是内部收益率。

【例8.2】下列关于现金流贴现模型和股票内部收益率的描述，正确的是(　　)。[2016年4月真题]

Ⅰ. 在同等风险水平下，如果内部收益率大于必要收益率，可考虑买进该股票

Ⅱ. 内部收益率就是指使得投资净现值等于零的贴现率

Ⅲ. 不同投资者利用现金流贴现模型估值的结果相等

Ⅳ. 内部收益率实质上就是使得未来股息贴现值恰好等于股票市场价格的贴现率

A. Ⅰ、Ⅱ、Ⅲ　　　　B. Ⅰ、Ⅱ、Ⅳ

C. Ⅰ、Ⅲ、Ⅳ　　　　D. Ⅰ、Ⅱ、Ⅲ、Ⅳ

【答案】B

【解析】Ⅲ项，不同类型的贴现现金流模型，所使用的贴现率不同，估值结果不一定相等，如：股权自由现金流模型和公司自由现金流模型采用的贴现率不同，前者是评估公司的股权资本成本，后者则是评估公司的加权资本成本。

(3)零增长模型

零增长模型假定未来的股息按一个固定数量支付，即股息增长率(g)等于零。根据该假定可知 $D_t = D_0$，由此得到股票的内在价值公式为：

$$V = \sum_{t=1}^{\infty} \frac{D_0}{(1+k)^t} = D_0 \sum_{t=1}^{\infty} \frac{1}{(1+k)^t}$$

由于 $k>0$，根据数学中无穷级数的性质，零增长模型的公式变为：

$$V = \frac{D_0}{k}$$

【例8.3】假设某公司在未来无限时期支付的每股股利为5元，必要收益率为10%。当前股票市价为45元，则对于该股票投资价值的说法正确的是(　　)。[2016年5月真题]

A. 该股票有投资价值　　　　B. 该股票没有投资价值

C. 依市场情况来确定投资价值　　　　D. 依个人偏好来确定投资价值

【答案】A

【解析】根据零增长模型股票内在价值决定公式，可得该股票内在价值为：$V = \frac{D_0}{K} = \frac{5}{10\%} = 50$(元)，大于股票的市场价格45元，说明股票价值被低估，因此有投资价值。

(4)不变增长模型

不变增长模型有两种形式：①股息按照不变的增长率增长；②股息以固定不变的绝对值

增长。因为前者更为常见，所以此处主要介绍股息按照不变增长率增长的情况。

假定股息永远按不变的增长率 g 增长，就可以建立不变增长模型，不变增长模型的公式为：

$$V=\frac{D_1}{k-g}$$

式中：D_1 为第一期股利，其计算公式为：$D_1=D_0(1+g)$。

四、贴现率的内涵

贴现率的内涵主要分为两种：

(1)贴现率指金融机构向该国央行作短期融资时，该国央行向金融机构收取的利率。贴现率的高低会影响各金融机构对客户收取的利率水准并间接影响其它金融市场，为一国的货币政策工具之一。

(2)贴现率指将未来资产折算成现值的利率，一般是用无风险利率来当作贴现率。

五、股权资本成本与公司整体平均资金成本(WACC)的概念

1. 股权资本成本

股权资本成本是投资者投资企业股权时所要求的收益率，是根据金融学理论计算出来的要求回报率。

对股权资本成本的认识存在两种观点：

(1)股权资本成本是企业为取得和使用权益资金所花费的代价，包括筹资成本和使用权益资金的成本。

(2)股权资本成本是投资于某一项目或企业的机会成本。

这两种观点分别从资本使用方和投资方的角度来分析股权资本成本的实质。从市场经济角度出发，后者被大多数人所认同：根据风险与收益相匹配的原理，股权资本成本只能从投资者的角度来分析，其大小可以用特定投资中投资者所期望的报酬率来衡量，并表现为期望的股利和资本利得等。

【例 8.4】股权资本成本的基本涵义是(　　)。[2016 年 4 月真题]

A. 在一级市场认购股票支付的金额

B. 在二级市场认购股票支付的金额

C. 为使股票价格不下跌，企业应在二级市场增持的金额

D. 为使股票的市场价格不受影响，企业应从所募集资金中所获得的最小收益率

【答案】D

2. 公司整体平均资金成本

公司整体平均资金成本，又称加权平均资本成本，是指企业以各种资本在企业全部资本中所占的比重为权数，对各种长期资金的资本成本加权平均计算出来的资本总成本。加权平均资本成本可用来确定具有平均风险投资项目所要求的收益率。

六、公司整体平均资金成本(WACC)的计算公式

WACC 的计算公式为：

$$WACC=(E/V)\times R_e+(D/V)\times R_d\times(1-T_c)$$

式中：R_e 为股权成本；R_d 为债务成本；E 为公司股本的市场价值；D 为公司债务的市场价值；$V=E+D$；T_c 为企业税率；E/V = 股本占融资总额的百分比；D/V = 债务占融资总额的百分比。

七、两阶段、三阶段模型的特点及参数设置的规则

(1)两阶段增长模型

两阶段增长模型假定在时间 L 以前，股息以一个不变的增长速度 g_1 增长；在时间 L 以后，股息以另一个不变的增长速度 g_2 增长。若 V 代表股票在期初的内在价值；D_t 代表时期 t 末以现金形式表示的每股股息；k 代表一定风险程度下现金流的适合贴现率，即必要收益率。

由此可以建立二元可变增长模型：

$$V = \sum_{t=1}^{L} D_0 \frac{(1+g_1)^t}{(1+k)^t} + \sum_{t=L+1}^{\infty} D_L \frac{(1+g_2)^{t-L}}{(1+k)^t} = \sum_{t=1}^{L} D_0 \frac{(1+g_1)^t}{(1+k)^t} + \frac{1}{(1+k)^L} \times \frac{D_{L+1}}{k-g_2}$$

其中，$D_{L+1} = D_0(1+g_1)^L(1+g_2)$。

(2)三阶段增长模型

三阶段增长模型是股息贴现模型的另一种特殊形式，它将股息的增长分成了三个不同的阶段，如图 8-1 所示。在第一个阶段(期限为 O 到 A)，股息的增长率为一个常数(g_a)。第二个阶段(期限为 A 到 B)是股息增长的转折期，股息增长率以线性的方式从 g_a 变化为 g_n，g_n 是第三阶段的股息增长率。如果 $g_a > g_n$，则在转折期内表现为递减的股息增长率；反之，则表现为递增的股息增长率。第三阶段(期限为 B 之后，一直到永远)，股息的增长率也是一个常数(g_n)，该增长率是公司长期的正常的增长率。

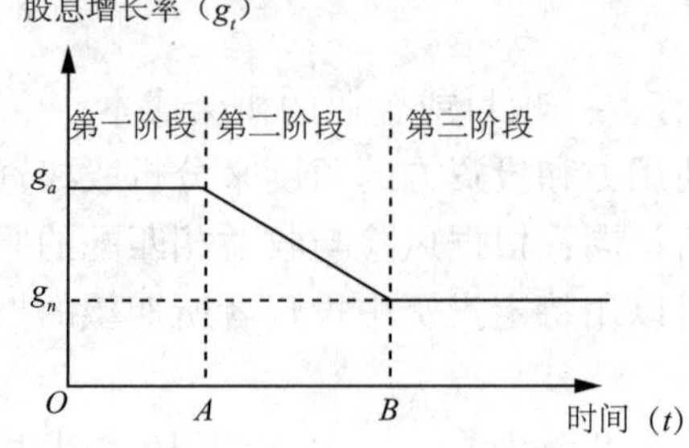

图 8-1　三阶段股息增长模型

在图 8-1 中，在转折期内任何时点上的股息增长率 g 可以用以下公式表示：

$$g_t = g_a - (g_a - g_n)\frac{t-A}{B-A},\ g_a > g_n$$

在满足三阶段增长模型的假定条件下，如果已知 g_a、g_n、A、B 和初期的股息水平 D_0，就可以计算出所有各期的股息；然后，根据贴现率计算股票的内在价值。三阶段增长模型的计算公式为：

$$V = D_0 \sum_{t=1}^{A} \left(\frac{1+g_a}{1+k}\right)^t + \sum_{t=A+1}^{B} \left[\frac{D_{t-1}(1+g_t)}{(1+k)^t}\right] + \frac{D_B(1+g_n)}{(1+k)^B(k-g_n)}$$

式中的三项分别对应于股息的三个增长阶段。

(3)内部收益率的计算

可变增长模型也可以计算出内部收益率 k^*，只需用股票的市场价格 P 代替 V，k^* 代替 k。但是，由于可变增长模型相对较为复杂，直接得出内部收益率较为困难，因此，主要采取试错法来计算 k^*。

八、各种绝对估值法的区别

几种主要的绝对估值法的区别如表 8-2 所示。

表8－2　绝对估值法

模型	现金流	贴现率
公司自由现金流贴现模型	企业自由现金流	加权平均资本成本
股权自由现金流贴现模型	股东自由现金流	股东要求的必要回报率
股利贴现模型	股息	必要收益率

第三节　相对估值法

【大纲要求】

掌握相对估值法的原理与步骤；了解可比公司的特征；熟悉计算股票市场价格的市盈率方法及其应用缺陷；熟悉市盈率倍数的概念及应用；熟悉企业价值倍数（EV/EBITDA）的概念及应用；熟悉市盈率相对盈利增长比率（PEG）法的概念及应用；熟悉市净率、市售率的概念及应用；了解收益倍数法和资产倍数法的区别与联系。

【要点详解】

一、相对估值法的原理与步骤

相对估值法是以可比资产在市场上的当前定价为基础，来评估目标资产的价值，又称可比公司法（简称可比法）。

1．理论基础

资产的内在价值是不可能（或者几乎不可能）被估计的。资产的价值是市场愿意付给它的任何价格（取决于它的特征）。

2．步骤

（1）寻找合适的比较对象；

（2）在假定比较对象定价合理的基础上，计算目标的合理定价。

二、可比公司的特征

可比公司指的是公司所处的行业、市场环境、公司的主营业务或主导产品、企业规模、资本结构、盈利能力以及风险程度等方面相同或者相近的公司。

三、市盈率估价方法

市盈率（P/E）又称价格收益比、本益比，是每股价格与每股收益之间的比率，股票市值与净利润的比值也可以表示市盈率。

通过对股票市盈率和每股收益的估计，就能估计出股票价格。估计股票市盈率的方法主要有简单估计法、市场决定法和回归分析法。

1．简单估计法

简单估计法主要是利用历史数据进行估计，主要包括以下三种方法：①算术平均数法或中间数法；②趋势调整法；③回归调整法。

2．市场决定法

（1）市场预期回报率倒数法

可以在不变增长模型中做出更多的假定：①公司的利润内部保留率固定不变，记为 b；②再投资利润率固定不变，记为 r，且股票持有者的预期回报率（k）与再投资利润率相当。在上面的假设条件下，经过推导，可以知道股票持有者预期的回报率刚好就是市盈率的倒数。因此，可以通过分析各种股票的市场预期回报率来预测市盈率。

(2)市场归类决定法

在有效市场的假设下，风险结构等条件类似的公司，其股票的市盈率也应相同。因此，如果选取风险结构类似的公司来求取市盈率的平均数，就可以此作为市盈率的估计值。

3. 回归分析法

回归分析法是指利用回归分析的统计方法，通过考察股票价格、收益、股息政策、风险、增长和货币的时间价值等各种因素变动与市盈率之间的关系，得出能够最好解释市盈率与这些变量间线性关系的方程，进而根据这些变量的给定值对市盈率大小进行预测的分析方法。

用回归分析法得出的有关市盈率估计方程具有很强的时效性，套用过去的方程是不现实的。因此，投资者用该方法来进行投资决策指导时，最好是自己做一些研究，并在实践中不断加以改进。

四、市盈率倍数

1. 市盈率倍数法的概念

市盈率倍数法是以企业的市盈率作为乘数(倍数)，以此乘数与被评估企业相同口径的收益额相乘估算被评估企业价值的方法。市盈率倍数法是使用相对估值法评估企业价值时最常用的方法。

市盈率倍数法的核心估值公式为：

$$公司市值 = 公司收益 \times 市盈率倍数$$

公司收益比较简单，当年或者最近几年财务报表都有披露，也可用未来几年的预测值。市盈率倍数一般通过选择一组可比公司，并计算出可比公司的市盈率平均数得到，所以核心问题就是选择可比行业以及可比公司。

2. 市盈率倍数法的优点

(1)将股票价格与公司盈利状况相联系，较为直观；

(2)对大多数股票而言，市盈率倍数易于计算并很容易得到，便于不同股票之间的比较；

(3)它能作为公司一些其他特征(包括风险性与成长性)的代表。

3. 市盈率倍数法的缺点

(1)该方法可能被误用。可比公司的定义在本质上是主观的，而实际中同行业的公司可能在业务组合、增长潜力和风险程度方面存在很大的差异，因此同行业公司未必有可比性；

(2)当企业的收益或预期收益为负值时，无法使用该方法；

(3)该方法使用短期收益作为参数，因此不能直接比较有不同长期增长前景的公司；

(4)市盈率无法区分经营性资产和非经营性资产创造的盈利，降低了企业之间的可比性；

(5)该方法无法反映企业运用财务杠杆的水平，若可比公司与目标公司的资本结构之间存在较大差异，那么可能导致错误的结论；

(6)每股收益容易受到公司的操纵。

五、企业价值倍数(EV/EBITDA)

1. 企业价值倍数的含义

企业价值倍数被广泛用于公司估值，该指标从全体投资人的角度出发来反映投资资本的市场价值和未来一定时期企业收益间的比例关系。计算公式为：

$$企业价值倍数 = EV/EBITDA$$

式中：*EV* 为公司价值；*EV* = 市值 +（总负债 - 总现金）= 市值 + 净负债；*EBITDA* 为利息、所得税、折旧、摊销前盈余；*EBITDA* = 营业利润 + 折旧费用 + 摊销费用，营业利润 = 毛利润 - 销售费用 - 管理费用。

2. 企业价值倍数的运用

(1)使用前提。企业价值倍数法要求企业预测的未来收益水平必须能够体现企业未来的收益流量和风险状况的主要特征。

(2)不同行业或板块有不同的估值(倍数)水平。与行业平均水平或历史水平相比，企业价值倍数较高通常说明股票被高估，较低则说明股票被低估。

(3)EV/EBITDA 更适用于单一业务或子公司较少的公司估值，如果业务或合并子公司数量众多，需要做复杂调整，那么估值的准确性有可能会降低。

3. EV/EBITDA 的优点

(1)不受所得税率不同的影响，使得不同国家和市场的上市公司估值更具有可比性；

(2)不受资本结构不同的影响，公司对资本结构的改变不会影响估值，有利于比较不同公司估值水平；

(3)排除了折旧摊销这些非现金成本的影响(现金比账面利润重要)，可以更准确的反映公司价值。

4. EV/EBITDA 的缺陷

(1)方法比 P/E 稍微复杂，至少还要对债权的价值以及长期投资的价值进行单独估计；

(2)没有考虑到税收因素，如果两个公司之间的税收政策差异很大，指标的估值结果就会失真。

六、市盈率相对盈利增长比率(PEG)法

1. 市盈率相对盈利增长比率法的概念

市盈率相对盈利增长比率，也称为市值回报增长比，是指上市公司的市盈率除以盈利增长速度。该指标既可以通过市盈率考察公司目前的财务状况，又可以通过盈利增长速度考察未来一段时期内公司的增长预期，因此是一个比较完美的选股参考指标。

2. 市盈率相对盈利增长比率法的应用

当 PEG 等于 1 时，表明市场赋予股票的估值可以充分反映被评估企业未来业绩的成长性。如果 PEG 大于 1，则股票的价值就可能被高估，或市场认为这家企业的业绩成长性会高于市场的预期。通常，成长型股票的 PEG 都会高于 1，甚至在 2 以上。当 PEG 小于 1 时，要么是市场低估了股票的价值，要么是市场认为被评估企业业绩成长性可能比预期的要差。通常价值型股票的 PEG 都会低于 1，以反映低业绩增长的预期。

七、市净率估价方法

1. 市净率的定义

市净率(P/B)又称净资产倍率，是每股市场价格与每股净资产之间的比率，它反映的是相对于净资产，股票当前市场价格所处水平的高低。市净率越大，说明股价处于较高水平；反之，市净率越小，说明股价处于较低水平。

2. 市净率与市盈率

(1)市净率与市盈率之间的关系：

$$\frac{(P/B)}{(P/E)}=\frac{E}{B}=ROE$$

或者说，$P/B=(P/E)\times ROE$。

因此，市盈率相同时，公司的股权收益率(或称为净资产收益率)越高，则该公司的市净率也就越高。

(2)市净率通常用于对股票内在价值的考察，多为长期投资者所重视；市盈率通常用于对股票供求状况的考察，更为短期投资者所关注。

(3)对于以流动性好的资产为主的公司，如银行、投资公司、财务公司、保险公司等，由于其账面值与市值更接近，因此用市净率更好。此外，市净率还可以用于对那些预计不可持续经营的公司进行估值。

3. 市净率估值法的缺点

(1)没有考虑一些无法用会计进行度量的因素，如人力资本等；

(2)由于会计准则的影响导致资产估值存在问题；

(3)账面值只是按历史成本对公司的资产进行估值，很难反映公司可能的投资收益和价值；

(4)当公司出现再融资或回购股份时，会改变公司的净资产，使得历史比较失去意义。

【例 8.5】市净率与市盈率都可以作为反映股票价值的指标，(　　)。[2016 年 5 月真题]

Ⅰ. 市盈率越大，说明股价处于越高的水平

Ⅱ. 市净率越大，说明股价处于越高的水平

Ⅲ. 市盈率通常用于考察股票的内在价值，多为长期投资者所重视

Ⅳ. 市净率通常用于考察股票的内在价值，多为长期投资者所重视

A. Ⅰ、Ⅲ　　B. Ⅰ、Ⅳ　　C. Ⅰ、Ⅱ、Ⅳ　　D. Ⅱ、Ⅲ、Ⅳ

【答案】C

【解析】Ⅲ项，市盈率通常用于考察股票的供求状况，更为短期投资者所关注。

八、市售率估价方法

市售率(P/S)，也称市销率，是指股票价格与每股销售收入之比，市售率是评价公司股票价值的一个重要指标，市售率高的股票相对价值较高。

由于在竞争日益激烈的环境中，公司的市场份额在决定公司生存能力和盈利水平方面的作用越来越大，因此，市售率可以明显反映出新兴市场公司的潜在价值。但市售率也有如下缺点：

(1)匹配问题，股价反映的是考虑了负债融资对公司盈利能力和风险的影响，而收入则没有考虑负债的成本和费用；

(2)有些公司虽然收入增长迅速，但仍然会出现亏损，如果公司长期无法将收入转换为真正的盈利和现金，那么用 P/S 来估值就会发生错误。

【本章练习】

一、选择题

1. ABC 公司是一家上市公司，其发行在外的普通股为 600 万股。利润预测分析显示其

下一年度的税后利润为1200万元人民币。设必要报酬率为10%，当公司的年度成长率为6%，并且预期公司会以年度盈余的70%用于发放股利时，该公司股票的投资价值为(　　)元。

A. 35　　B. 36　　C. 40　　D. 48

2. 对股票投资而言，内部收益率是指(　　)。

A. 投资本金自然增长带来的收益率

B. 使得未来股息流贴现值等于股票市场价格的贴现率

C. 投资终值为零的贴现率

D. 投资终值增长一倍的贴现率

3. 在股票现金流贴现模型中，可变增长模型中的"可变"是指(　　)。

A. 股票的投资回报率是可变的　　B. 股票的内部收益率是可变的

C. 股息的增长率是变化的　　D. 股价的增长率是可变的

4. 股票未来收益的现值是股票的(　　)。

A. 内在价值　　B. 清算价值　　C. 账面价值　　D. 票面价值

5. 股票市场上有一支股票的价格是每股30元，已知发行该股票的公司在该年度净利润为1000万元，销售收入总额为10000万元，未分配利润为3000万元，该公司的股本数额为1000万股。该股票的市盈率为(　　)倍。

A. 3　　B. 10　　C. 15　　D. 30

二、组合型选择题

1. 下列关于市值回报增长比(PEG)的说法，正确的有(　　)。

Ⅰ. 市值回报增长比即市盈率对公司利润增长率的倍数

Ⅱ. 当PEG大于1时，表明市场赋予这只股票的估值可以充分反映其未来业绩的成长性

Ⅲ. 通常，成长型股票的PEG都会高于1，甚至在2以上，投资者愿意给予其高估值

Ⅳ. 通常，价值型股票的PEG都会低于1，以反映低业绩增长的预期

A. Ⅰ、Ⅱ　　B. Ⅱ、Ⅲ　　C. Ⅱ、Ⅲ、Ⅳ　　D. Ⅰ、Ⅲ、Ⅳ

2. "内在价值"即"由证券本身决定的价格"，其含义有(　　)。

Ⅰ. 内在价值是一种相对"客观"的价格

Ⅱ. 内在价值由证券自身的内在属性或者基本面因素决定

Ⅲ. 市场价格基本上是围绕着内在价值形成的

Ⅳ. 内在价值不受外在因素的影响

A. Ⅰ、Ⅱ、Ⅲ　　B. Ⅰ、Ⅲ、Ⅳ

C. Ⅱ、Ⅲ、Ⅳ　　D. Ⅰ、Ⅱ、Ⅲ、Ⅳ

3. 预计某公司今年末每股收益为2元，每股股息支付率为90%，并且该公司以后每年每股股利将以5%的速度增长。如果某投资者希望内部收益率不低于10%，那么，(　　)。

Ⅰ. 他在今年年初购买该公司股票的价格应小于18元

Ⅱ. 他在今年年初购买该公司股票的价格应大于38元

Ⅲ. 他在今年年初购买该公司股票的价格应不超过36元

Ⅳ. 该公司今年年末每股股利为1.8元

A. Ⅰ、Ⅲ　　B. Ⅰ、Ⅳ　　C. Ⅱ、Ⅳ　　D. Ⅲ、Ⅳ

4．资产价值估值的常用方法有(   )。

Ⅰ．重置成本法　　Ⅱ．无套利定价　　Ⅲ．清算价值法　　Ⅳ．风险中性定价

A．Ⅰ、Ⅱ　　B．Ⅰ、Ⅲ　　C．Ⅱ、Ⅳ　　D．Ⅱ、Ⅲ、Ⅳ

5．某公司上一年度每股收益为1元，公司未来每年每股收益以5%的速度增长，公司未来每年的所有利润都分配给股东。如果该公司股票今年年初的市场价格为35元，并且必要收益率为10%，那么(   )。

Ⅰ．该公司股票今年年初的内在价值约等于39元

Ⅱ．该公司股票的内部收益率为8%

Ⅲ．该公司股票今年年初市场价格被高估

Ⅳ．持有该公司股票的投资者应当在明年年初卖出该公司股票

A．Ⅰ、Ⅱ　　B．Ⅰ、Ⅲ　　C．Ⅱ、Ⅲ　　D．Ⅱ、Ⅲ、Ⅳ

【答案及解析】

一、选择题

1．**【答案】**A

【解析】该公司股票的投资价值计算如下：①下一年度每股收益 = 税后利润 ÷ 发行股数 =1200 ÷600 =2(元)；②每股股利 = 每股盈余 × 股利支付率 = 2 × 70% = 1.4(元)；③股票价值 = 预期明年股利 ÷(必要报酬率 - 成长率) = 1.4 ÷(10% - 6%) = 35(元)。

2．**【答案】**B

【解析】内部收益率是指使得投资净现值等于零的贴现率。对于股票而言，内部收益率实际上是使得未来股息流贴现值恰好等于股票市场价格的贴现率。

3．**【答案】**C

【解析】零增长模型和不变增长模型都对股息的增长率进行了一定的假设。事实上，股息的增长率是变化不定的，因此，零增长模型和不变增长模型并不能很好地在现实中对股票的价值进行评估。可变增长模型中放松了股息增长率不变的假设，即认为股息增长率是变化的。

4．**【答案】**A

【解析】一种资产的内在价值等于预期现金流的贴现值。对股票而言，预期现金流即为预期未来支付的股息，因而股票未来收益的现值是股票的内在价值。

5．**【答案】**D

【解析】依题意，每股收益 = 当期净利润 ÷ 当期发行在外普通股的总股数 = 1000 ÷ 1000 = 1(元/股)，市盈率 = 股价 ÷ 每股收益 = 30 ÷ 1 = 30(倍)。

二、组合型选择题

1．**【答案】**D

【解析】Ⅱ项，当PEG等于1时，表明市场赋予这只股票的估值可以充分反映其未来业绩的成长性；如果PEG大于1，则这只股票的价值就可能被高估，或市场认为这家公司的业绩成长性会高于市场的预期。

2．**【答案】**D

【解析】投资学上的“内在价值”概念，大致有两层含义：①内在价值是一种相对“客观”的价格，由证券自身的内在属性或者基本面因素决定，不受外在因素(比如短期供求关系变动、投资者情绪波动等等)影响；②市场价格基本上是围绕着内在价值形成的。

3.【答案】D

【解析】该公司今年年末的每股股利 $=2\times90\%=1.8$（元），投资者希望内部收益率不低于10%，则其在今年年初购买股票的价格应该不超过：$1.8/(10\%-5\%)=36$（元）。

4.【答案】B

【解析】常用的资产价值估值方法包括重置成本法和清算价值法，分别适用于可以持续经营的企业和停止经营的企业。

5.【答案】C

【解析】根据公式，该公司股票今年年初的内在价值为：$1\times(1+5\%)/(10\%-5\%)=21$（元）。设该公司股票的内部收益率为 r，则：$35=1\times(1+5\%)/(r-5\%)$，解得：$r=8\%$。由于公司股票内在价值 < 公司股票市场价格，该公司股票价格被高估，投资者应当在今年年初卖出该公司股票。

第九章　固定收益证券

【知识结构】

- 固定收益证券
  - 基本理论
    - 基准利率、货币市场利率的概念
    - 决定利率方向与变化幅度的因素
    - 经济基本面、资金面与收益率曲线的关系
    - 不同经济阶段收益率曲线的特点
  - 债券定价
    - 债券的概念和分类
    - 不同类别债券累计利息和实际支付价格的计算
    - 债券现金流的确定因素
    - 债券贴现率的概念及计算公式
    - 债券估值模型
    - 零息债券、附息债券、累息债券的定价计算
    - 债券收益率的概念及计算
    - 收益率曲线的概念和类型
    - 期限结构的影响因素及利率期限结构理论
    - 资产证券化产品、非公开定向债务融资工具(PPN)、中小企业私募债、城投债、市政债、项目收益债券的风险及定价方法
  - 债券评级
    - 信用利差的概念、影响因素及其计算
    - 信用利差和信用评级的关系
    - 债券评级的概念和主要等级标准
    - 主要的债券评级机构
    - 影响债券评级的因素及其与评级的关系
    - 常见的影响债券评级的财务指标及计算
    - 我国信用体系的特点

第一节　基本理论

【大纲要求】

熟悉基准利率、货币市场利率的概念；熟悉决定利率方向与变化幅度的因素；熟悉经济基本面、资金面与收益率曲线的关系；了解不同经济阶段收益率曲线的特点。

【要点详解】

一、基准利率、货币市场利率的概念

1. 基准利率

基准利率是利率市场化的重要前提之一，指金融市场上具有普遍参照作用的利率，其他利率水平或金融资产的价格均可根据这一基准利率水平来确定，即这种利率发生变动，其他利率也会相应变动。

2. 货币市场利率

货币市场利率是反映货币市场资金状况、衡量金融产品收益率的重要指标。货币市场利率包括同业拆借利率、商业票据利率、国债回购利率、国债现货利率、外汇比价等。货币市场利率包括同业拆借利率、商业票据利率、国债回购利率、国债现货利率、外汇比价等。央

行也以货币市场利率水平为依据，监控市场利率水平，预测市场利率走势。所以，货币市场利率是利率市场化的关键环节。

二、决定利率方向与变化幅度的因素

1. 平均利润率

马克思的利率决定理论认为：利率取决于平均利润率，介于零和平均利润率之间。平均利润率越高，则利率越高。

2. 投资和储蓄

古典学派的储蓄投资理论认为，投资是利率的减函数，储蓄是利率的增函数，而利率变化则取决于投资流量与储蓄流量的均衡点，均衡利率是由投资和储蓄共同决定的。

3. 货币供求

凯恩斯的流动性偏好理论根据货币市场的均衡分析利率水平。该理论认为，均衡的利率水平由货币供给和货币需求决定。

(1)货币需求由交易需求、预防需求和投机需求这三种需求构成。其中，交易需求、预防需求与收入相关，投机需求与利率相关。

(2)货币供给是一个外生变量，由政府决定。

(3)利率决定于货币供求数量。货币需求量基本取决于人们的流动性偏好。如果人们对流动性的偏好强，愿意持有的货币数量就增加，当货币的需求大于货币的供给时，利率上升；反之利率则下降。因此，利率是由流动性偏好曲线与货币供给曲线共同决定的。

(4)“流动性陷阱”。当利率极低时，由于货币需求无限大，利率将不再变动，即无论增加多少货币供应，货币都会被储存起来，不会对利率产生任何影响，这就是凯恩斯利率决定理论中著名的“流动性陷阱”。

4. 借贷资金供求

可贷资金理论认为利率是使用借贷资金的代价，而借贷资金的需求则与利率成反向相关关系，借贷资金的供求的均衡决定利率水平。当市场上借贷资金供不应求时，利率就会上升；反之，当市场上借贷资金供过于求时，利率就会下降。

5. 商品市场与货币市场同时实现均衡的条件

IS－LM 模型认为均衡利率水平是由商品市场与货币市场同时实现均衡的条件所决定的。当货币市场和商品市场达到均衡状态时，利率水平也达到了均衡状态。

6. 通货膨胀预期

物价的变动主要表现为货币本身的升值或贬值：物价下跌，货币升值；物价上涨，货币贬值。借贷双方在决定接受某一水平的名义利率时，都要考虑到对未来物价预期变动的补偿，以防止自己因货币的实际价值发生变动而亏损。所以，在预期通货膨胀率上升时，利率水平有很强的上升趋势；反之，在预期通货膨胀率下降时，利率水平也趋于下降。

7. 货币政策

中央银行通过运用货币政策来改变货币供给量，从而影响可贷资金的数量。

(1)当中央银行想刺激经济时，会增加货币投入量，使可贷资金的供给增加，可贷资金供给曲线向右移动，此时利率下降；

(2)当中央银行想限制经济过度膨胀时，会减少货币供给，使可贷资金的供给减少，可贷资金供给曲线向左移动，此时利率上升。

8. 商业周期

利率的波动表现出很强的周期性，在商业周期的扩张阶段利率上升，而在经济衰退阶段利率下降。

三、经济基本面、资金面与收益率曲线的关系

1. 相关概念

(1)基本面包括宏观经济运行态势和上市公司基本情况。宏观经济运行态势反映出上市公司整体经营业绩，也为上市公司进一步的发展确定了背景，因此宏观经济与上市公司及相应的股价有密切的关系。上市公司的基本面包括财务状况、盈利状况、市场占有率、经营管理体制、人才构成等各个方面。

(2)资金面表示货币供应量以及市场调控政策对金融产品的支持能力。

(3)收益率曲线是分析利率走势和进行市场定价的基本工具，也是进行投资的重要依据。在金融市场中，任何投资产品都有自己的收益率曲线，但是一般提到收益率曲线，是指国家政府债券的收益率曲线。国债在市场上自由交易时，不同期限及其对应的不同收益率，形成了债券市场的"基准利率曲线"。市场因此而有了合理定价的基础，其他债券和各种金融资产均在这个曲线基础上，考虑风险溢价后确定适宜的价格。

2. 关系

经济基本面因素、资金面因素都是影响国债收益率曲线的重要因素。

(1)经济基本面

国债市场分析的传统经典基础仍然是经济基本面的分析，其中最为关键的宏观经济基本面指标包括两大类：通货膨胀类的价格型指标和涉及经济增长类的指标。通货膨胀和经济增长均会对债券收益率产生影响。

①通货膨胀。通货膨胀率的变动主要对长期利率产生影响。总体而言，通货膨胀率与国债收益率，尤其是中长期收益率正相关。

②经济增长。经济增长对于国债收益率的影响主要体现在两个方面：

第一，经济增长的过程中通常伴有通货膨胀，因此中长期国债收益率会相应较高；

第二，经济步入上行区间时，股市对经济增长的反映最为敏感，市场大量资金会流入股票市场，债券市场相对冷清，国债发行人会提高收益率吸引投资者。总体上看，中长期国债收益率与经济增长通常是正相关关系。

(2)资金面

资金面因素是指国债市场上投资者资金松紧对国债收益率的影响，市场资金面充裕与否，直接影响到债券品种收益率曲线走势。从理论上讲，当投资者资金较充裕时，有更多国债投资需求，国债收益率较低，当资金较紧缺时，国债投资需求下降，国债收益率较高。

(3)国债收益率对经济基本面、资金面的反映

一般认为，1 年期以内的国债收益率主要反映了资金面的供求情况，10 年期以上国债收益率主要反映了经济基本面，中间期限国债收益率则是政策面和经济面的综合反映。

当国债收益率曲线呈趋平态势，短期利率接近、甚至超过长期利率时，预示经济将进入衰退和萧条阶段；反之，当收益率曲线呈陡峭态势，长短期利率之间的利差扩大时，说明经济的复苏和繁荣。因此，国债收益率曲线通常也是各国央行制定、实施货币政策的重要依据。

四、不同经济阶段收益率曲线的特点

收益率曲线即不同期限的即期利率的组合所形成的曲线，在不同的经济阶段收益率曲线呈现不同的特点。一般而言，在紧随经济衰退后的经济扩张初期，收益率曲线呈现陡直态势；在经济即将缓慢下来的时期，收益率曲线呈现倒置态势。

美林投资时钟理论对收益率曲线在不同经济阶段所呈现出的特点进行了更为详细的描述。美林投资时钟理论按照经济增长与通胀的不同搭配，将经济周期划分为四个阶段：衰退、复苏、过热、滞胀。不同经济阶段收益率曲线的具体特点如表 9－1 所示。

表 9－1　不同经济周期收益率曲线的特点

经济周期阶段	经济增长	通货膨胀	收益率
衰退	下行	下行	下行
复苏	上行	下行	先下后上
过热	上行	上行	上行
滞胀	下行	上行	先上后下

1. 衰退期

在衰退阶段，经济增长停滞。超额的生产能力和下跌的大宗商品价格驱使通胀率更低。企业盈利微弱并且实际收益率下降。中央银行削减短期利率以刺激经济回复到可持续增长路径，进而导致收益率曲线急剧下行。这个阶段，债券是最佳选择。

2. 复苏期

在复苏阶段，舒缓的政策起了作用，GDP 增长率加速，并处于潜能之上。然而，通胀率继续下降，因为空置的生产能力还未耗尽，周期性的生产能力扩充也变得强劲。企业盈利大幅上升、债券的收益率仍处于低位，但中央银行仍保持宽松政策。这个阶段是股权投资者的“黄金时期”，股票是最佳选择。

3. 过热期

在过热阶段，企业生产能力增长减慢，开始面临产能约束、通胀抬头的问题。中央银行加息以求将经济拉回到可持续的增长路径上来，此时的 GDP 增长率仍坚定地处于潜能之上。收益率曲线上行并变得平缓。股票的投资回报率取决于强劲的利润增长与估值评级不断下降的权衡比较。这个阶段，大宗商品是最佳选择。

4. 滞胀期

在滞胀阶段，GDP 的增长率降到潜能之下，但通胀却继续上升。产量下滑，企业为了保持盈利而提高产品价格，导致工资–价格螺旋上涨，只有失业率的大幅上升才能打破僵局。只有等通胀过了顶峰，中央银行才能有所作为，这就限制了债券市场的回暖步伐。这个阶段，企业的盈利恶化，股票表现不佳，现金是最佳选择。

第二节　债券定价

【大纲要求】

掌握债券的概念和分类；熟悉不同类别债券累计利息的计算和实际支付价格的计算；熟悉债券现金流的确定因素；掌握债券贴现率的概念及计算公式；熟悉债券估值模型；熟悉零息债券、附息债券、累息债券的定价计算；熟悉债券当期收益率、到期收益率、即期利率、

持有期收益率、赎回收益率的计算；掌握收益率曲线的概念及类型；熟悉期限结构的影响因素及利率期限结构理论。

熟悉资产证券化产品、非公开定向债务融资工具(PPN)、中小企业私募债、城投债、市政债、项目收益债券的风险及定价方法。

【要点详解】

一、债券的概念和分类

1. 债券的概念

债券是一种有价证券，是社会各类经济主体为筹集资金而向债券投资者出具的、承诺按一定利率定期支付利息并到期偿还本金的债权债务凭证。债券具有偿还性、流动性、安全性和收益性等特征。

2. 债券的分类

依据不同的标准，债券可以有不同的分类。债券的分类如表9－2所示。

表9－2　债券的分类

分类标准	类别	特点
发行主体的不同	政府债券	由政府发行的债券。中央政府发行的债券被称为“国债”
	金融债券	由银行或非银行金融机构发行的债券
	公司债券	公司依照法定程序发行、约定在一定期限还本付息的有价证券。公司债券的发行主体是股份公司，但有些国家也允许非股份制企业发行债券
债券发行条款中是否规定在约定期限向债券持有人支付利息	贴现债券	又称“贴水债券”，是指在票面上不规定利率，发行时按某一折扣率以低于票面金额的价格发行的债券，债券发行价与票面金额之间的差额相当于预先支付的利息，到期时按面额偿还本金
	附息债券	①附息债券的合约中明确规定，在债券存续期内，对持有人定期支付利息(通常每半年或每年支付一次)； ②按照计息方式的不同，这类债券还可细分为固定利率债券和浮动利率债券
	息票累积债券	这类债券规定了票面利率，但是，债券持有人必须在债券到期时一次性获得本息，存续期间没有利息支付
募集方式的不同	公募债券	发行人向不特定的社会公众投资者公开发行的债券
	私募债券	向特定的投资者发行的债券。私募债券的发行对象一般是特定的机构投资者
担保性质的不同	有担保债券	①以抵押财产为担保发行的债券； ②按抵押品的不同，又可以细分为抵押债券、质押债券和保证债券
	无担保债券	①又称“信用债券”，仅凭发行人的信用而发行，不提供任何抵押品或担保人而发行的债券； ②国债、金融债券、信用良好的公司发行的公司债券，大多为信用债券
债券券面形态的不同	实物债券	一种具有标准格式实物券面的债券。在标准格式的债券券面上，一般印有债券面额、债券利率、债券期限、债券发行人全称、还本付息方式等各种债券票面要素
	凭证式债券	凭证式债券的形式不是债券发行人制定的标准格式的债券，而是债权人认购债券的一种收款凭证
	记账式债券	没有实物形态的票券，利用证券账户通过电脑系统完成债券发行、交易及兑付的全过程

【例9.1】关于贴现债券，下列说法正确的是(　　)。[2016年4月真题]

Ⅰ. 在票面上不规定利率

Ⅱ. 属于折价方式发行的债券

Ⅲ. 在发行时将利息预先扣除

Ⅳ. 在债券发行后才按期支付利息

A. Ⅰ、Ⅳ　　B. Ⅰ、Ⅱ、Ⅲ　　C. Ⅱ、Ⅲ　　D. Ⅰ、Ⅱ、Ⅲ、Ⅳ

【答案】B

二、不同类别债券累计利息和实际支付价格的计算

计算累计利息时，针对不同类别的债券，全年天数和利息累计天数的计算各有行业惯例。债券的实际支付价格又称债券的发行价格，是指债券原始投资者购入债券时应支付的市场价格，它与债券的面值可能一致也可能不一致。理论上，债券发行价格是债券的面值和要支付的年利息按发行当时的市场利率折现所得到的现值。

1. 短期债券

通常全年天数定为 360 天，半年定为 180 天。利息累积天数则分为按实际天数(ACT)计算(ACT/360、ACT/180)和按每月 30 天计算(30/360、30/180)两种。

2. 中长期附息债券

全年天数有的定为实际全年天数，也有的定为 365 天。累计利息天数也分为实际天数、每月按 30 天计算两种。

我国交易所市场对附息债券的计息规定是全年天数统一按 365 天计算；利息累积天数规则是按实际天数计算，算头不算尾，且闰年 2 月 29 日不计息。

3. 贴现式债券

我国目前对于贴现发行的零息债券按照实际天数计算累计利息，闰年 2 月 29 日也计利息，公式为：

$$应计利息额 = \frac{到期总付额 - 发行价格}{起息日至到期日的天数} \times 起息日至结算日的天数$$

三、债券现金流的确定因素

债券的价值由其未来现金流入量的现值决定。一般而言，债券的未来现金收入由各期利息收入和到期时收回的面值两部分组成。一张面值为 F，各期利息收入为 I，期限为 n 的债券的现金流量如图 9－1 所示。

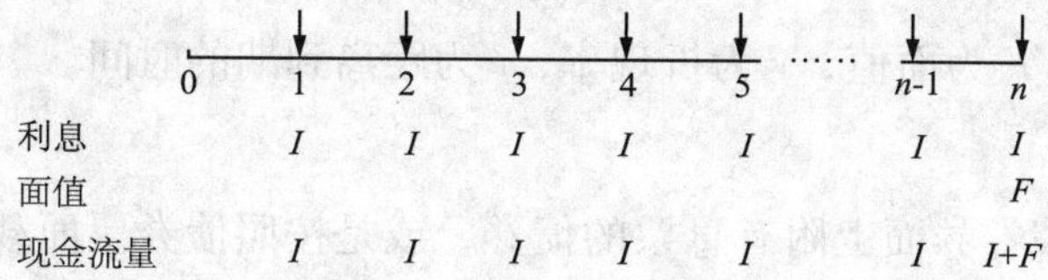

图 9－1　债券的现金流量

由图 9－1 可知，该债券的现金流量由一个票面利息构成的年金和一个到期支付的面值总额两部分组成，债券的价值就是这两部分现值的和。

四、债券贴现率的概念及计算公式

债券的贴现率是指投资者对债券要求的最低回报率，也称为必要回报率。其计算公式为：

$$债券贴现率 = 真实无风险收益率 + 预期通货膨胀率 + 风险溢价$$

(1) 真实无风险收益率，是指真实资本的无风险回报率，理论上由社会资本平均回报率决定。

(2) 预期通货膨胀率，是对未来通货膨胀率的估计值。

(3) 风险溢价，根据各种债券的风险大小而定，是投资者因承担投资风险而获得的补偿。债券投资的主要风险因素包括违约风险(信用风险)、流动性风险、汇率风险等。

五、债券估值模型

1. 债券估价的一般模型

典型的债券是固定利率，分期计息、到期还本的债券。这种债券理论价格的计算公式为：

$$P=\frac{I_1}{(1+y)}+\frac{I_2}{(1+y)^2}+\cdots+\frac{I_n}{(1+y)^n}+\frac{F}{(1+y)^n}$$

式中：P 代表债券价值；I_t 代表第 t 期债券的利息收益；y 代表折现率，又称到期收益率，在估价模型中一般采用当时市场利率或投资者要求的必要收益率；n 代表债券到期日的时间间隔；F 代表债券到期日的票面价值。

2. 影响债券估价的因素

根据以上债券估价的一般模型，影响债券价值大小的因素有必要收益率、到期时间、利息支付频率和计息方式。

(1) 必要收益率对债券估价的影响。必要收益率越小，债券价值越大。

(2) 到期时间对债券估价的影响。随着到期日的临近，债券价值会逐渐接近其面值。

(3) 利息支付频率对债券估价的影响。一年内付息频率越高，债券价值越小。

(4) 计息方式。不同的计息方式会对债券的价值产生不同的影响。

六、零息债券、附息债券、累息债券的定价计算

1. 零息债券定价

零息债券是指不计利息，折价发行，到期还本，通常 1 年期以内的债券。其定价公式为：

$$P=\frac{F}{(1+y)^t}$$

式中：P 为价格，F 为面值，y 为折现率，t 为距离到期的时间。

2. 附息债券定价

附息债券是指在债券券面上附有息票的债券，或是按照债券票面载明的利率及支付方式支付利息的债券。附息债券可以视为一组零息债券的组合，用零息债券的定价公式分别为其中每只债券定价，加总后即为附息债券的理论价格。用公式表示：

$$P=\sum_{t=1}^{n}\frac{C_t}{(1+y_t)^t}$$

式中：P 为债券理论价格；n 为债券距到期日时间长短(通常按年计算)；t 为现金流到达的时间；C 为现金流金额；y_t 为贴现率(通常为年利率)。

3. 累息债券定价

与附息债券相似，累息债券也有票面利率，但是规定到期一次性还本付息。可将其视为

面值等于到期还本付息额的零息债券，并按零息债券定价公式定价。

七、债券收益率的概念及计算

债券收益率是影响债券价格的重要因素，通常可以用以下几个指标衡量：

1. 息票率

息票率是指在发行证券时，证券发行人同意支付的协议利率，通常出现于中长期公司债券与政府债券。只有在满足以下情况的时候，才能够用息票率来衡量债券的收益率：

(1)投资者以等于债券面值的价格买进债券；

(2)按时得到承诺的全部付款；

(3)投资者按照债券面值变现债券。

2. 当期收益率

当期收益率是指按息票率计算所得的债券每一计息周期的利息收入除以当前债券市场价格的比率，用以衡量所投资债券的当期回报率。

3. 到期收益率

到期收益率是使债券未来支付的现金流的现值与债券当前价格相等的折现率，体现了自购买日至到期日的平均回报率。

若已知债券当前购买价格为 P_0，面值为 F，距离到期时间为 n 年，每年支付的利息总额为 C，1 年内共分 m 次付息，则满足下式的 y 就是到期收益率：

$$P_0 = \frac{F}{\left(1+\frac{y}{m}\right)^{mn}} + \sum_{t=1}^{mn} \frac{\frac{C}{m}}{\left(1+\frac{y}{m}\right)^{t}}$$

上式表明，到期收益率实际上就是内部报酬率，而到期收益率能否实际实现，取决于三个条件：

(1)发行人无违约(利息和本金能按时、足额支付)；

(2)投资者持有债券到期；

(3)收到利息能以到期收益率再投资。

【例 9.2】某无息债券的面值为 1000 元，期限为 2 年，发行价为 880 元，到期按面值偿还。该债券的到期收益率为(　　)。[2016 年 4 月真题]

A. 6%　　B. 6.6%　　C. 12%　　D. 13.2%

【答案】B

【解析】根据到期收益率的计算公式可得：$880 = \frac{1000}{(1+y)^2}$，求得：到期收益率 $y \approx 6.6\%$。

4. 持有期收益率

如果债券未持有到期，则需要用持有期收益率来衡量。持有期收益率的计算公式如下：

$$持有期收益率 = \frac{卖出价格 - 买入价格 + 债券持有期间的利息收入}{(买入价格 \times 持有期限) \times 100\%}$$

5. 赎回收益率

赎回收益率以平均年收益率表示，用以衡量从购买日到债券被发行人购回日，个人从债券投资中得到的收益。赎回收益率一般指的是第一赎回收益率，即假设赎回发生在第一次可赎回的时间，从购买到赎回的内在收益率。赎回收益率 y 的计算公式为：

$$P = \sum_{t=1}^{n} \frac{C}{(1+y)^t} + \frac{M}{(1+y)^n}$$

其中，P 为发行价格，n 为直到第一个赎回日的年数，M 为赎回价格，C 为每年利息收益。

八、收益率曲线的概念和类型

收益率曲线是描述在某一时点上一组可交易债券的收益率与其剩余到期期限之间数量关系的一条曲线，即在直角坐标系中，以债券剩余到期期限为横坐标、债券收益率为纵坐标而绘制的曲线。

收益率曲线按照曲线形状可划分为：正向收益率曲线、反向收益率曲线、水平收益率曲线和拱形收益率曲线。四条曲线的形状如图 9－2 所示。

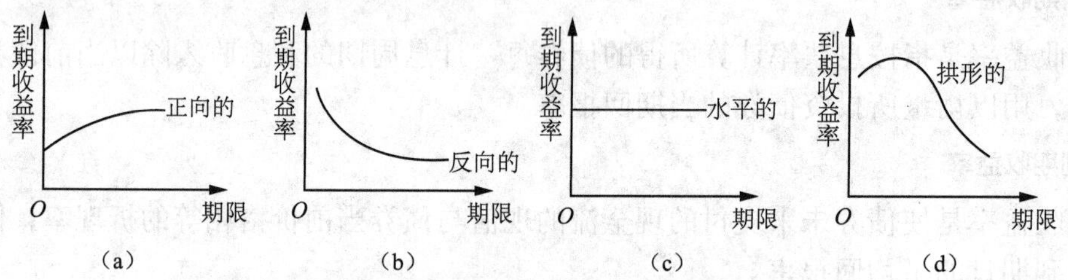

图 9－2　不同形状的收益率曲线

【例 9.3】拱形收益率曲线，表示期限相对较短的债券，利率与期限（　　）。［2016 年 4 月真题］

A. 相关度低　　B. 成反向关系　　C. 不相关　　D. 成正向关系

【答案】D

【解析】拱形收益率曲线表示，期限相对较短的债券，利率与期限成正向关系；期限相对较长的债券，利率与期限成反向关系。

九、期限结构的影响因素及利率期限结构理论

1. 期限结构的影响因素

利率期限结构是指某一时点上品质相同而期限不同的债券的到期收益率与到期期限之间的关系。利率的期限结构通常用收益率曲线来表示。

在任一时点上，都有以下三种因素影响期限结构的形状：

(1) 对未来利率变动方向的预期；

(2) 债券预期收益中可能存在的流动性溢价；

(3) 市场效率低下或者资金从长期（或短期）市场向短期（或长期）市场流动可能存在的障碍。

2. 利率期限结构理论

基于以上三种因素，对于期限结构的研究目前主要有三种流派，大致可以归为市场预期理论、流动性偏好理论和市场分割理论。

(1) 市场预期理论

市场预期理论又称无偏预期理论，认为利率期限结构完全取决于对未来即期利率的市场预期。如果预期未来即期利率上升，则利率期限结构呈上升趋势；如果预期未来即期利率下降，则利率期限结构呈下降趋势。

市场预期理论建立在以下三个假设条件之上：①投资者风险中性，仅仅考虑（到期）收

益率而不考虑风险；②所有市场参与者都有相同的预期，金融市场是完全竞争的；③在投资者的资产组合中，不同期限的债券具有完全替代性。

在市场预期理论中，某一时点的各种期限债券的收益率虽然不同，但是在特定时期内，市场上预计所有债券都取得相同的即期收益率，即长期债券是一组短期债券的理想替代物，长、短期债券取得相同的收益率，即市场是均衡的。

(2)流动性偏好理论

根据流动性偏好理论，不同期限的债券之间存在一定的替代性，这意味着一种债券的预期收益确实可以影响不同期限债券的收益，但是不同期限的债券并非完全替代的，短期债券比长期债券更具有吸引力。流动性偏好理论认为，长期利率是短期利率与流动性补偿值之和，即假定大多数投资者偏好持有流动性较强的短期债券，为了吸引投资者投资于期限较长的债券，投资两年期债券的收益率，应高于先投资 1 年期债券，收回的本息在下一年再投资 1 年期债券的收益率。用流动性偏好理论计算的 n 年期债券收益率大于市场预期理论框架下计算的 n 年期债券收益率。

(3)市场分割理论

市场预期理论与流动性偏好理论都暗含着一个假定，即不同到期期限的债券之间或多或少可以相互替代，长短期利率由同一个市场共同决定。市场分割理论则持不同的观点，其与前两个理论最大的不同在于，市场分割理论认为长短期债券基本上是在分割的市场上，各自有自己独立的均衡价格(利率)；投资者对不同期限的债券有不同的偏好，因此只关心他所偏好的那种期限的债券的预期收益水平。按照市场分割理论的解释，各种收益率曲线形式之所以不同，是由于不同期限债券的供给和需求不同而引起的。

十、资产证券化产品、非公开定向债务融资工具(PPN)、中小企业私募债、城投债、市政债、项目收益债券的风险及定价方法

1. 资产证券化产品

(1)资产证券化产品的常见风险来源有：欺诈风险、法律风险、金融管理风险以及信用等级下降风险。除了上述几种常见风险之外，还存在一些其它风险，诸如政策性风险、财产和意外风险、合同协议或证券失效、对专家的依赖风险等等。所有这些风险都不是彼此独立地存在着，而是相互联系的。

(2)资产证券化产品定价方法可以分为绝对估值和相对估值两种。

①绝对估值是指计算资产证券化产品未来现金流的现值，由此确定出绝对的价格。绝对估值更多地使用在商品、股票等的定价上，在证券化产品中并不常使用。

②相对估值是指将证券化产品的收益率与对应的基准收益率对比，常用的基准包括国债收益率、特定评级证券收益率和同一发行人。相对估值是固定收益产品主要的定价方法，在交易时投资者也习惯直接使用利差(证券化产品的收益率与基准收益率之间的差额)进行报价。

2. 非公开定向债务融资工具(PPN)

非公开定向债务融资工具(PPN)是指在银行间债券市场以非公开定向发行方式发行的债务融资工具。对非公开定向债务融资工具(PPN)的风险和定价方法简要介绍如下。

(1)在风险方面，虽然是非公开发行债券，但 PPN 的违约风险相对而言较低。一方面，目前已发行债券的评级普遍较高；另一方面，目前我国 PPN 的主承销商主要是银行和中信、

中金两家券商，承销商的资金实力和声誉形成进一步的偿债担保。

(2)在市场定价方面，非公开定向工具的发行价格、发行利率、所涉费率遵循自律规则，按市场方式确定，与公开发行债务融资工具相比存在着一定的流动性溢价。

3. 中小企业私募债

(1)作为债券市场的创新品种，中小企业私募债与公开发行的债券相比，风险更高，包括企业成长不确定带来的被动违约及运作不规范带来的信用(违约)风险，信息透明度较低带来的信息不对称风险，以及制度建设和监管逐步完善过程中的制度缺陷和监管风险。

(2)即便中小企业私募债获得和大型企业发债相同的级别，但由于身处市场的不同，其信用利差也会存在较大差异，投资者要求的风险补偿将高于大型企业，私募发行的特征使该类债券的风险定价较为困难，发行利率波动空间可能较大。

4. 城投债

城投债是指为地方经济和社会发展筹集资金，由地方政府投融资平台公司发行的债券，包括企业债、公司债、中期票据、短期融资券、非公开定向债务融资工具(PPN)等。

城投债的风险主要体现在，地方政府目前从事的融资项目多为基建设施，其盈利往往取决于未来地价的攀升情况。这种以未来土地资源收益做溢价的借债融资方式，往往蕴含巨大风险。

5. 市政债

市政债，一般是以政府税收等一般财政收入或项目收益为偿债来源，主要用于城市基础设施建设的债券，发行主体是地方政府或者授权机构。市政债的发行目的主要是化解地方债风险和为城镇化融资，旨在将一直以来地方政府隐性、不规范的债务变成显性、规范的债务。对市政债的风险和定价方法介绍如下。

(1)在中国经济转轨的特定历史背景下，允许地方政府发行市政收益债券会面临诸种风险，这不仅有相对于发行者和购买者而言的市场风险，还有相对于政府而言的公共风险和财政风险，以及由中国现行体制因素带来的信用风险。风险主要来源于：①政府作为投资主体，监督和约束机制不健全；②地方财政的非独立责任性；③地方政府信用评级缺失；④原有隐性债务的历史负担；⑤地方政企不分的隐患。

(2)基于我国债券市场的现状，在实践操作中，需要从以下几方面形成和完善市政债券的定价制度：①以国债收益率作为市政债券定价的基准利率；②对地方政府进行信用评级，确定市政债券市场风险利率；③推广更为市场化的簿记路演询价定价方式。

6. 项目收益债券

项目收益债券，是由项目实施主体或其实际控制人发行的，与特定项目相联系的，债券募集资金用于特定项目的投资与建设，债券的本息偿还资金完全或主要来源于项目建成后运营收益的企业债券。

与一般企业债相比，项目收益债券信用分析应主要关注：项目运营收入的测算，账户资金到账和划转的设置，差额补偿人的信用资质、偿债能力、偿债意愿等。

第三节　债券评级

【大纲要求】

掌握信用利差的概念、影响因素及其计算；熟悉信用利差和信用评级的关系；了解债券评级的概念和主要等级标准；了解主要的债券评级机构；了解常见的影响债券评级的因素及其与评级的关系；熟悉常见的影响债券评级的财务指标及计算；了解我国信用体系的特点。

【要点详解】

一、信用利差的概念、影响因素及其计算

1. 信用利差的概念

信用利差是指除了信用等级不同，其他各方面都相同的两种债券收益率之间的差额，它代表了仅仅用于补偿信用风险而增加的收益率。信用利差在经济扩张期会下降，而在经济收缩期会增加，鉴于此，信用利差可以作为预测经济周期活动的一个指标。

2. 信用利差的影响因素

(1)宏观经济形势

如果经济处于扩张期，投资者对未来发展有信心，愿意投资于信用等级较低的证券以获得较高的收益，而公司收入增加，这样就导致较低的信用利差；相反，如果经济处于收缩期，投资者信心不足，更愿投资于高信用等级债券以回避风险，而公司由于收入下降，发行人必须提供较高的利率，因此会产生较高的信用利差。

(2)市场流动性

债券的供给数量与信用利差成正向相关关系，债券的供给数量越大，信用利差越高，反之，债券供给越小，信用利差越低；而资金面与信用利差成反向相关关系，即银行可利用资金越高，信用利差越小，反之，银行可利用资金越低，信用利差则越大。

(3)股市波动性

理论上，信用利差与股市的波动幅度成负向相关关系，股市波动幅度越大，信用利差越小；反之，股市波动幅度越小，信用利差则越大。

3. 信用利差的计算公式

信用利差的计算公式为：

$$信用利差 = 贷款或证券收益 - 相应的无风险证券的收益$$

信用利差可用来衡量企业债信用风险大小和变化。信用等级越高的债券，其信用利差越小。但是，企业债的信用利差一般会大于预期违约损失包含的价差，因为债券信用利差不仅包括风险溢价，还包括流动性溢价和税收。

二、信用利差和信用评级的关系

信用评级是由独立、公正的中介机构所出具的反映债券信用风险程度的评级结论。信用评级作为信用风险的表现形式，其变动能够影响债券的定价，从而影响债券的信用利差水平，这种影响是通过投资者对资产的风险收益特征的态度变化实现的，即通过风险偏好的调整实现的。

一般情况下，信用等级越高，债券违约风险越低，信用利差也越小。目前，我国短期融资债券和中期票据的发行利率主要是由债项及主体的信用评级和交易商协会发行利率下限规定决定。至于企业债和公司债发行利率以银行间机构询价确定，但是银行间机构对利率的估值主要基于债券和发行人的信用级别。因此，信用评级差异是划分债券利差区间的主要因素。

【例 9.4】实践中，通常采用(　　)来确定不同债券的违约风险大小。[2016 年 5 月真题]

A. 收益率差　　B. 风险溢价　　C. 信用评级　　D. 信用利差

【答案】C

【解析】实践中，通常采用信用评级来确定不同债券的违约风险大小。不同信用等级债券之间的收益率差则反映了不同违约风险的风险溢价，也称为信用利差。

三、债券评级的概念和主要等级标准

1. 债券评级的概念

债券的信用等级表示债券质量的优劣，反映债券还本付息能力的强弱和债券投资风险的高低。公司公开发行债券，通常由债券评级机构为其评定信用等级。债券的信用评级不仅可以保护投资者利益、规避风险，还可以降低发行公司筹资成本。

2. 债券评级的主要等级标准

国外流行的债券等级一般分为3等9级。国际上著名的美国信用评定机构穆迪投资者服务公司和标准普尔公司采用的债券信用等级表如表9－3所示。

表9－3　债券信用等级表

标准普尔公司		穆迪公司	
AAA	最高级	Aaa	最高质量
AA	高级	Aa	高质量
A	上中级	A	上中质量
BBB	中级	Baa	下中质量
BB	中下级	Ba	具有投机因素
B	投机级	B	通常不值得正式投资
CCC	完全投机级	Caa	可能违约
CC	最大投机级	Ca	高度投机性，经常违约
C	规定盈利付息但未能盈利付息	C	最低级

四、主要的债券评级机构

国际上公认的最权威的信用评级机构主要有美国标准普尔公司、美国穆迪投资服务公司、加拿大债券级别服务公司、日本公司债券研究所和上海远东资信评估公司等。

五、影响债券评级的因素及其与评级的关系

信用评级主要从以下几个方面进行分析：

(1)公司发展前景。包括分析判断债券发行公司所处行业的状况，如是“朝阳产业”，还是“夕阳产业”，分析评价公司的发展前景、竞争能力、资源供应的可靠性等。一般而言，公司发展前景越好，信用评级越高，反之则越低。

(2)公司的财务状况。包括分析评价公司的债务状况、偿债能力、盈利能力、周转能力和财务弹性，及其持续的稳定性和发展变化趋势。公司的财务状况越好，其债券的信用评级也越高，反之则越低。

(3)公司债券的约定条件。包括分析评价公司发行债券有无担保及其他限制条件、债券期限、还本付息方式等。

六、常见的影响债券评级的财务指标及计算

债券评级中财务分析是以债券发行者提出的财务数据为基础，进行定量分析。分析中研

究的项目主要有：收益性、财务构成、财务弹性及清算价值等。

1. 收益性

收益性是观察公司财务是否健全最重要的指标，也是判断资本筹措能力及经营好坏的标准。最常用的收益性指标有：销售额盈利率、长期资本付利前盈利率和利息支付能力。

(1)销售额盈利率

销售额盈利率是以折旧付利之前的盈利占销售额的百分比来表示的，即销售额盈利率 = 折旧付利之前的盈利/销售额 ×100%，它显示了支付资本费用(折旧、利息)及税金之前的盈利能力。

(2)长期资本付利前盈利率

长期资本付利前盈利率 = 付利完税前的盈利额/长期资本 ×100% = 付利完税前的盈利额/(长期债务 + 优先股东持有份额 + 权益账户) ×100%。

(3)利息支付能力

利息支付能力 = 付利前盈利额/利息支付额，它是测定企业可以在何种程度上以盈利保证支付利息的直接指标。

2. 财务构成

财务构成(即资本结构)用以反映债券投资者对收益变动所承担风险可在多大程度上得到保护。常用的指标有：资本化比率、有息负债比率等。

(1)资本化比率

资本化比率 = 长期债务/(长期债务 + 优先股东份额 + 权益账户) ×100%。

(2)有息负债比率

有息负债比率 =(短期债务 + 长期债务)/(短期债务 + 长期债务 + 优先股股东份额 + 权益账户) ×100%。

3. 财务弹性

财务弹性是从财务方面反映有关债务偿还的弹性程度的指标。以营业活动所得的内部资金应付包括偿还债务在内的各种各样资金需求的能力越强，财务弹性就越大。反映财务弹性的常用指标有：资金流量比率、流动比率、周转资本比率、销售债务周转率等。

(1)资金流量比率

资金流量比率 = 折旧前盈利/长期债务余额 ×100%，它是反映企业营业活动每年创造的内部资金占长期债务比例的指标。资金流量比率的倒数可以反映以内部资金偿还全部长期债务所需的偿还年数。

(2)流动比率

流动比率 = 流动资产/流动负债 ×100%。这一比率越高，表明流动资产扣除流动负债后产生剩余资金的程度越高。

(3)周转资本比率

周转资本比率 =(流动资产 - 流动负债)/长期债务余额 ×100%。对于长期债券持有者来说，这一比率越高，安全感就越大。

(4)销售债务周转率

销售债务周转率 = 销售额/债权 ×100%。这一比率越低，维持销售额所需的资金越多。

4．清算价值

清算价值从性质上讲，是指企业处于清算、迫售、快速变现等非正常市场条件下所具有的价值，或设定企业处于清算、迫售、快速变现等非正常市场条件下所具有的价值。从数量看，企业的清算价值是指企业停止经营，变卖所有的企业资产减去所有负债后的现金余额。这时企业价值应是其构成要素资产的可变现价值。

七、我国信用体系的特点

我国现在处于建立社会信用体系的初级阶段，信用体系存在许多问题：

(1)我国债券信用评级的法律法规不健全，政策出自多门，有关管理规定比较零散，缺乏必要的系统化、规范化和清晰化。政出多门不利于规范管理，也难以避免不协调、不一致情况的发生。

(2)债券信用评级机构独立性得不到足够保证，机构数量比较多，存在较大程度恶性竞争。

(3)债券评级技术不成熟。从业人员的专业知识、综合分析能力、道德素质参差不齐，在相当程度上影响到债券评级的技术水平。

(4)发债企业对信用评级的认识有偏差，不切实际地过度追求高信用等级。

【本章练习】

一、选择题

1．下列各项中，属于影响债券贴现率确定的因素是(　　)。

A．市场利率　　B．期限　　C．税收待遇　　D．票面利率

2．债券估值的基本原理是(　　)。

A．现金流贴现　　B．自由现金流

C．成本重置　　D．风险中性定价

3．在利率期限结构理论中，(　　)认为长短期债券具有完全的可替代性。

A．固定偏好理论　　B．市场分割理论

C．流动性偏好理论　　D．市场预期理论

4．与到期收益率相比，持有期收益率的区别在于(　　)。

A．期末通常采取一次还本付息的偿还方式

B．期末通常采取分期付息、到期还本的偿还方式

C．最后一笔现金流是债券的卖出价格

D．最后一笔现金流是债券的到期偿还金额

5．假定某投资者按1000元的价格购买了年利息收入为80元的债券，并在持有2年后以1060元的价格卖出，那么该投资者的持有期收益率为(　　)。

A．6.53%　　B．8.91%　　C．10.85%　　D．14.21%

6．某公司某年度的资产负债表显示，当年总资产为10000000元，其中流动资产合计3600000元，包括存货1000000元，公司的流动负债2000000元，其中应付账款200000元，则该年度公司的流动比率为(　　)。

A．1.8　　B．1.44　　C．1.3　　D．2.0

二、组合型选择题

1．影响债券利率期限结构的因素有(　　)。

Ⅰ．收益率曲线

Ⅱ．市场效率低下

Ⅲ．债券预期收益中可能存在的流动性溢价

Ⅳ．对未来利率变动方向的预期

A. Ⅲ、Ⅳ　　B. Ⅰ、Ⅱ、Ⅳ　　C. Ⅱ、Ⅲ、Ⅳ　　D. Ⅰ、Ⅱ、Ⅲ、Ⅳ

2．在利率期限结构的分析中，下列关于市场预期理论的表述正确的有(　　)。

Ⅰ．长期债券不是短期债券的理想替代物

Ⅱ．在特定时期内，各种期限债券的即期收益率相同

Ⅲ．某一时点的各种期限债券的收益率是不同的

Ⅳ．市场预期理论又称无偏预期理论

A. Ⅰ、Ⅱ、Ⅳ　　B. Ⅰ、Ⅲ、Ⅳ　　C. Ⅱ、Ⅲ、Ⅳ　　D. Ⅰ、Ⅱ、Ⅲ、Ⅳ

3．当期收益率的缺点表现为(　　)。

Ⅰ．零息债券无法计算当期收益

Ⅱ．不能用于比较期限和发行人均较为接近的债券

Ⅲ．一般不单独用于评价不同期限附息债券的优劣

Ⅳ．计算方法较为复杂

A. Ⅰ、Ⅳ　　B. Ⅰ、Ⅲ　　C. Ⅱ、Ⅳ　　D. Ⅱ、Ⅲ、Ⅳ

4．关于债券的即期利率，下列说法正确的有(　　)。

Ⅰ．即期利率也称为零利率

Ⅱ．即期利率是零息票债券到期收益率

Ⅲ．即期利率是用来进行现金流贴现的贴现率

Ⅳ．根据已知的债券价格，能够计算出即期利率

A. Ⅰ、Ⅱ、Ⅳ　　B. Ⅰ、Ⅲ、Ⅳ　　C. Ⅱ、Ⅲ、Ⅳ　　D. Ⅰ、Ⅱ、Ⅲ、Ⅳ

5．关于利率的风险结构，下列说法正确的有(　　)。

Ⅰ．不同发行人发行的相同期限和票面利率的债券，其债券收益率通常不同

Ⅱ．实践中，通常采用信用评级来确定不同债券的违约风险大小

Ⅲ．无违约风险债券的收益率加上适度的收益率差，即为风险债券的收益率

Ⅳ．经济繁荣时期，低等级债券与无风险债券之间的收益率差通常较大

A. Ⅰ、Ⅱ　　B. Ⅱ、Ⅳ　　C. Ⅰ、Ⅱ、Ⅲ　　D. Ⅰ、Ⅱ、Ⅳ

6．解释利率期限结构的市场分割理论的观点包括(　　)。

Ⅰ．长期债券是一组短期债券的理想替代物，长短期债券取得相同的利率

Ⅱ．投资者并不认为长期债券是短期债券的理想替代物

Ⅲ．利率期限结构取决于短期资金市场供需曲线交叉点的利率与长期资金市场供需曲线交叉点的利率的对比

Ⅳ．利率期限结构取决于短期资金市场供求状况与长期资金市场供求状况的比较

A. Ⅰ、Ⅲ　　B. Ⅰ、Ⅳ　　C. Ⅱ、Ⅲ　　D. Ⅲ、Ⅳ

【答案及解析】

一、选择题

1．**【答案】**A

【解析】债券的贴现率是投资者对该债券要求的最低回报率，又称必要回报率。其计算公式为：债券必要回报率＝真实无风险收益率＋预期通货膨胀率＋风险溢价。

2. 【答案】A

【解析】债券估值的基本原理是现金流贴现。债券投资者持有债券，会获得利息和本金偿付。把现金流入用适当的贴现率进行贴现并求和，便可得到债券的理论价格。

3. 【答案】D

【解析】在市场预期理论中，某一时点的各种期限债券的收益率虽然不同，但是在特定时期内，市场上预计所有债券都取得相同的即期收益率，即长期债券是一组短期债券的理想替代物，不同期限的债券具有完全的可替代性。

4. 【答案】C

【解析】持有期收益率是指买入债券到卖出债券期间所获得的年平均收益率，它与到期收益率的区别仅仅在于末笔现金流是卖出价格而非债券的到期偿还金额。

5. 【答案】C

【解析】根据持有期收益率的计算公式：$1000=\frac{80}{1+y}+\frac{80+1060}{(1+y)^2}$，求得，持有期收益率：$y\approx10.85\%$。

6. 【答案】A

【解析】流动比率是流动资产与流动负债的比值。其计算公式为：流动比率 = 流动资产 ÷ 流动负债。代入数值，可得该年度公司的流动比率为：3600000 ÷ 2000000 = 1.8。

二、组合型选择题

1. 【答案】C

【解析】债券的利率期限结构是指债券的到期收益率与到期期限之间的关系，该结构可通过利率期限结构图(收益率曲线)表示。在任一时点上，都有以下3种因素影响期限结构的形状：对未来利率变动方向的预期、债券预期收益中可能存在的流动性溢价、市场效率低下或者资金从长期(或短期)市场向短期(或长期)市场流动可能存在的障碍。

2. 【答案】C

【解析】Ⅰ项，在市场预期理论中，某一时点的各种期限债券的收益率虽然不同，但是在特定时期内，市场上预计所有债券都取得相同的即期收益率，即长期债券是一组短期债券的理想替代物，长、短期债券取得相同的利率，即市场是均衡的。

3. 【答案】B

【解析】当期收益率的优点在于简便易算，可以用于期限和发行人均较为接近的债券之间进行比较。其缺点是：①零息债券无法计算当期收益；②不同期限附息债券之间，不能仅仅因为当期收益高低而评判优劣。

4. 【答案】D

【解析】即期利率又称零利率，是零息票债券到期收益率的简称。在债券定价公式中，即期利率是用来进行现金流贴现的贴现率。反过来，也可以从已知的债券价格计算即期利率。

5. 【答案】C

【解析】Ⅳ项，在经济繁荣时期，低等级债券与无风险债券之间的收益率差通常比较小。

6. 【答案】D

【解析】Ⅰ项是市场预期理论的观点；Ⅱ项是流动性偏好理论的观点。

第十章　衍生产品

【知识结构】

- 衍生产品
  - 基本理论
    - 衍生产品的种类和特征
    - 股指期货
    - 期权
    - 场外衍生品主要交易品种
  - 期货估值
    - 股指期货
    - alpha 套利
    - 股指期货套期保值交易实务
    - 套期保值与期现套利的区别
    - 股指期货投资的风险
    - 国债期货
  - 期权估值
    - 期权定价原理和主要模型
    - 期权平价公式
    - 影响期权价值的因素
    - 期权投资的风险
    - 期权的分类
    - 期权四种基本头寸的风险收益结构
    - 期权方向性交易的原理和方法
    - 期权套利的原理和方法
    - 期权套期保值的原理和方法
    - 期权波动率交易的原理和方法
  - 其他衍生产品估值
    - 可转换债券
    - 基金评价的指标体系和主要方法

第一节　基本理论

【大纲要求】

掌握衍生产品的种类和特征；掌握股指期货合约乘数、保证金、交割结算价、基差、净基差等；掌握期权内在价值、时间价值、行权价、历史波动率、隐含波动率等；熟悉场外衍生品主要交易品种；了解场外衍生品的定价与对冲。

【要点详解】

一、衍生产品的种类和特征

1. 衍生产品的种类

衍生产品，又称金融衍生工具，指建立在传统的基础金融产品之上，其价格取决于基础金融产品价格变动的衍生金融产品，它可以按照不同的分类方式进行分类，如表 10 – 1 所示。

表 10 – 1　衍生产品的种类

分类标准	名称	定义	具体品种
独立性	独立衍生产品	独立存在的金融合约	期货、期权、互换等
	嵌入式衍生产品	嵌入到非衍生合同（主合同）中的衍生金融工具	可转换公司债券等

续表

分类标准	名称	定义	具体品种
产品形态	远期	按约定价格（“远期价格”）在约定的未来日期（交割日）买卖某种标的资产的合约	利率远期、外汇远期、股票远期等
	期货	由交易所统一制定的，规定在将来某一特定的时间和地点交割一定数量和质量的实物商品或金融商品的标准化合约	商品期货和金融期货（货币期货、利率期货、股票期货和股票指数期货等）
	互换	两个或两个以上的当事人按共同商定的条件，在约定的时间内交换一系列现金流的合约	利率互换、货币互换、股权互换、信用违约互换等
	期权	合约买方向卖方支付一定费用（期权费），在约定期内（或约定日期）享有按事先约定的价格向合约卖方买卖某种金融工具的权利的契约	看涨期权和看跌期权、美式期权和欧式期权
	结构化产品	利用基础金融产品和衍生金融产品进行不同的组合得到的一类金融创新产品	由商业银行开发的各类结构化理财产品、在交易所市场上市交易的各类结构化票据等
基础工具	股权类衍生产品、利率衍生产品、货币衍生产品、信用衍生产品以及其他衍生产品等		
交易场所	交易所交易的衍生产品	在交易所上市交易的标准化的衍生产品	股票期权产品、期货合约等
	场外交易（OTC）的衍生产品	在交易所外进行的，通过各种通讯方式，实行分散的、一对一交易的衍生产品	互换交易、信用衍生产品交易等

【例 10.1】以基础产品所蕴含的使用风险或违约风险为基础变量的金融衍生工具属于（　　）。［2016 年 4 月真题］

A. 货币衍生工具　　　　B. 利率衍生工具

C. 信用衍生工具　　　　D. 股权类产品的衍生工具

【答案】C

【解析】A 项，货币衍生工具是指以各种货币作为基础工具的金融衍生工具；B 项，利率衍生工具是指以利率或利率的载体为基础工具的金融衍生工具；D 项，股权类产品的衍生工具是指以股票或股票指数为基础工具的金融衍生工具。

2. **衍生产品的特征**

与股票、债券等基础金融产品不同，衍生产品具有四个显著的特点：①跨期性；②杠杆性；③联动性；④不确定性或高风险性。

二、股指期货

股指期货（股票价格指数期货），是指以股票价格指数为标的物的金融期货合约。

1. **合约乘数**

股指期货以指数点数报出，期货合约的价值由所报点数与每个指数点所代表的金额相乘得到。每一股指期货合约都有预先确定的每点所代表的固定金额，这一金额称为合约乘数。

2. 保证金

期货合约交易保证金是指投资者进行期货交易时缴纳的用来保证履约的资金，一般占交易合约价值的一定比例。

3. 交割方式与交割结算价

(1)股指期货合约的交割采用现金交割方式。

(2)股指期货交割结算价是指期货合约进入最后交易日要进行现金交割时所参考的基准价格，不同交易所交割结算价的选取存在差异。沪深300股指期货的交割结算价为最后交易日标的指数最后两小时的算术平均价。

4. 基差与净基差

(1)基差

基差是指某一特定时点某种商品或资产的现货价格与期货价格之差。

基差 = 现货价格 - 期货价格

(2)净基差

净基差体现的是基差交易所隐含的期权的价值，一般情况下为正。但净基差的大小并不能从市场上直接获得，需要用基差扣减持有收益后得到，因此，净基差是一个计算出来的结果。

【例10.2】(　　)指的是某一特定地点的同一商品现货价格在同一时刻与期货合约价格之间的差额。

A. 凸度　　B. 基差　　C. 基点　　D. 久期

【答案】B

三、期权

1. 期权的内在价值和时间价值

期权合约的价格等于其内在价值与时间价值之和，期权的价格即为期权费。

(1)内在价值

期权的内在价值，即内涵价值，是指在不考虑交易费用和期权费的情况下，期权买方立即执行期权合约(假设期权为美式期权)可获得的收益。

看涨期权的内在价值 = 标的资产价格 - 执行价格；看跌期权的内在价值 = 执行价格 - 标的资产价格。如果计算结果小于等于0，则内在价值等于0。所以，期权的内在价值总是大于等于0。

依据内涵价值的不同，可将期权分为实值期权、虚值期权和平值期权，三者的关系及对应的内在价值如表10-2所示。

表10-2　实值、虚值与平值期权的关系及对应的内在价值

	看涨期权	看跌期权	内在价值
实值期权	执行价格 < 标的资产价格	执行价格 > 标的资产价格	大于0
虚值期权	执行价格 > 标的资产价格	执行价格 < 标的资产价格	等于0
平值期权	执行价格 = 标的资产价格	执行价格 = 标的资产价格	等于0

(2)时间价值

期权的时间价值，又称外在价值，是指期权合约的购买者为购买期权而支付的权利金超过期权内在价值的那部分价值。

时间价值 = 权利金 - 内在价值

时间价值是期权有效期内标的资产价格波动为期权持有者带来收益的可能性所隐含的价值。

【例 10.3】下列期权中，时间价值最大的是(　　)。[2016 年 5 月真题]

A. 行权价为 7 的看跌期权，其权利金为 2，标的资产价格为 8

B. 行权价为 15 的看跌期权，其权利金为 2，标的资产价格为 14

C. 行权价为 23 的看跌期权，其权利金为 3，标的资产价格为 23

D. 行权价为 12 的看涨期权，其权利金为 2，标的资产价格为 13.5

【答案】C

【解析】时间价值 = 权利金 - 内涵价值。看涨期权的内涵价值 = 标的资产价格 - 执行价格；看跌期权的内涵价值 = 执行价格 - 标的资产价格。如果计算结果小于 0，则内涵价值等于 0。A 项，时间价值 = 2 - 0 = 2；B 项，时间价值 = 2 - (15 - 14) = 1；C 项，时间价值 = 3 - 0 = 3；D 项，时间价值 = 2 - (13.5 - 12) = 0.5。

2. 行权价格

行权价格是指期权买卖方在订立期权合约时约定的，期权买方向卖方购买或出售标的证券的执行价格。

3. 标的资产价格的波动率

标的资产价格的波动率是用来衡量标的资产在期权有效期内未来价格变动程度的指标，可用标准差衡量。常用的波动率指标有历史波动率及隐含波动率。波动率越大，对期权多头越有利，期权价格也应越高。

(1)历史波动率

历史波动率是根据期权合约标的资产的历史价格数据计算的收益率年度化的标准差，是对历史价格波动情况的反映。

(2)隐含波动率

隐含波动率是指将期权市场上某一期权合约的期权费及其他几个参数输入期权定价模型，反推出来的波动率水平，反映了市场对价格波动率的看法。

在期权执行价格和到期时间固定时，影响隐含波动率的因素即影响期权价格、标的物价格、利率的因素。

四、场外衍生品主要交易品种

1. 场外期权

(1)含义及特点

场外期权是指在证券或期货交易所外交易的期权。场外期权一方通常根据另一方的特定需求来设计场外期权合约，确定合约条款，并且报出期权价格。

场外期权的各个合约条款都不必是标准化的，更加灵活，但是流动性低，市场透明度较低。场外期权是一对一交易，一份期权合约有明确的买方和卖方，且买卖双方对对方的信用情况都有比较深入的把握。

(2)应用

场外期权的需求方可利用场外期权来对冲风险，也可通过承担风险来谋取利益。

商品期货中的二次点价交易，本质上相当于拥有点价权的一方从另一方那里获得了一个期权，这个期权是嵌入到购销合同中的非标准化的期权，即场外期权。

2. 场外互换

(1)特点

在场外衍生品市场中，互换协议交易规模是最大的。

相对于远期协议而言，一份远期协议通常只涉及一次现金流的交换，而互换协议则可以约定多次现金流的互换，从而可以省却多次交易的麻烦。相对于场外期权而言，互换协议的定价是线性的，更加简单，也更易于定价，所以更受用户偏爱。

(2)应用

①利用利率互换协议管理融资活动；

②利用货币互换管理境外投融资活动；

③利用股票收益互换管理股票投资风险；

④利用信用违约互换管理信用风险。

第二节　期货估值

【大纲要求】

熟悉股指期货定价理论；熟悉股指期货套利和套期保值的定义、原理；熟悉股指期货套利的主要方式；熟悉期现套利、跨期套利、跨市场套利和跨品种套利的概念、原理；熟悉alpha套利的概念、原理；了解股指期货套期保值交易实务；熟悉套期保值与期现套利的区别；了解股指期货投资的风险。

掌握国债期货定价的基本原理；熟悉基本指标基差、净基差、隐含回购利率的含义和计算方法；了解运用国债期货对冲利率风险、国债期货基差交易、国债期货跨期套利；了解国债期货空头交割期权的含义。

【要点详解】

一、股指期货

1. 股指期货定价理论

如果想在未来某一时间拥有一定数量的某种股票，可以有两种方案：①融资买入股票，然后持有到期；②买入基于这种股票的期货合约，并到期交割。方案一的成本是买入股票的费用与持有成本；方案二的成本是买入期货合约的费用。根据无套利理论，假设无交易成本，可以得到股指期货合约的理论价格：

$$F = Se^{(r-q)(T-t)}$$

式中：F 为指数期货价格；S 为现货指数现值；r 为无风险利率；q 为持有期现货指数成分股红利率(可由原始红利调整得到)；$T-t$ 为从 t 时刻持有到 T 时刻。

2. 股指期货的应用

(1)套利

①期现套利。多数情况下股指期货合约实际价格与股指期货理论价格总是存在偏离。当前者高于后者时，称为期价高估，这时交易者可通过卖出股指期货同时买入对应的现货股票

进行套利交易，这种操作称为“正向套利”；当前者低于后者时称为期价低估，这时交易者可通过买入股指期货的同时卖出对应的现货股票进行套利交易，这种操作称为“反向套利”。

②跨期套利，是利用不同月份的股指期货合约的价差关系，买进(卖出)某一月份的股指期货的同时卖出(买进)另一月份的股指期货合约，并在未来某个时间同时将两个头寸平仓了结的交易行为。

(2)投机

如果投资者能够比较有把握地预测某种股指期货未来的价格走势，就可以在股指期货价格高估时卖出，之后买进；或者在股指期货价格低估时买进，之后卖出，以实现投机盈利。

(3)套期保值

股指期货的套期保值分为多头套期保值和空头套期保值。多头套期保值适用于投资者在未来计划持有股票组合，担心股市大盘上涨而使购买股票组合成本上升，因而在期货市场买入股票指数；空头套期保值适用于投资者持有股票组合，担心股市大盘下跌而影响股票组合的收益，因而在期货市场卖出股票指数期货合约。

3. 期货的套利类型

除了期现套利和跨期套利之外，期货套利类型还包括跨市场套利和跨品种套利。跨期套利、跨市场套利和跨品种套利均是利用不同期货合约之间的价差进行套利，因此均属于价差套利。

跨市场套利是利用同一期货品种相同交割月份不同期货交易所的期货合约价差关系进行套利。在不同的期货市场上交易的相同或相似的期货商品之间的价格会有一个稳定的差额，一旦这个稳定差额发生偏离，交易者就可以进行套利。

跨品种套利是利用两种相关商品期货的价差关系进行套利，包括相关商品间的套利和原材料与成品间的套利。

【例10.4】下列情形中，属于跨品种套利的是(　　)。

A. 卖出A交易所5月份豆油合约，同时买入B交易所3月份豆油合约

B. 买入A交易所3月份铜合约，同时卖出B交易所3月份铜合约

C. 买入A交易所3月份铜合约，同时卖出A交易所3月份铝合约

D. 卖出A交易所5月份大豆合约，同时买入A交易所9月份大豆合约

【答案】C

【解析】跨品种套利是指利用两种或两种以上不同的但相互关联的商品之间的期货合约价格差异进行套利，即同时买入或卖出某一交割月份的相互关联的商品期货合约，以期在有利时机同时将这些合约对冲平仓获利。

二、alpha 套利

投资组合的总体收益可以分为两部分：一部分来自与市场系统性风险相匹配的市场收益(即来自β的收益)；另一部分来自投资组合管理者个人操作水平和技巧有关的高额收益，即超越市场收益部分的超额收益(也称为获取的alpha收益)。阿尔法套利是指在指数期货与具有阿尔法值的证券组合产品间进行反向对冲套利。

阿尔法策略的实现原理并不复杂：首先是寻找一个具有高额、稳定积极收益的投资组合，然后通过卖出相对应的股指期货合约对冲该投资组合的市场风险(系统性风险)，使组合的β值在投资过程中一直保持为零，从而获得与市场相关性较低的积极风险收益alpha。

三、股指期货套期保值交易实务

股指期货的套期保值交易相关方法如表 10－3 所示。

表 10－3　股指期货的套期保值交易

股指期货套期保值交易	方法
时机的选择	资金量庞大的机构投资者通常采用动态的避险策略
工具的选择	综合考虑交易成本、对冲效果、流动性等因素，一般而言，应当选择与股票资产高度相关的金融工具
合约数量的确定	套期保值时所需要买入或卖出的股指期货合约的数量，即： $买卖期货合约数量=\beta\times\frac{现货总价值}{期货指数点\times每点乘数}$ 其中，公式中的“期货指数点×每点乘数”表示一张期货合约的价值。

四、套期保值与期现套利的区别

套期保值和期现套利都建立了两个方向相反的交易头寸，在对冲之后，用一个交易头寸的盈利弥补另外一个交易头寸的亏损。但是，套利交易和套期保值有着根本的区别，主要表现在以下几个方面：

(1)交易目的不同。套利是在承担较小风险的同时，赚取较为稳定的价差收益，套期保值则是利用期货市场规避现货价格波动的风险，不以盈利为目的。

(2)交易依据不同。套利是利用期货与现货之间的价格出现的不合理偏差，而套期保值依据的是期货市场和现货市场价格变动的一致性。

(3)承担风险的意愿不同。套利主动承担风险，而套期保值是为了规避风险。

五、股指期货投资的风险

股指期货市场的风险规模大、涉及面广，具有放大性、复杂性与可预防性等特征。股指期货风险类型较为复杂：

(1)从风险是否可控的角度划分，可分为不可控风险和可控风险；

(2)从交易环节可分为代理风险、流动性风险、强制平仓风险；

(3)从风险产生主体可分为交易所风险、经纪公司风险、投资者风险与政府风险；

(4)从投资者面临的财务风险又可分为市场风险、信用风险、流动性风险、操作风险与法律风险。

六、国债期货

1. 国债期货定价的基本原理

(1)国债期货定价公式

国债期货理论价格可以运用持有成本模型计算，即：

期货理论价格＝现货价格＋持有成本＝现货价格＋资金占用成本－利息收入

国债期货的定价公式如表 10－4 所示。

表 10－4　国债期货定价

国债期货类型	定价公式
短期国债期货	$F_t=S_t e^{r(T-t)}$
中长期国债期货	设附息票债券定期支付利息在 t 时点的现值为 C_t，则中长期国债期货的定价公式为： $F_t=(S_t-C_t)e^{r(T-t)}$

(2)转换因子与最便宜可交割债券

国债期货实行一揽子可交割国债的多券种交割方式，当合约到期进行实物交割时，可交割国债为一系列符合条件的不同剩余期限、不同票面利率的国债品种。因票面利率与剩余期限不同，必须确定各种可交割国债与期货合约标的名义标准国债之间的转换比例，这个比例就是转换因子。

由于可交割债券的票面利率和剩余期限不同，即便使用转换因子进行折算，各种可交割国债之间仍然存在差别。由于期货合约的卖方拥有可交割国债的选择权，卖方一般会选择最便宜、对己方最有利、交割成本最低的可交割国债进行交割，该债券就是最便宜可交割债券(CTD)。最便宜可交割债券的价格决定了国债期货合约的价格。在国债期货的交割日，国债期货的价格应该等于最便宜可交割券价格除以对应的转换因子。

2. 基本指标的含义与计算

(1)基差

国债期货的基差是指国债现货价格与经过转换因子调整之后期货价格之间的差额。对于任何一只可交割债券，其基差为：

$$B=P-(F/C)$$

式中：B 代表可交割国债的基差，P 代表国债的即期价格，F 代表国债期货的价格，C 代表可交割国债的转换因子。

【例 10.5】基差的空头从基差的______中获得利润，但如果持有收益是______的话，基差的空头会产生损失。(　　)

A. 缩小；负　　B. 缩小；正　　C. 扩大；正　　D. 扩大；负

【答案】B

【解析】基差的多头从基差的扩大中获得利润，如果国债净持有收益为正，那么基差的多头同样也可以获得持有收益；而基差的空头从基差的缩小中获得利润，但如果持有收益是正的话，则会产生损失。

(2)净基差

净基差是考虑国债购买日到交割日期间的利息收入与资金机会成本(或回购融资成本)的基差，反映了购买国债现货用于国债期货合约交割的净成本。

$$\text{净基差}=\text{基差}-\text{持有收入}+\text{融资成本}$$

(3)隐含回购利率

隐含回购利率是指买入国债现货并用于期货交割所得到的利率收益率。显然，隐含回购利率越高的国债现货价格越便宜，所以隐含回购利率最高的国债就是最便宜可交割国债。

如果购买国债后，在交割日之前没有利息支付，可交割国债的隐含回购利率计算公式为：

$$\text{隐含回购利率}=\frac{(\text{期货报价}\times\text{转换因子}+\text{交割日应计利息})-\text{国债购买价格}}{\text{国债购买价格}}\times\frac{365}{\text{交割日之前的天数}}$$

3. 国债期货的运用

国债期货的运用具体如表 10-5 所示。

表 10－5　国债期货的运用

国债期货的运用	原理
对冲利率风险	国债期货合约的标的资产的利率与市场利率高度相关
基差交易	利用国债现券和国债期货基差的预期变化，在现货和期货市场同时或者几乎同时进行交易
跨期套利	当不同交割月份的国债期货合约间的价差偏离正常水平时，就存在国债期货跨期套利机会
国债期货空头交割期权	①国债期货空头到期进行卖出交割时，可以选择对自己最有利的国债进行交割； ②在国债期货交割期内，交割双方可以自由选择合适的时机进行交割

第三节　期权估值

【大纲要求】

了解期权定价原理和主要模型；熟悉二叉树定价模型；熟悉 Black－Scholes 定价模型和期权平价公式；熟悉影响期权价值的因素；熟悉期权投资的风险；熟悉期权的分类；了解期权 4 种基本头寸的风险收益结构；了解期权方向性交易的原理和方法；了解期权套利的原理和方法；了解期权套期保值的原理和方法；了解期权波动率交易的原理和方法。

【要点详解】

一、期权定价原理和主要模型

1. 期权定价原理

期权定价模型的基础性假设为：股票价格的变化是一个随机过程，服从几何布朗运动。几何布朗运动是指，在连续时间情况下，随机过程中随机变量的对数遵循布朗运动。股价几何布朗运动的解析形式为：

$$S_t = S_0 \exp\left[\sigma B_t + \left(\mu - \frac{\sigma^2}{2}\right)t\right]$$

式中：S_t 表示 t 时刻的股价；S_0 表示 0 时刻的股价；μ、σ 为常量，分别表示股票的期望收益率和波动率；B_t 服从标准布朗运动。从公式可以看出，股票价格在短时期内的变动(即收益)来源于两个方面：一是短时间内的预期收益率的变化；二是随机正态波动项，它反映了股票价格变动的不确定性。

2. 主要模型

期权定价的主要模型有二叉树定价模型、B－S－M 定价模型等。

(1)二叉树定价模型

二叉树模型，又称二项式模型，它假定在给定的时间间隔内，标的资产的价格运动方向只有上涨和下跌两种可能，且假设在整个考察期内，股价每次向上(或向下)波动的概率和幅度不变。模型还假定市场无摩擦、无信用风险、无套利机会、无利率风险以及投资者可以以无风险利率借入或贷出资金。

【例 10.6】二叉树模型的假设有(　　)。[2016 年 4 月真题]

Ⅰ. 标的资产的价格运动方向只有向上和向下两个方向

Ⅱ. 在整个考察期内，股价每次向上(或向下)波动的概率和幅度不变

Ⅲ. 期权只能在到期日执行

Ⅳ. 市场无摩擦

A. Ⅰ、Ⅱ　　B. Ⅰ、Ⅱ、Ⅲ

C. Ⅱ、Ⅲ、Ⅳ　　D. Ⅰ、Ⅱ、Ⅳ

【答案】D

①单步二叉树模型

假定股票在0时刻的价格(当前价格)为S_0，考虑以此股票为标的资产、到期日为T、执行价格为K的看涨期权的当前价格。假设T时刻，股票的价格变化只有两种可能：上涨到$uS_0(u>1)$，或者下跌到$dS_n(d<1)$，如图10－1所示。

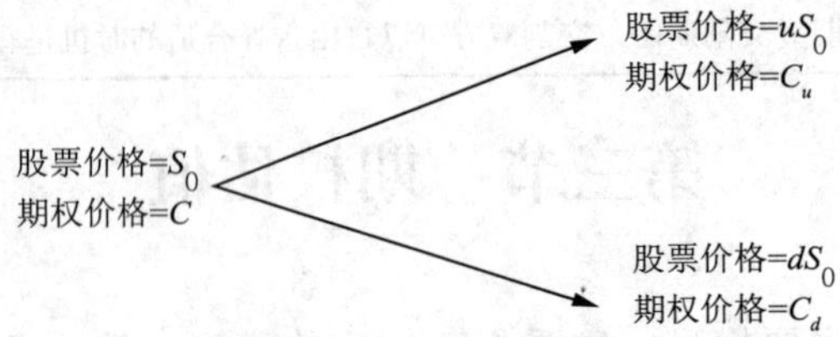

图10－1　股票价格变动的单步二叉树图(步长为T)

则该看涨期权的定价公式为：

$$C=e^{-rT}[pC_u+(1-p)C_d]$$

其中，r为无风险利率；p又称“风险中性概率”，计算方法如下：

$$p=\frac{e^{rT}-d}{u-d}$$

计算上，已知股票的历史波动率(年)σ，可以取$u=e^{\sigma\sqrt{T}}$，$d=1/u$。

②两步二叉树模型

两步二叉树模型将期权有效期限分为两个时间间隔，每段时间间隔为T。如图10－2所示。

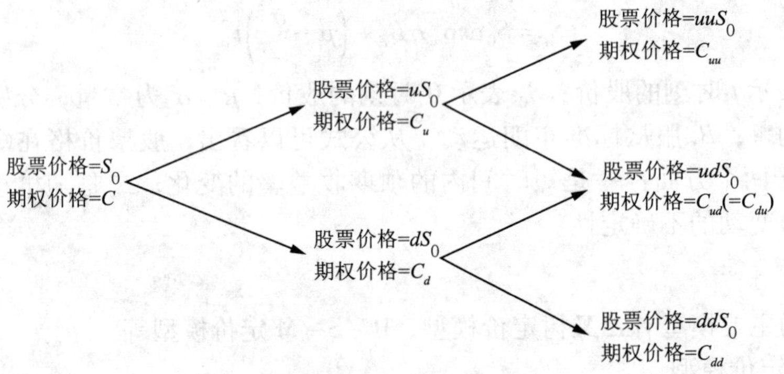

图10－2　股票价格变动的两步二叉树图(步长为$2T$)

图中，$C_u=e^{-rT}[pC_{uu}+(1-p)C_{ud}]$，$C_d=e^{-rT}[pC_{ud}+(1-p)C_{dd}]$，$p=\frac{e^{rT}-d}{u-d}$。

则该看涨期权的定价公式为：

$$\begin{aligned}C&=e^{-rT}[pC_u+(1-p)C_d]\\&=e^{-2rT}[p^2C_{uu}+2p(1-p)C_{ud}+(1-p)^2C_{dd}]\end{aligned}$$

多步二叉树法与两步二叉树法操作步骤完全相同，当步数为n时，nT时刻股票价格共有$n+1$种可能，故步数比较大时，二叉树法更加接近现实的情形。

【例10.7】下列关于两步二叉树定价模型的说法正确的有(　　)。

Ⅰ. 总时间段分为两个时间间隔

Ⅱ. 在第一个时间间隔末 T 时刻，股票价格仍以 u 或 d 的比例上涨或下跌

Ⅲ. 股票有 2 种可能的价格

Ⅳ. 如果其他条件不变，在 $2T$ 时刻股票有 3 种可能的价格

A. Ⅰ、Ⅱ　　B. Ⅰ、Ⅱ、Ⅳ

C. Ⅰ、Ⅲ　　D. Ⅰ、Ⅱ、Ⅲ、Ⅳ

【答案】B

【解析】在两步二叉树定价模型中，总时间段分为两个时间间隔。期权期限为 $2T$，在第一个时间间隔末 T 时刻，股票价格仍以 u 或 d 的比例上涨或下跌。如果其他条件不变，则在 $2T$ 时刻，股票有 3 种可能的价格。

(2) Black - Scholes - Merton 定价模型

布莱克—斯科尔斯—默顿定价模型(简称 B - S - M 定价模型)的主要思想：在无套利机会的条件下，构造一个由期权与股票所组成的无风险资产组合，这一组合的收益率必定为无风险利率 r，由此得出期权价格满足的随机微分方程，进而求出期权价格。

①B - S - M 定价模型的基本假设：

a. 标的资产价格服从几何布朗运动；

b. 标的资产的买卖无交易成本，允许卖空；

c. 在期权有效期内，无风险利率 r 和预期收益率 μ 保持不变，投资者可以以无风险利率无限制借入或贷出资金；

d. 标的资产价格是连续变动的，即不存在价格的跳跃。

e. 标的资产价格的波动率为常数；

f. 市场无套利机会。

②无红利标的资产欧式看涨期权 C(看跌期权 P)的定价公式为：

$$C = S \cdot N(d_1) - K \cdot e^{-rT} \cdot N(d_2)$$

$$P = K \cdot e^{-rT} \cdot N(-d_2) - S \cdot N(-d_1)$$

其中，$d_1 = \dfrac{\ln(S/K) + [r + (\sigma^2/2)]T}{\sigma\sqrt{T}}$；$d_2 = \dfrac{\ln(S/K) + [r - (\sigma^2/2)]T}{\sigma\sqrt{T}}$；$S$ 为无收益标的资产的当前价格；σ 为无收益标的资产的价格波动率；K 为欧式看涨(看跌)期权的执行价格；T 为欧式看涨期权的到期时间；C 为欧式看涨期权的价格；$N(d)$ 为标准正态概率值(具体值可以查正态概率值表)，$N(-d) = 1 - N(d)$。

二、期权平价公式

欧式看涨期权和看跌期权之间存在平价关系：

$$C + Ke^{-rT} = P + S$$

其中，C 为看涨期权的价格；Ke^{-rt} 为行权价 K 的现值(连续复利)；P 为看跌期权的价格；S 为标的证券现价。

三、影响期权价值的因素

影响期权价值的因素有多种，主要影响因素有：期权的执行价格、标的资产价格、期权的剩余期限、利率、标的资产价格波动率等，具体如表 10 - 6 所示。对于标的资产支付收益的期权来说，支付收益的大小也是影响期权价值的因素之一。

表 10-6　期权价值的影响因素

影响因素	说明
标的资产价格与执行价格	执行价格与标的资产价格的相对差额决定了内在价值的大小，对实值期权来说，相对差额越大，内在价值越大，期权的时间价值越小
标的资产价格波动率	标的资产价格波动率越高，期权的价值越高
期权合约剩余期限	期权合约的剩余期限越长，美式看涨期权和看跌期权以及欧式看涨期权的价值越大，而对欧式看跌期权影响不大
无风险利率	无风险利率提高时，期权的时间价值降低，但利率的提高会影响标的资产价格，因此应综合考虑利率变化对期权内在价值和时间价值的影响方向及程度，得出最终的影响结果
标的资产支付收益	主要体现在股票股息对股票期权的影响

【例 10.8】影响期权价格的主要因素有(　　)。[2016 年 5 月真题]

Ⅰ. 标的资产价格及执行价格　　Ⅱ. 标的资产价格波动率

Ⅲ. 距到期日剩余时间　　Ⅳ. 无风险利率

A. Ⅰ、Ⅱ、Ⅲ　B. Ⅰ、Ⅲ、Ⅳ　C. Ⅱ、Ⅳ　D. Ⅰ、Ⅱ、Ⅲ、Ⅳ

【答案】D

四、期权投资的风险

期权投资的风险主要包括以下几种：

(1)价格波动风险。期权具有杠杆性，且受影响的因素较多，有时会出现价格大幅波动。

(2)市场流动性风险。期权合约众多且交易分散，因此流动性较期货要低。

(3)强行平仓风险。期权采取逐日盯市制度，若卖方保证金不足且未在规定的时间内补足也未自行平仓，会被强行平仓。

(4)合约到期风险。期权有到期日，一旦过了到期日，期权不再具有任何价值。

(5)行权失败风险。

(6)交收违约风险。

五、期权的分类

期权的分类如表 10-7 所示。

表 10-7　期权的分类

分类标准	名称	定义
行权时间	美式期权	期权买方可以在期权到期日前(含到期日)的任何交易日行使权利的期权
	欧式期权	期权买方只能在期权到期日行使权利的期权
行权方向	看涨期权	又称买权、认购期权，是指期权买方预期标的资产价格上涨，在向卖方支付一定数额的期权费后，便拥有了在合约有效期内或特定时间，按执行价格向期权卖方买入一定数量标的资产的权利
	看跌期权	又称卖权、认沽期权，指看跌期权买方预期标的资产价格下跌，在向卖方支付一定数额的期权费后，便拥有了在合约有效期内或特定时间，按执行价格向期权卖方出售一定数量标的资产的权利

续表

分类标准	名称	定义
标的资产	商品期权	又称实物期权，是指标的资产为实物资产的期权
	金融期权	标的资产为金融资产或金融指标（如股票价格指数）的期权
期权市场	场内期权	在交易所上市交易的期权
	场外期权	在非集中性的交易场所进行的非标准化的期权

六、期权四种基本头寸的风险收益结构

1. 买进看涨期权

看涨期权多头损益如图 10－3 所示。

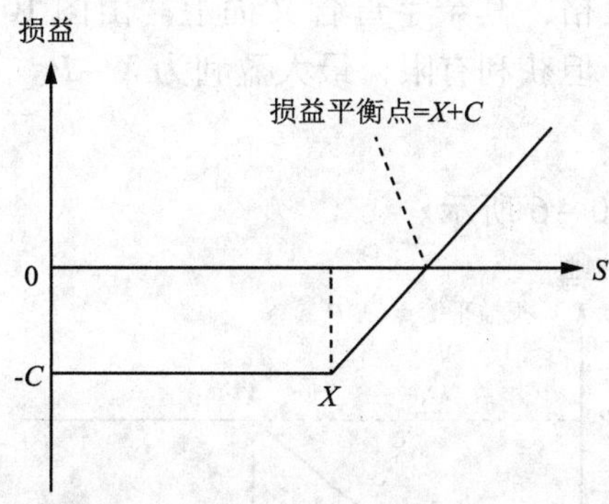

图 10－3　看涨期权多头损益状态

图中，C 为看涨期权的价格，X 为执行价格，S 为标的资产价格。由图 10－3 可知：标的资产价格越高，对看涨期权多头越有利。

2. 卖出看涨期权

看涨期权空头损益如图 10－4 所示。

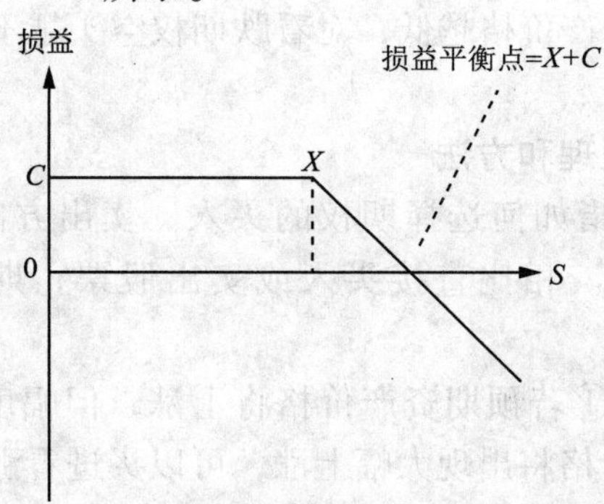

图 10－4　看涨期权空头损益状态

由图 10－4 可知：标的资产价格越高，对看涨期权空头越不利。

3. 买进看跌期权

看跌期权多头损益如图 10－5 所示。

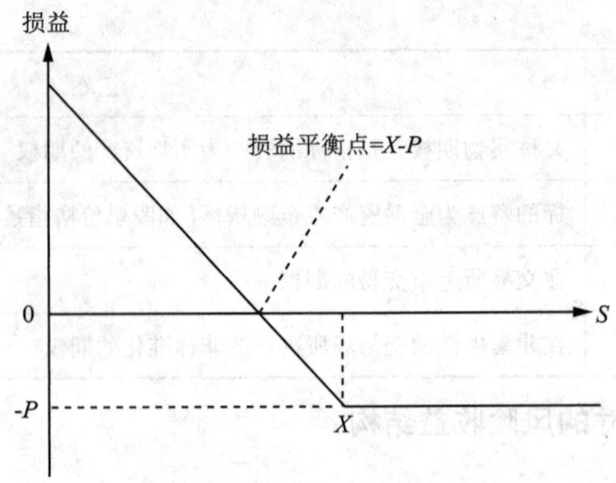

图 10－5　看跌期权多头损益状态

图中，P 为看跌期权的价格，其余字母含义词上。由图 10－5 可知：标的资产价格越低，对看跌期权多头越有利，但获利有限，最大盈利为 $X-P$。

4. **卖出看跌期权**

看跌期权空头损益如图 10－6 所示。

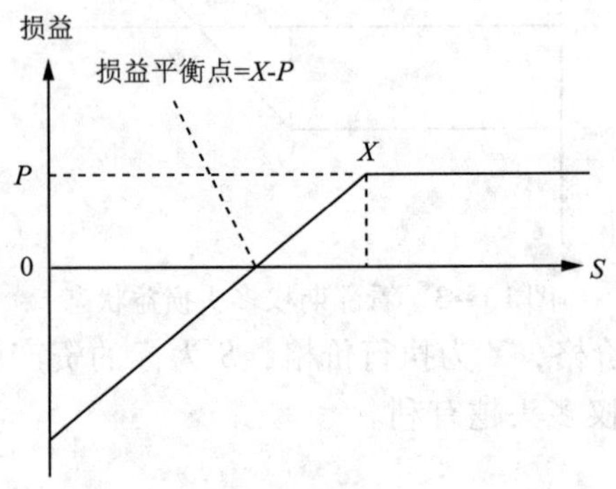

图 10－6　看跌期权空头损益状态

由图 10－6 可知：标的资产价格越低，对看跌期权空头越不利，但损失有限，最大损失接近 $P-X$。

七、期权方向性交易的原理和方法

期权方向性交易策略是指如何选择期权的买入、卖出方向的策略。方向性策略是投资者最常用的期权策略之一。相比直接买入或卖出股票，期权的方向性策略更加灵活多样。

(1) 牛市行情交易策略：①若预期资产价格将上涨，但幅度不大，可以卖出看跌期权，赚取期权费；②若预期资产价格将出现大幅上涨，可以买进看涨期权。

(2) 熊市行情交易策略：①若预期资产价格将出现小幅下跌，可以卖出看涨期权，赚取期权费；②若预期资产价格大幅下跌，可以买进看跌期权。

八、期权套利的原理和方法

期权无风险套利是一种理想化的期权交易方式，即通过适当的期权组合在期权市场上实现无风险的利润。

一般来说，在构造期权无风险套利时，应当遵循两条基本原则：(1) 买低卖高原则，即买进价值被低估的期权，卖出价值被高估的期权；(2) 风险对冲原则，即利用合成期权对冲买入或卖出实际期权的风险头寸。

九、期权套期保值的原理和方法

期权套期保值交易，是利用期权价格与现货、期货价格的相关性原理来进行操作，为了规避价格上涨的风险，套期保值者可以买入看涨期权或者卖出看跌期权；为了规避价格下跌的风险，套期保值者可以买入看跌期权或者卖出看涨期权。若标的资产价格如预期向原有期货或者现货头寸不利的方向变动，则期权部分获取的收益可以抵消现货或者期货部分带来的损失。

十、期权波动率交易的原理和方法

标的资产的波动率是 B－S－M 期权定价公式中一项重要因素。在计算期权的理论价格时，通常采用标的资产的历史波动率，波动率越大，期权的理论价格越高；反之波动率越小，期权的理论价格越低。

由于判断标的资产价格变动方向往往比较困难，而波动率具有均值回归的特点，所以人们通过对冲等手段使得持有的组合头寸只受到波动率变化的影响，这样就可以进行纯粹的波动率交易。由于期权价格变化受到标的资产价格变化影响是非线性的，所以这样的对冲过程是不断动态调整的，保证组合头寸只受波动率变化的影响。

第四节　其他衍生产品估值

【大纲要求】

掌握可转换债券的转股价、赎回、修正、回售和转换价值；了解可转换债券的定价原理；了解可转换债券套利的原理。

熟悉基金评价的指标体系和主要方法。

熟悉创新产品估值。

【要点详解】

一、可转换债券

可转换债券是指可以在一定时期内，按一定比例或价格转换成一定数量普通股票的特殊企业债券。可转换债券兼具债权和期权的特征。

1. 转股价

转股价或转换比例，是指一定面额可转换债券可转换成普通股票的股数。转股价可用公式表示为：

$$转换比例=\frac{可转换债券面额}{转换价格}$$

2. 赎回、修正、回售

(1)赎回是指发行人在发行一段时间后，可以提前赎回未到期的发行在外的可转换公司债券。

(2)转换价格修正是指发行公司在发行可转换债券后，由于公司送股、配股、增发股票、分立、合并、拆细及其他原因导致发行人股份发生变动，引起公司股票名义价格下降时而对可转换债券的转换价格所做的必要调整。

(3)回售是指公司股票在一段时间内连续低于转换价格达到某一幅度时，可转换公司债券持有人按事先约定的价格将所持有的可转换债券卖给发行人的行为。

3. 转换价值

可转换债券的转换价值是指实施转换时得到的标的股票的市场价值，等于标的股票每股市场价格与转换比例的乘积，即：

转换价值 = 标的股票每股市场价格 × 转换比例

【例 10.9】某公司可转换债券的转换比例为 50，当前该可转换债券的市场价格为 1000 元，那么，（　　）。[2016 年 5 月真题]

A. 该可转换债券当前的转换平价为 50 元

B. 当该公司普通股股票市场价格超过 20 元时，行使转换权对该可转换债券持有人有利

C. 当该公司普通股股票市场价格低于 20 元时，行使转换权对该可转换债券持有人有利

D. 当该公司普通股股票市场价格为 30 元时，该可转换债券的转换价值为 2500 元

【答案】B

【解析】A 项，转换平价 = 可转换债券的市场价格/转换比例 = 1000/50 = 20（元）。C 项，当该公司普通股股票市场价格低于 20 元时，可转换债券持有人转股前所持有的可转换债券的市场价值大于实施转股后所持有的标的股票资产的市价总值，此时转股对持有人不利。D 项，当该公司普通股股票市场价格为 30 元时，该可转换债券的转换价值 = 标的股票每股市场价格 × 转换比例 = 30 × 50 = 1500（元）。

4. 可转换债券的定价原理

可转换债券的理论价值，又称“内在价值”，是指将可转换债券转股前的利息收入和转股时的转换价值按适当的必要收益率折算的现值。用公式表示为：

$$P = \sum_{t=1}^{n} \frac{C}{(1+r)^t} + \frac{CV}{(1+r)^n}$$

式中：P 为可转换债券当前的理论价值；t 为时期数；n 为持有可转换债券的时期总数；r 为必要收益率；C 为可转换债券每期支付的利息；CV 为可转换债券在持有期期末的转换价值。

可转换债券的价值与债券价值、期权价值的关系是：当股票价格下跌时，可转换债券价值向债券价值靠近；当股票价格上涨时，可转换债券价值向股票价值靠近。

二、基金评价的指标体系和主要方法

1. 基金评价

基金评价有利于投资者正确评价基金经理的经营业绩，为投资者正确选择基金品种提供服务。不同基金的投资目标、范围、比较基准等均有差别。因此，基金的表现不能仅仅看回报率。为了对基金业绩进行有效评价，必须考虑基金的投资目标与范围、基金的风险水平、基金的规模和时期选择等因素。系统的基金业绩评估需要从四个方面入手：(1) 计算绝对收益；(2) 计算风险调整后收益；(3) 计算相对收益；(4) 进行业绩归因。

2. 基金评价的指标和主要方法

传统的基金评价主要是评价基金单位净值和基金收益率。现代投资理论则在考虑风险调整的因素后对基金业绩进行评估，常用指标有夏普比率、特雷诺比率和詹森 α 等。基金评价指标如表 10－8 所示。

表 10-8　基金评价指标

基金评价的指标	公式	说明
基金单位资产净值(*NAV*)	*NAV* = 基金净资产总值/发行在外的基金总份数	总资产等于计算日该基金持有的证券市价总值和持有的现金之和，而净资产则是从总资产中扣除各项费用和负债总额后的资产净值
收益率评价法	$R_t = \dfrac{NAV_t + D_t - NAV_{t-1}}{NAV_{t-1}}$	R_t 表示评价期的收益率；NAV_t 表示期末单位净资产；D_t 表示评价期每股收益分配；NAV_{t-1} 表示期初单位净资产
夏普比率(S_p)	$S_p = \dfrac{\overline{R}_p - \overline{R}_f}{\sigma_p}$	$\overline{R}_p$ 表示基金的平均收益率；$\overline{R}_f$ 表示平均无风险收益率；σ_p 表示基金收益率的标准差
特雷诺比率(T_p)	$T_p = \dfrac{\overline{R}_p - \overline{R}_f}{\beta_p}$	β_p 表示系统风险
詹森 α	$\alpha_p = (\overline{R}_p - \overline{R}_f) - \beta_p(\overline{R}_M - \overline{R}_f) = \overline{R}_p - [\overline{R}_f + \beta_p(\overline{R}_M - \overline{R}_f)]$	$\overline{R}_M$ 表示市场平均收益率

【本章练习】

一、选择题

1. 一般而言，期权合约标的物价格的波动率越大，则(　　)。

A. 期权的价格越低

B. 看涨期权的价格越高，看跌期权的价格越低

C. 期权的价格越高

D. 看涨期权的价格越低，看跌期权的价格越高

2. 关于期货期权的内涵价值，以下说法正确的是(　　)。

A. 内涵价值的大小取决于期权的执行价格

B. 由于内涵价值是执行价格与期货合约的市场价格之差，所以存在许多套利机会

C. 由于实值期权可能给期权买方带来盈利，所以人们更加偏好实值期权

D. 当期货价格给定时，期货期权的内涵价值是由执行价格来决定的

3. 当投资者在股票或股指的期权上持有空头看跌期权时，其利用股指期货套期保值的方向应该是(　　)。

A. 买进套期保值　　B. 卖出套期保值

C. 单向套期保值　　D. 双向套期保值

4. 以下关于场内期权和场外期权的说法，正确的是(　　)。

A. 场外期权较场内期权流动性好　　B. 场内期权被称为期货期权

C. 场外期权被称为现货期权　　D. 场外期权合约可以是非标准化合约

5. 某交易者欲利用到期日和标的物均相同的期权构建套利策略，当预期标的物价格上涨时，其操作方式应为(　　)。

A. 买进较低执行价格的看涨期权，同时卖出较高执行价格的看跌期权

B. 买进较低执行价格的看涨期权，同时卖出较高执行价格的看涨期权

C. 买进较高执行价格的看跌期权，同时卖出较低执行价格的看涨期权

D. 买进较高执行价格的看涨期权，同时卖出较低执行价格的看涨期权

二、组合型选择题

1．关于期权时间价值，下列说法正确的是(　　)。

Ⅰ．期权价格与内涵价值的差额为期权的时间价值

Ⅱ．理论上，在到期时，期权时间价值为零

Ⅲ．如果其他条件不变，期权时间价值随着到期日的临近，衰减速度递减

Ⅳ．在有效期内，期权的时间价值总是大于零

A．Ⅰ、Ⅱ　　B．Ⅰ、Ⅲ、Ⅳ　　C．Ⅰ、Ⅳ　　D．Ⅰ、Ⅱ、Ⅲ

2．以下哪种情况下，期权为实值期权？(　　)

Ⅰ．当看涨期权的执行价格低于当时的标的物价格时

Ⅱ．当看涨期权的执行价格高于当时的标的物价格时

Ⅲ．当看跌期权的执行价格高于当时的标的物价格时

Ⅳ．当看跌期权的执行价格低于当时的标的物价格时

A．Ⅰ、Ⅲ　　B．Ⅰ、Ⅳ　　C．Ⅱ、Ⅲ　　D．Ⅱ、Ⅳ

3．下列有关期现套利的说法正确的有(　　)。

Ⅰ．期现套利是交易者利用期权市场和现货市场之间的不合理价差进行的

Ⅱ．期权价格和现货价格之间的价差主要反映了持仓费

Ⅲ．当期权价格和现货价格出现较大的偏差时，期现套利的机会就会出现

Ⅳ．当价差远高于持仓费时，可买入现货同时卖出相关期权合约而获利

A．Ⅰ、Ⅲ　　B．Ⅲ、Ⅳ　　C．Ⅱ、Ⅲ、Ⅳ　　D．Ⅰ、Ⅱ、Ⅲ、Ⅳ

4．(　　)是指买入现货国债并卖出相当于转换因子数量的期货合约。

Ⅰ．买入基差　　Ⅱ．卖出基差　　Ⅲ．基差的多头　　Ⅳ．基差的空头

A．Ⅰ、Ⅲ　　B．Ⅰ、Ⅳ　　C．Ⅱ、Ⅲ　　D．Ⅱ、Ⅳ

5．按基础工具的种类，金融衍生工具可以分为(　　)。

Ⅰ．信用衍生工具　　Ⅱ．股权类产品的衍生工具

Ⅲ．货币衍生工具　　Ⅳ．利率衍生工具

A．Ⅰ、Ⅱ、Ⅲ　　B．Ⅰ、Ⅲ、Ⅳ　　C．Ⅱ、Ⅲ、Ⅳ　　D．Ⅰ、Ⅱ、Ⅲ、Ⅳ

【答案及解析】

一、选择题

1．**【答案】**C

【解析】期权价格由内涵价值和时间价值组成。标的资产价格的波动率越高，期权的时间价值就越大，期权价格就越高。

2．**【答案】**D

【解析】D项，执行价格与市场价格的相对差额决定了内涵价值的有无及其大小。在标的物价格一定时，执行价格便决定了期权的内涵价值。

3．**【答案】**B

【解析】当交易者在股票或股指期权上持有空头看跌期权时，一旦股票价格下跌，将面临很大的亏损风险，通过卖出期货套期保值能起到对冲风险的作用。

4．**【答案】**D

【解析】按照期权市场类型的不同，期权可以分为场内期权和场外期权。与场内期权相比，场外期权具有如下特点：合约非标准化、交易品种多样、形式灵活、规模巨大、交易对

手机构化、流动性风险和信用风险大。

5.【答案】B

【解析】当投资者预期标的物价格上升时，可考虑采用牛市价差策略，即买进一个确定执行价格的看涨期权和出售一个相同标的、到期日相同的较高执行价格的看涨期权或买进较低执行价格的看跌期权和出售较高执行价格的看跌期权。

二、组合型选择题

1.【答案】A

【解析】Ⅲ项，当期权临近到期日时，如果其他条件不变，该期权的时间价值的衰减速度就会加快，而在到期日时，该期权就不再有任何时间价值；Ⅳ项，美式期权的时间价值总是大于等于0，实值欧式期权的时间价值可能小于0。

2.【答案】A

【解析】执行价格低于标的物市场价格的看涨期权和执行价格高于标的物市场价格的看跌期权为实值期权；执行价格高于标的物市场价格的看涨期权和执行价格低于标的物市场价格的看跌期权为虚值期权。

3.【答案】D

【解析】Ⅰ项，期现套利是通过利用期货市场和现货市场的不合理价差进行反向交易而获利。Ⅱ项，理论上，期货价格和现货价格之间的价差主要反映持仓费的大小。Ⅲ项，现实中，期货价格与现货价格的价差并不绝对等同于持仓费，当两者出现较大的偏差时，期现套利机会就会出现。Ⅳ项，如果价差远远高于持仓费，套利者就可以买入现货，同时卖出相关期权合约，待合约到期时，用所买入的现货进行交割。

4.【答案】A

【解析】基差交易是指利用基差的预期变化，在国债现券和国债期货市场同时或者几乎同时进行交易，包括：①“买入基差”或者“基差的多头”，指买入现货国债并卖出相当于转换因子数量的期货合约；②“卖出基差”或者“基差的空头”，指卖出现货国债并买入相当于转换因子数量的期货合约。

5.【答案】D

【解析】金融衍生工具从基础工具分类角度，可以划分为股权类产品的衍生工具、货币衍生工具、利率衍生工具、信用衍生工具以及其他衍生工具。